ビジュアル版

庭師の知恵袋

講談社

ビジュアル版 庭師の知恵袋

目次

Part3 名人庭師 とっておきの知恵袋

③「手入れ」のコツ

④気をつけたい病気と害虫

Part1

道具と手入れの基礎知識

そろえたい道具から、樹木についての基礎知識まで。
これから庭の手入れを始める前に、
知っておきたい常識を、プロの庭師が解説します！

４種類の刃物を用意する

　庭木の手入れを始める前に、はさみ類をはじめ、薬剤散布や移植に使う用具類をそろえておきましょう。植木ばさみ一本あれば事足りると思っている人もいますが、枝の太さやかたさを見きわめて用具を使い分けます。

　枝を切るために使用する刃物は大きく分けると次の４種類です。

●植木ばさみ　もっとも一般的なはさみ。葉や細い枝を切ります。

●剪定ばさみ　柄の内側にバネが組みこまれ、バネの力を利用して枝を切ります。植木ばさみで切れない枝に。

●刈り込みばさみ　玉ものや生け垣などの仕立てものの刈り込みに使います。

●のこぎり　太枝を切るときに使います。刃渡りが30センチくらいで刃先が丸く、目の粗いものが家庭向きです。

手入れに必要な道具

刈り込みばさみ

柄が伸縮するタイプは高いところの刈り込みに便利

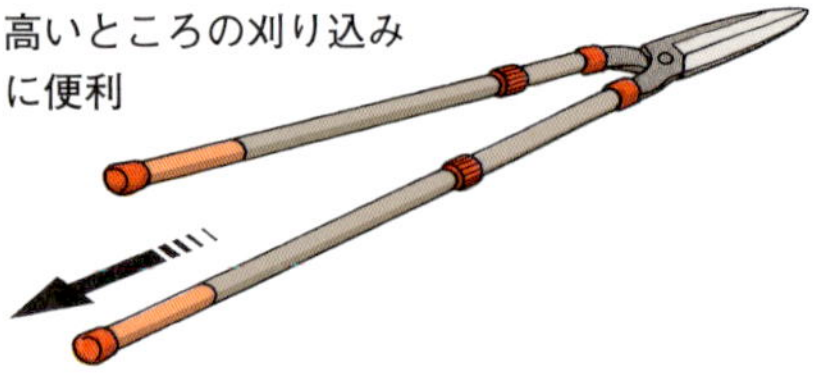

剪定ばさみ

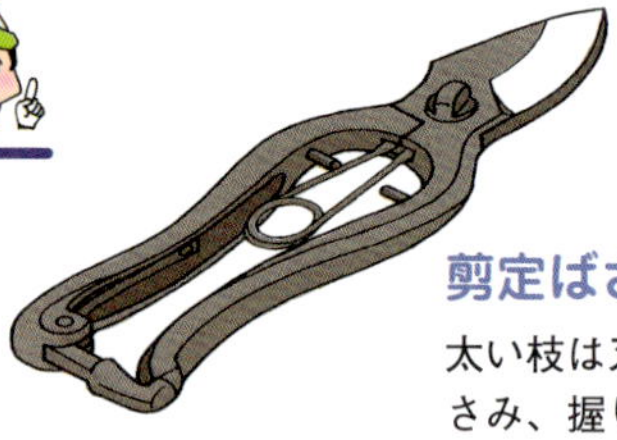

太い枝は刃元で枝をはさみ、握りながら回して切るとラクです

植木ばさみ

小枝の剪定に。やや太い枝は刃の元のほうで切ります

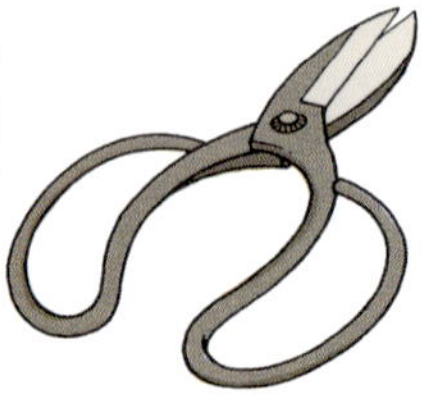

のこぎり

刃幅が狭くて片手で使えるものが、狭い庭向きです

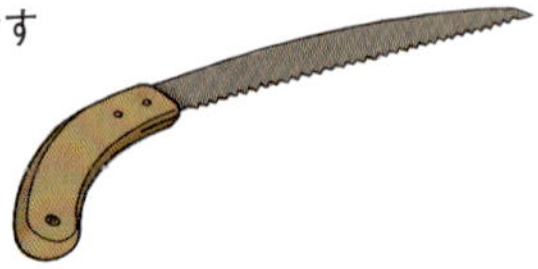

３本足の脚立

３本足だと、幹の近くに寄せることができるので、作業がしやすい

噴霧器

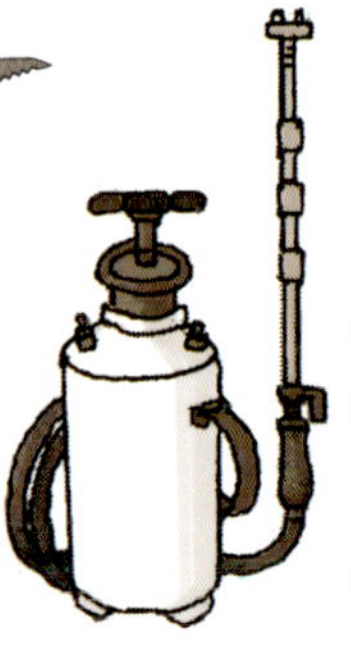

病害虫防除の薬剤をまくときに必要。薬液が５～６リットル入る、全自動のものが便利

剣先スコップ

庭の掘り起こしや苗木の植えつけ、移植のときに必要。根切りにもあると便利

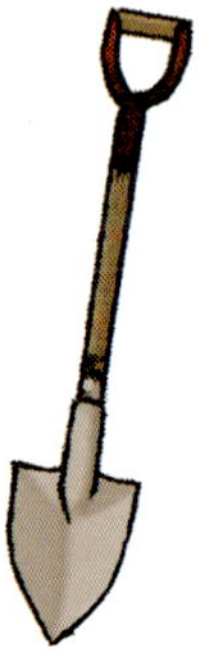

切り出しナイフ

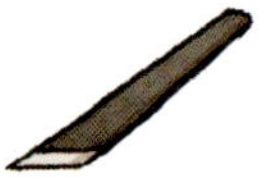

枝の切り口を削り直し、なめらかにして腐れ込みを防ぐときなどに必要

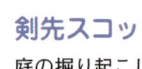

植木ばさみは小枝の剪定に

庭木の剪定でもっともポピュラーなはさみです。柄と柄のあいだが大きく開いたはさみで、大きさ、形ともいろいろな種類が市販されています。手に持ってみて、自分に一番なじみやすいものを選びましょう。ただし、盆栽用ではなく、植木用を選ぶこと。

片方の柄に親指を、他方の柄に4本の指を深く入れ、親指は動かさずに4本指のほうに軽く力を加えてはさむ（切る）のがポイントです。

●植木ばさみの使い方

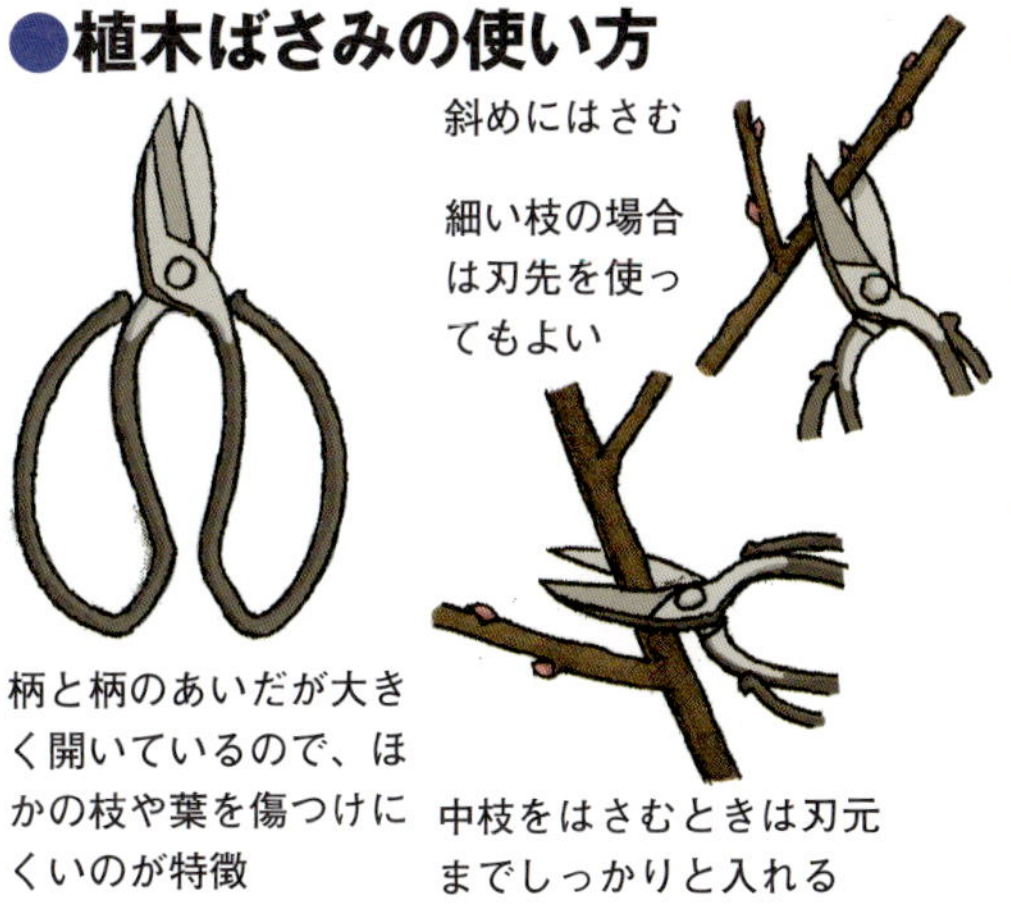
斜めにはさむ
細い枝の場合は刃先を使ってもよい
柄と柄のあいだが大きく開いているので、ほかの枝や葉を傷つけにくいのが特徴
中枝をはさむときは刃元までしっかりと入れる

やや太い枝は剪定ばさみを

剪定ばさみは、植木ばさみとは刃の形が異なり、切り刃と受け刃が半円形をしています。刃の動きを軽くするように柄の内側にバネが仕込まれていて、このバネがあまり強すぎるものでは手が疲れますので、自分の握力に合ったものを選びましょう。

使い方は、親指をあてた受け刃（下刃）を枝にあててから、4本の指をかけた切り刃を一気に動かします。はさむときは、刃元まで入れること。太い枝は、刃を心持ち回しながらはさむと切れ味がよくなります。

●剪定ばさみの使い方

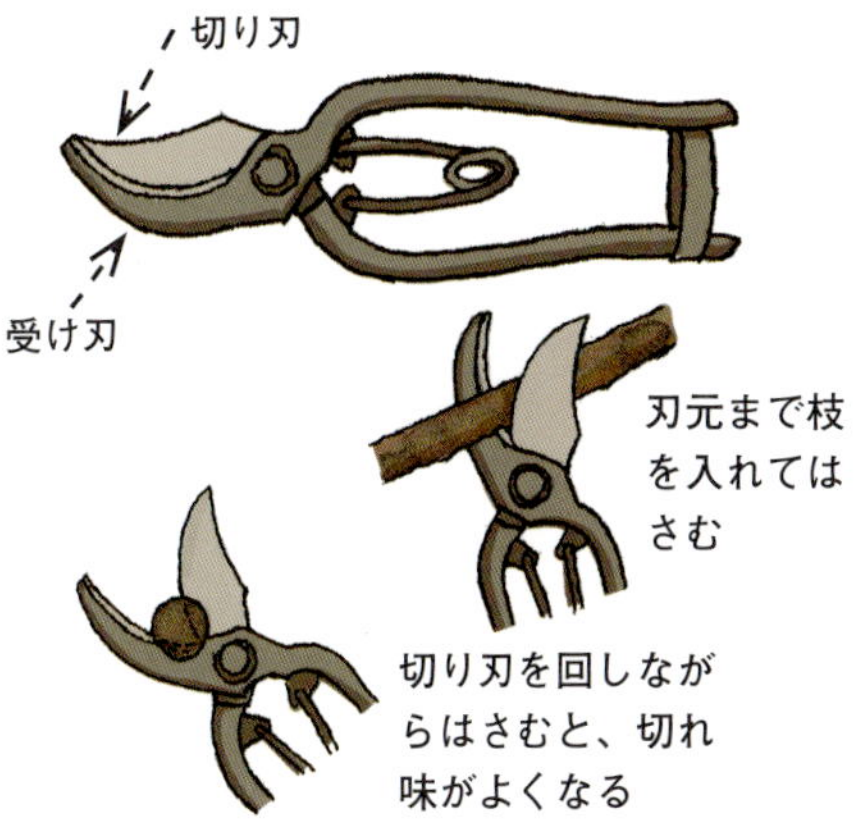
切り刃
受け刃
刃元まで枝を入れてはさむ
切り刃を回しながらはさむと、切れ味がよくなる

樹形づくりには刈り込みばさみ

枝を1本ずつはさむのではなく、玉仕立てや生け垣などの刈り込みに使う専用のはさみです。

刃渡りは使いこなせるぐらいの長さで構いませんが、刃と柄の角度が小さく、柄の部分の長いものを選ぶとよいでしょう。柄が長いほうが加える力が少なくてすみます。最近は柄が伸縮する刈り込みばさみも市販されていて、便利です。

●刈り込みばさみの使い方

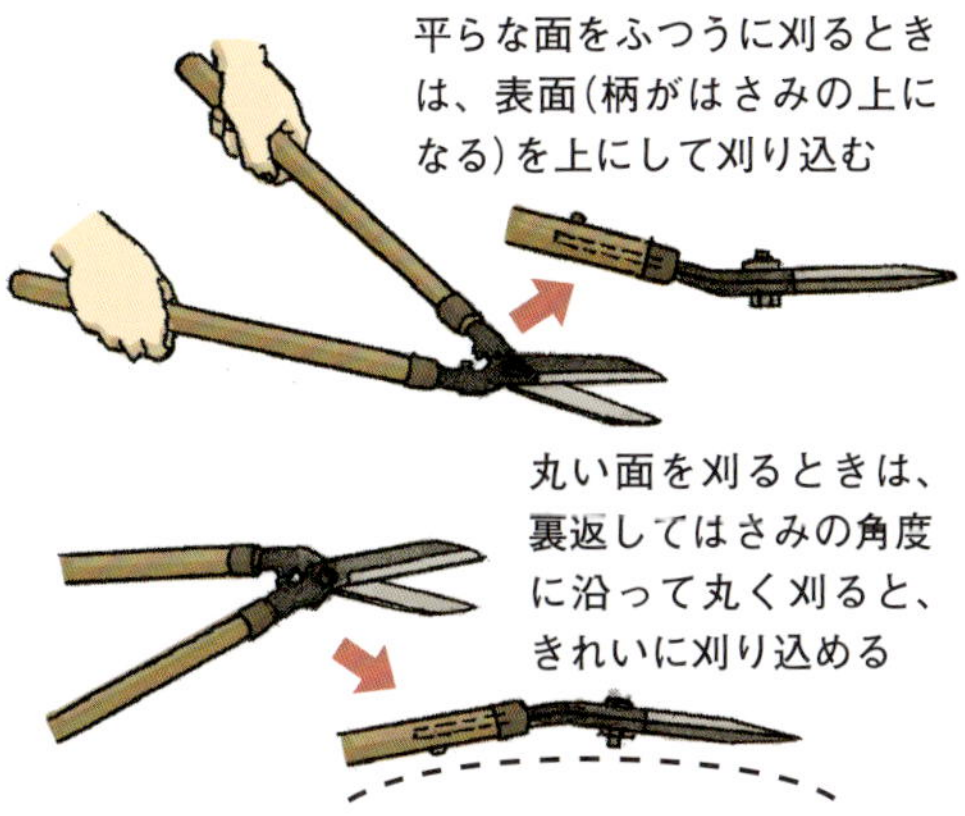
平らな面をふつうに刈るときは、表面(柄がはさみの上になる)を上にして刈り込む
丸い面を刈るときは、裏返してはさみの角度に沿って丸く刈ると、きれいに刈り込める

庭の木は自然のままではダメ

「木は自然形がベスト」という考え方もありますが、それはあくまでも野生状態での話。それが自然風の庭でも、庭木はきれいに剪定して管理してやる必要があります。

そもそも庭という限られたスペースに植える庭木を野放図に育てたのでは、木は育ちませんし、育っても込み合って、日照や風通しが悪くなり、病害虫が発生し、数年で枯れてしまうことも。庭木は、枝が正常に生育していくために、こまめに手を加えなくてはいけません。

庭師は木を「切る」とはいわず、「はさむ」とか「おろす」といいます。傷つく木の傷みを思えばこその表現なのです。

どうか、「丹精をこめて」手入れして木に愛情を注いであげてください。

基本樹形のいろいろ

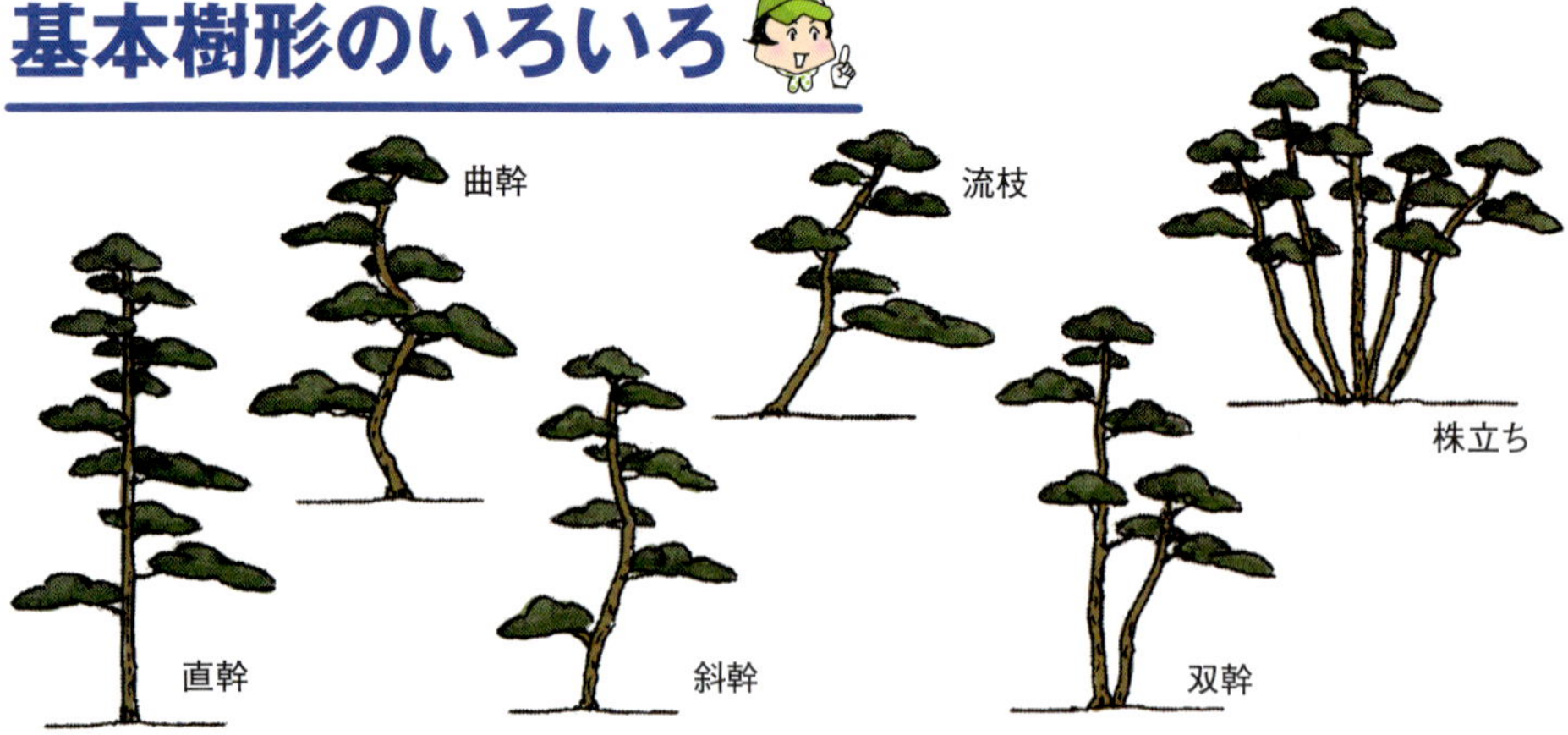

いくつかある基本樹形

庭木の樹形《じゅけい》は、枝や葉をひとまとまりとして考える樹冠《じゅかん》と、幹の形でおよそ決まりますが、いくつか基本といえるものがあります。

●直幹《ちょっかん》／幹が根元から樹芯までまっすぐに伸びた形。マツ、ヒノキなど。

●曲幹《きょっかん》／幹が左右に屈曲する形。ウメ、カエデ、マツ、マキなど。

●斜幹《しゃかん》／曲幹に見た目は似ていますが、幹が左右どちらかに傾いている点が異なります。

●双幹《そうかん》／相生《あいおい》ともいわれ、幹が根元近くで2本に分かれたもので、幹の太さが違うので、子持ち双幹とも。

●流枝《なげし》／斜幹の一種で、長い主枝を池面などに伸ばしたユニークな形。

●株立《かぶだ》ち／直立する主幹がなく、株元から何本もの幹が伸びた樹形。

人工仕立てのいろいろ

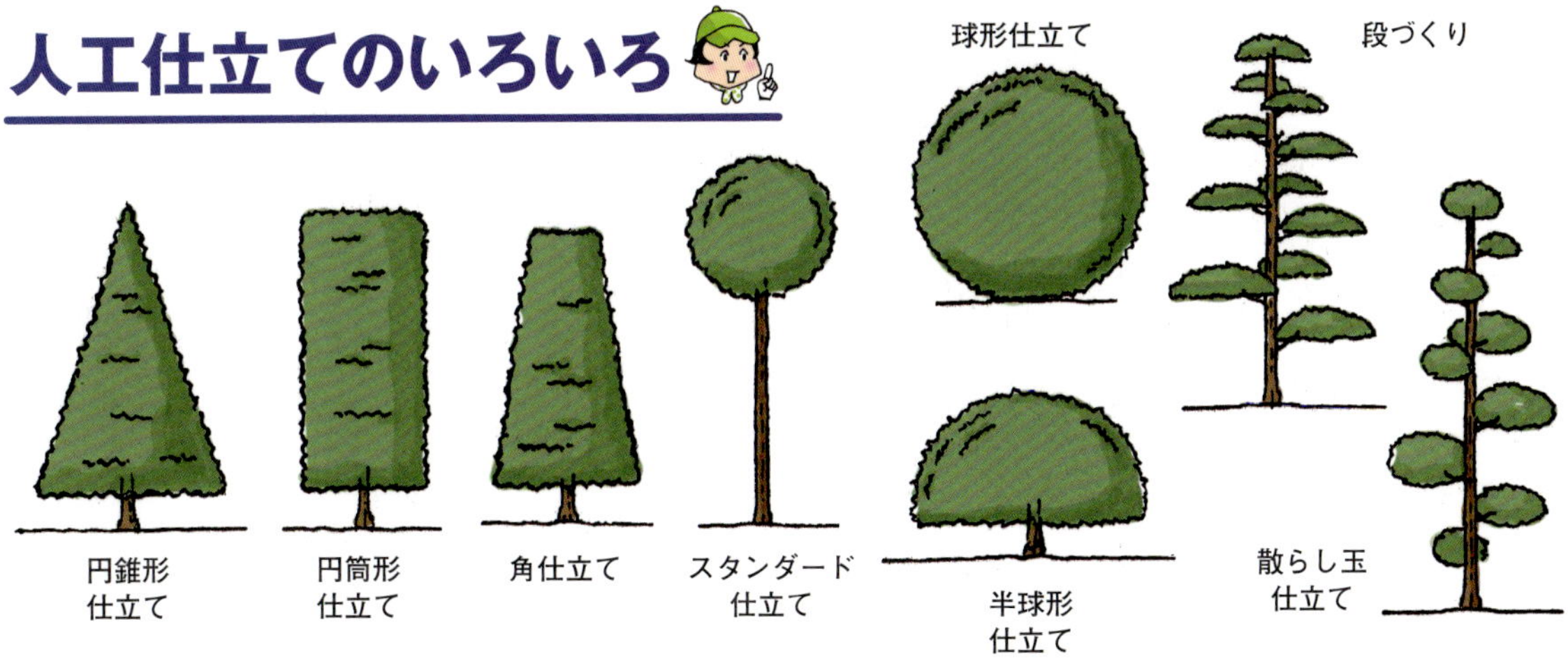

人工樹形の仕立て

人為的に、刈り込みばさみなどで仕立てた樹形で、およそ自然界では見ることのできない、庭木独自の仕立て方です。庭師は「仕立てもの」といった呼び方をします。刈り込んで樹冠を整えたものや、枝ごとに樹冠を丸くつくる散《ち》らし玉仕《たまじ》立《た》てなどが代表例です。

仕立てには、木に向き、不向きがあり、芽吹きが悪いものは刈り込みにはできませんし、枝の出方が粗い木は思うように仕立てられません。

一般的には、樹冠の下から樹芯へ向かって細く刈り込んでいく円錐形《えんすいけい》仕立て（ヒノキ、ヒバ類など）や角仕《かくじ》立《た》て、樹冠の上下の直径が同じになるように仕立てる円筒形（細いものは円柱形）仕立て、樹高《じゆこう》が比較的低いものに用いられる球形《きゆうけい》（半球形）仕立て（玉仕立てとも）などがあります。ほかにも段づくりや、シイ類、カシ類、イヌツゲなどでよくつくる散らし玉仕立て、スタンダード仕立てなどさまざまです。

樹木は剪定してこそ美しい！

庭木は、自然な形といっても、あくまでも自然をまねてつくるもの。木の性質を読み、どんな形にするかは、育てる人のセンスによるところも大きいのですが、昔ながらに伝えられている姿を学ぶのが、失敗がなくてオススメです。

樹形は、あくまでもつくりあげていくものです。手入れを怠り、放任しておくと、周囲の庭木の生育を妨げたり、住まいとの調和を欠くことになります。

最近は雑木《ぞうき》の庭もふえつつありますが、雑木でも伸ばし放題は禁物です。自然風につくる雑木は、常緑樹《じようりよくじゆ》の仕立てもの（人工樹形）より、かえって上手に木をはさんでやらないといけません。これをしておかないと、雑木はぐんぐん伸びて、数年で庭を占領してしまいます。木が若いうちから上手にはさんでおきましょう。

手入れのゆきとどいた庭木は見るからに美しく、緑も一段と映えるものです。

枝づくりには欠かせない芽

落葉後に残る冬芽《ふゆめ》には、それぞれ呼び名があります。芽の種類によって、伸びる方向も勢いも違いますので、枝づくりや木づくりの参考になります。芽の性質は覚えておきたいもの。

剪定するときには、芽の部分は避け、枝だけをはさむようにします。

●頂芽《ちょうが》／枝の先端につく芽。大半の樹木は頂芽優性といって、この芽は発芽力、伸長力とも一番強くなります。伸びをおさえたい場合は、頂芽の下の枝ではさみます。

●側芽《そくが》（わき芽《め》）／枝の側面についている芽。側芽は枝先に近い位置にあるものほど、発芽力が高い性質をもっています。また、側芽のつく位置の違いで、枝の外側につく芽を外芽《そとめ》、内側（幹に近い位置）につく芽を内芽《うちめ》と区別して呼びます。

●定芽《ていが》／頂芽や側芽（わき芽）のように、新しい枝に決まって出て、芽の存在がわかる芽を定芽といいます。

●不定芽《ふていが》／定芽以外の部分で発生する芽のこと。強く剪定したり、定芽の生長に障害があったときなどに、本来は芽のつかない古い枝や幹から芽を吹くことがあります。

芽の種類

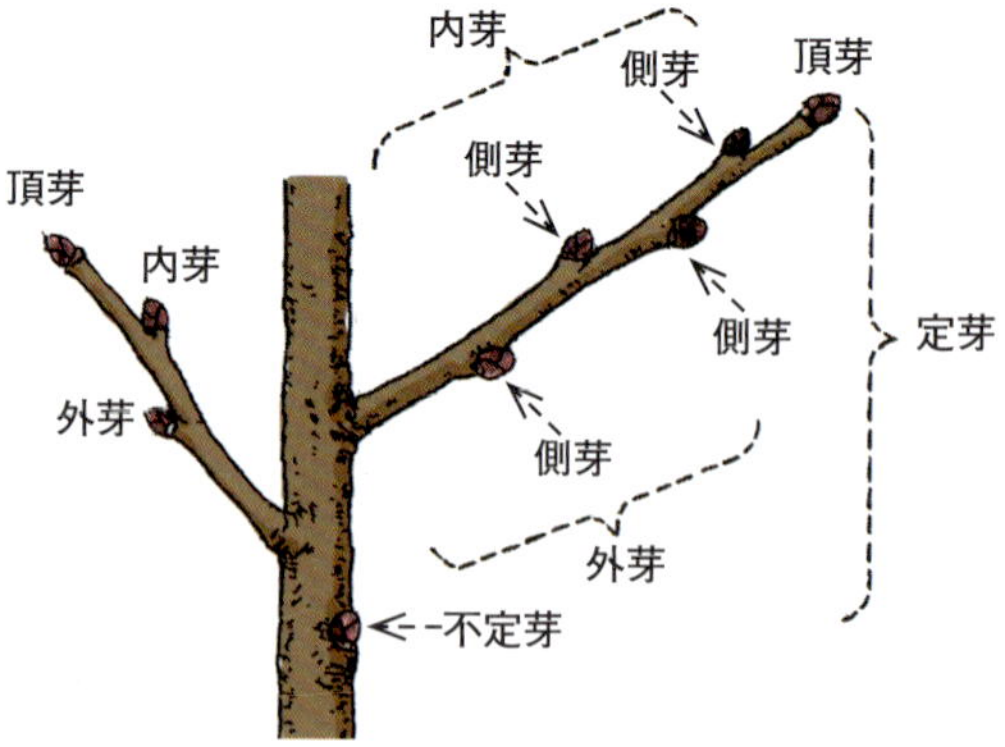

定芽の枝の伸び方

定芽のつき方は樹種によって違い、だいたい互生《ごせい》、対生《たいせい》、輪生《りんせい》の3パターンに分類できます。新芽の伸び方がそれぞれ違い、樹形の維持にかかわってきますので、剪定の基本として覚えておかなくてはなりません。

●互生／枝の側面に1ヵ所ずつ1本の新枝が発生します。内芽、外芽と向きを交互にして出てくるので互生といいます。イヌツゲ、ウメ、カナメモチ、ツバキなどの枝のつき方の、もっとも基本となっています。庭木の剪定も、枝抜きなどして、互生になるように配置するのが一般的です。

●対生／アオキ、キンモクセイ、クチナシ、ザクロ、モミジなどのように、同じ位置から左右一対になって新枝が伸びます。通常はどちらか一方をはずして、見た目が互生になるようにすると、姿が整います。

●輪生／枝の一ヵ所に数個の芽が集まった生え方。たいがいはその中の一つがまっすぐに伸びて、それ以外の芽は四方八方に何本も伸びることになります。これが車枝《くるまえだ》で、姿を見ながら、適当に枝を間引いて整姿《せいし》（枝抜き）します。シャリンバイ、ジンチョウゲ、モッコクなどが輪生タイプ。ただし、刈り込んで仕立てる場合は枝抜きはしません。

定芽のつき方

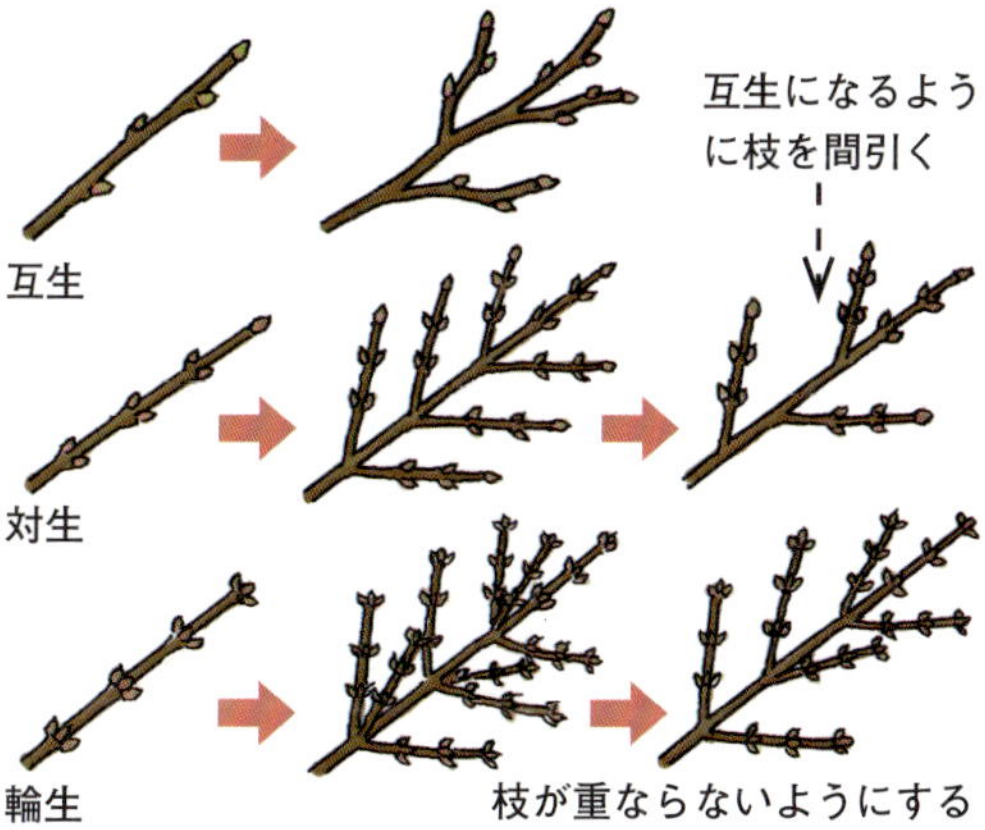
互生になるように枝を間引く
互生
対生
輪生
枝が重ならないようにする

樹木の生理を知っておこう

樹木は四季にあわせて、一定の生育サイクルで生長しています。まず、春の芽吹きから始まり、新葉《しんば》が開いて、新枝《しんえだ》が伸びます。いわゆる芽出しといわれる時期で、手紙の前文で「青葉、若葉の候」と表現されるシーズンです。

常緑樹、落葉樹ともに、この時期に伸びた枝を本年生枝《ほんねんせいし》、庭師は新枝と呼んでいます。

この枝が一時的に生育をとめるのが6月～7月ごろで、よく「新芽がかたまる」といいます。この時期は枝葉の伸長に養分を消耗するので、樹木内の養分は減少します。

その後、余力のある樹木は秋まで生育を続けますが、それ以外は目に見える生育はとまります。それでも、見た目でははっきりしないものの、春から秋にかけては、春から十分に日光を浴びた結果、葉でつくられた炭水化物が枝から幹へと送られ、蓄積されています。この時期、生長はストップしているように見えますが、枝や幹が太くなる時期で、肥大生長期《ひだいせいちょうき》にあたるといってよいでしょう。

初秋には気温が春先と同じレベルに下がってきます。関東の平地では17～18℃前後になりますが、このころになると、新枝が再び伸長を始めます。秋にも剪定が必要なのはこのためです。

晩秋に入ると落葉樹は葉を落とし、常緑樹の葉色も見た目が悪くなり、生育を停止します。

やがて春を迎えると、新芽が吹いて、生育を始めます。樹木はこの生育サイクルを毎年繰り返しているのです。

樹木の生育サイクル

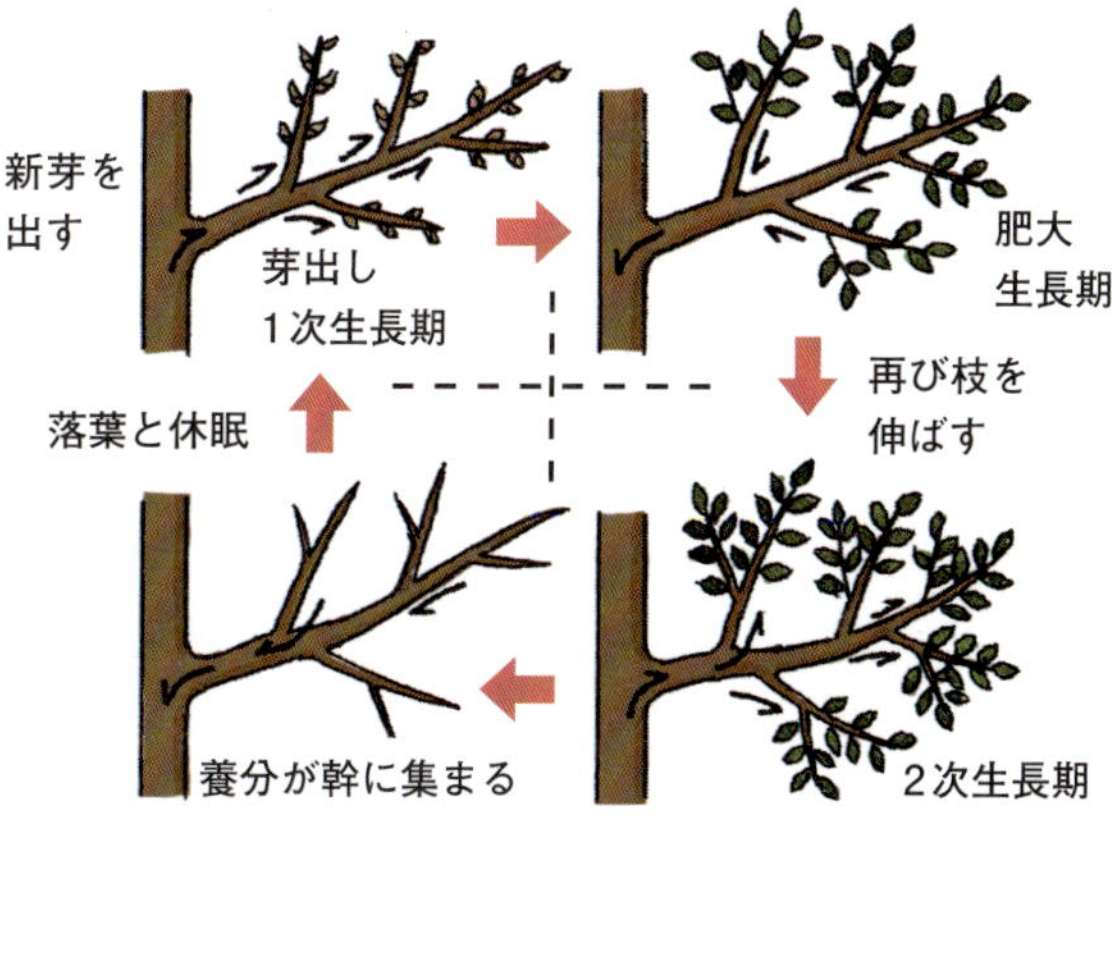
新芽を出す
芽出し
1次生長期
肥大生長期
再び枝を伸ばす
2次生長期
養分が幹に集まる
落葉と休眠

生理に逆らって剪定しない

剪定は樹木の生育サイクルに沿って、無理せず行うことが大切です。美しい樹形にしたいからとあせって、生育サイクルを無視して剪定したのでは、しっかりした枝をつくるどころか、花も実もつけなくなってしまいます。

望ましい剪定時期は、次の「樹種別・庭木の極意」の章でそれぞれの樹木別に取り上げていますので、参考にして間違いのないように。ここでは、一般論をお話しします。

落葉樹の場合は、落葉して休眠期に入った時期に剪定（冬期剪定）します。裸木《はだかぎ》ですので小枝の状態もよく観察でき、枝を詰めたり、込み合った部分を取り除くのもラクです。休眠期で樹液が流れないので、厳寒期の寒《かん》の時期を除けば、はさんだあとの傷口も傷みにくいのです。春になってからはさんでしまうと、枝先に発生した新芽や花芽を落としてしまい、生育を妨げますし、枝葉が伸びる時期なので、すぐに茂って樹形が乱れてしまいます。

花木《かぼく》の冬期剪定は、ほとんどの樹木で、つぼみがわかりやすく、花芽を確認しながらはさめるので、花を飛ばして（切って）しまう心配がありません。

一方、モモ、ツツジ類、トサミズキ、レンギョウなどのように、花が終わった直後、新芽が動く直前が剪定の時期という樹種もあります。

マツやスギなどの常緑針葉樹は、一般的に寒さに強いので、冬でも軽い剪定をすることはできますが、よく詰まった小枝をつくることを目的に3月〜4月の新芽が動き出す前、春に行うのが庭師のふつうのやり方です。

ただし、ヒバ類やカイヅカイブキなど生け垣や仕立てものなど、刈り込みによって樹姿を整えるものは、春の剪定後、1次生長がとまる夏に徒長枝《とちょうし》を再度刈り込んでおくと、2次生長によって小枝がふえ、さらに樹形がつくりやすくなります。

秋口には、とくに目立つ飛び枝だけを軽く切り詰めておきます。

常緑広葉樹のうち、花木類は花が終わったころを目安に樹形づくりの剪定をします。そのほかの常緑広葉樹も寒さを避けて、十分に気温が上昇する5月〜7月に新枝の伸びを念頭におきながら、剪定、整姿するのがだいたいの決まりです。常緑樹は一年中、葉をつけていて、冬もわずかながら生育しています。

8月の暑い盛りや残暑の厳しい9月にも強くはさむのは厳禁です。木は葉を茂らせて日光をさえぎったり、光合成を行って蒸散し、暑さに対処しています。葉を落としすぎてしまうと、常緑樹は生育が悪くなるばかりでなく、暑さを防げずに枯れてしまうことがあるのです。

剪定の強弱

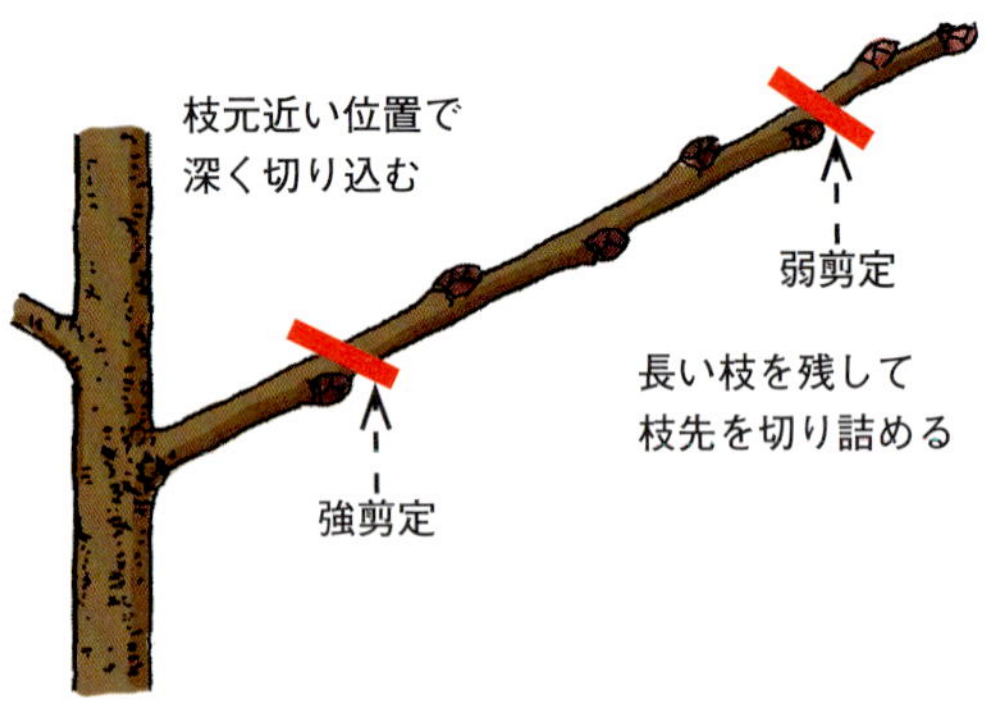

枝元近い位置で
深く切り込む
弱剪定
長い枝を残して
枝先を切り詰める
強剪定

Part2

樹種別・庭木の極意

季節の花や鮮やかな緑、美しい樹勢を楽しむためには、どんな手入れが必要なの？
人気の庭木 94 種の手入れのコツをイラスト入りでわかりやすく紹介します！

〈剪定チャートの見方〉

- 各樹種に掲載しているチャートは剪定の時期を示したものです。
- 右側に並んでいる数字は 1 月～ 12 月の各月を示しており、色をつけた部分が剪定の適期を示しています。
- 剪定の時期ややり方について、とくに必要と思われることについては、コメントを入れてあります。
  例：花後＝花後すぐに剪定する
- 剪定の時期は関東地方の平年を基準にしてあります。関東地方より寒冷なところでは、厳寒期（1 月～ 2 月初めごろ）の剪定は避けたほうが無難です。

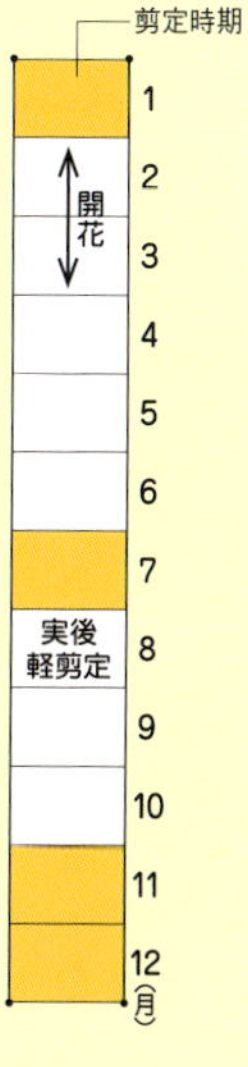

早く切りすぎると花を呼べない！

ウメ

梅／バラ科

月	
1	
2	開花
3	開花
4	
5	
6	
7	
8	実後軽剪定
9	
10	
11	
12	

早すぎる剪定は翌春花をつけない

ウメは7月ごろ新枝に花芽がついて、8月いっぱいで花芽が決まります。最初のうちは芽に花芽も葉芽もありません。しかしあまり早い時期に剪定を行うと、花芽よりも葉芽に勢力がいってしまうので、花芽がつきにくくなってしまいます。そのため剪定は9月末から10月にかけて行うのがベスト。くれぐれも花芽がはっきりしないうちに剪定しないようにしましょう。

花芽と葉芽の見分け方は、とがっているのが葉芽、ふっくら丸いのが花芽なので慣れてくるとすぐにわかります。しかし初心者のうちは区別がつきにくいので、つぼみがはっきりする11月から1月にかけて剪定するのが安全です。ただしこれは庭に植えてある場合。盆栽のウメは狭く限られた土の中で育っているので、花後すぐに切って形を整えても問題ありません。

花芽分化期前の剪定はタブー

花芽と葉芽の区別の仕方は？

花芽と葉芽を見分けるには、葉をよく観察すること。よく花をつける枝の葉はくるくると巻き状になっており、さわるとツルツルしています。また葉の色みはやや白っぽくなっています。また葉の色みに関しては、落ち葉が落ちる前の10月ごろに注意して観察するとわかりやすいでしょう。また花芽をつけない、葉芽の枝についている葉はピンとまっすぐに伸びているのが特徴です。

ウメの花芽と葉芽の見分け方

葉元に花芽のついた葉は、くるっと巻いて葉先が下がっています

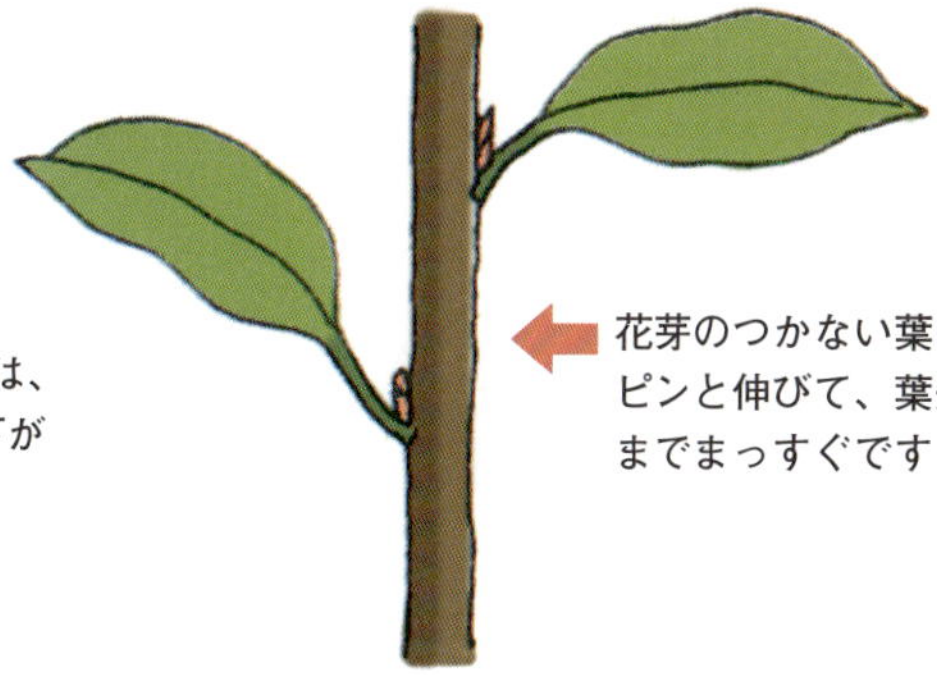

花芽のつかない葉はピンと伸びて、葉先までまっすぐです

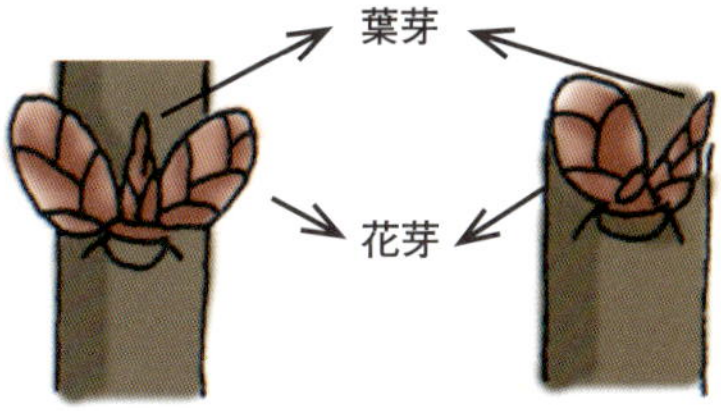

Point
葉芽はとがっているが、花芽は丸みがある！

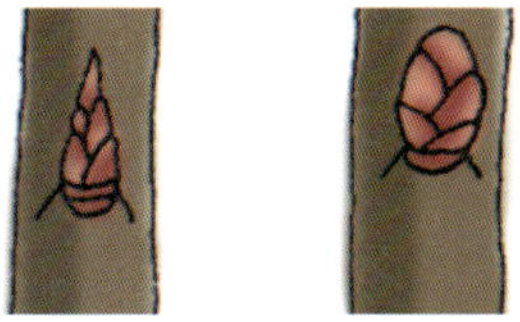

葉芽　花芽

花芽は丸くふくらみ、葉芽は細くとがっているので区別できます

よく花をつける枝の葉はくるくる巻いている！

ウメは幹近くに花をつけるようにする

　ウメはもともと勢いがよいので、枝の先が伸びやすくなっています。これを伸びるにまかせていると次第に花のつく位置が上へ上へと上がってしまい、幹回りがさびしくなってしまいます。ウメは本来、幹近くに花をつけてこそ、美しいとされています。

　一枝から徒長枝がたくさん出るので、それを元からはずす（切り取る）だけでもかなりすっきりします。そして幹元近くで花を咲かせるには、花芽のついた枝を上3分の1くらいではさみます。花芽のつかなかった枝は3分の1から半分くらいの長さではさみます。これを繰り返していけば、樹形を崩さず花を幹元に近づけることができます。枝吹きがよすぎるくらいの木なので、長い枝は短めに剪定しましょう。

枝先を伸ばさないようにすべし！

徒長枝は放っておかない！

「サクラ切るバカ、ウメ切らぬバカ」とたとえられるように、ウメはこまめに剪定して伸びすぎた徒長枝を取り除くのがポイント。徒長枝は内側から発生することが多く、しかも花芽がほとんどつきません。そのままでは樹形を損ねますし、生長すると枝同士がからまりつくなどして、手の施しようがなくなります。また徒長枝をそのままにしておくと、徒長枝に養分や水分を持っていかれてしまうので、樹形をつくっている小枝までダメにしてしまうのです。

そして徒長枝を切り落とすときは、枝元からすっぱり切りましょう。切り残すとそこからまた勢いのよい徒長枝が伸びて樹形を乱してしまいます。惜しがってそのままにしていると風通しが悪くなり、次第に花もつきにくくなります。

ウメの木は裸で登れるように！

Keyword

樹形を乱す〝忌《い》み枝《えだ》〟

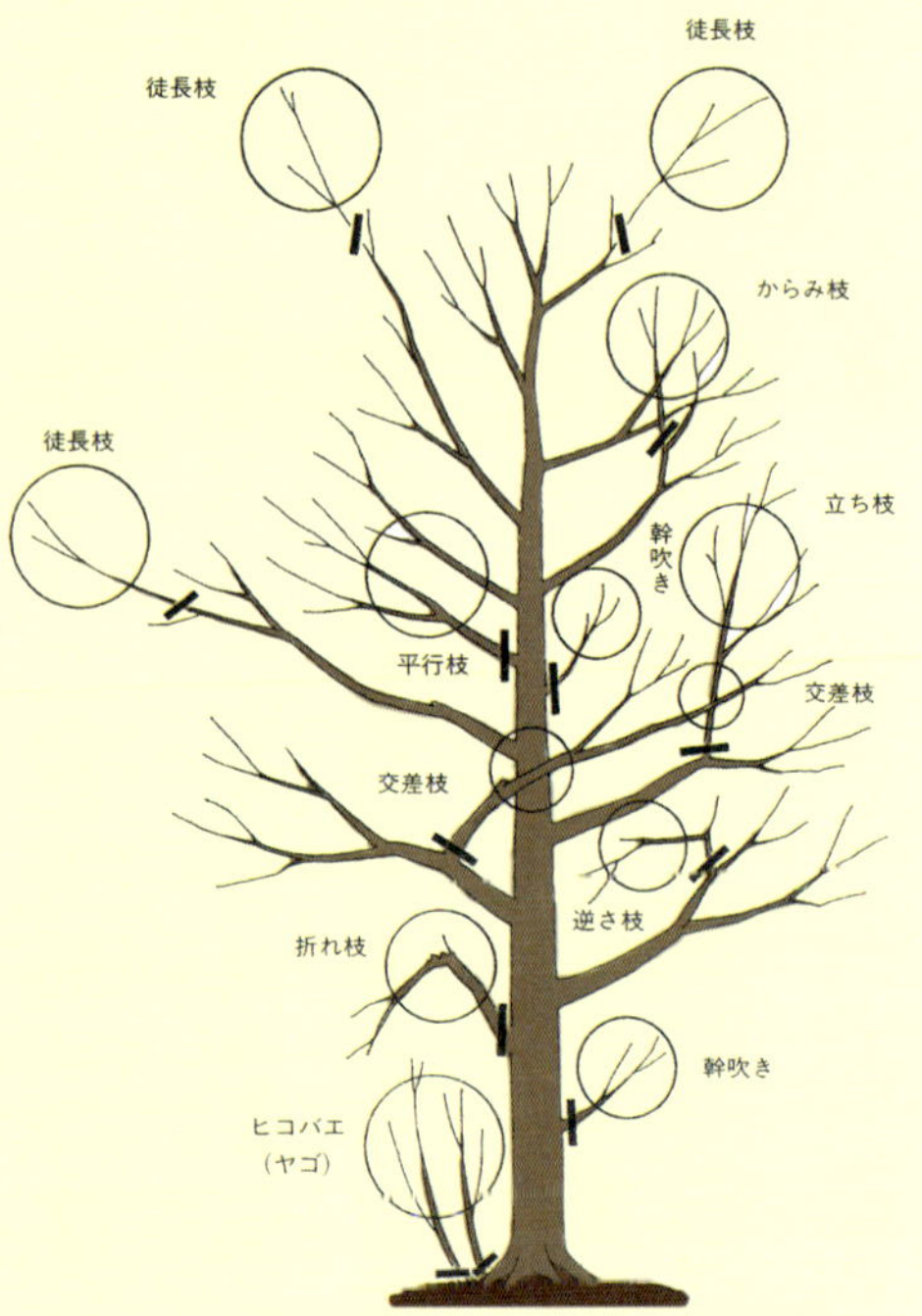
徒長枝
徒長枝
からみ枝
徒長枝
立ち枝
幹吹き
平行枝
交差枝
交差枝
逆さ枝
折れ枝
幹吹き
ヒコバエ
（ヤゴ）

どんな木にも共通して切らねばならない枝があり、それを「忌み枝」と呼びます。忌み枝の代表的なものには大きく伸びすぎた徒長枝、枝から垂直に伸びる立ち枝、中心の幹に向かったり、下向きに伸びる逆さ枝、木の根元や地中から勢いよく飛び出したヒコバエなどがあります。

枝を切るときは外芽で切るのが原則

徒長枝を出さないようにするためには、枝を切るときに必ず外芽（外側に向かっている芽）の上で切るように心がけましょう。次に出てくる枝は、枝を切る位置で決まります。ただ無造作に長い枝をパチンパチンと切るのではなく、芽の位置に注意して切るようにしましょう。内芽で切ってしまうと、枝は内側に伸びるばかりで外に開いていきません。

花が下向きにつけば実がよくなる

ウメの実は6月につきますが、実の止まり（結実）のよしあしは、花の時期の気候で大きく左右されます。花の咲く時期に気候がよいと元気に花の軸が伸びて、花が自然と下向きに咲くため、「ウメの花が下向きにつくと実がよくなる」といわれます。逆に花の時期に雪が降ったり、雨に当たったりすると花粉を運ぶ虫が少なくなるので実は少なくなります。

ウメの剪定

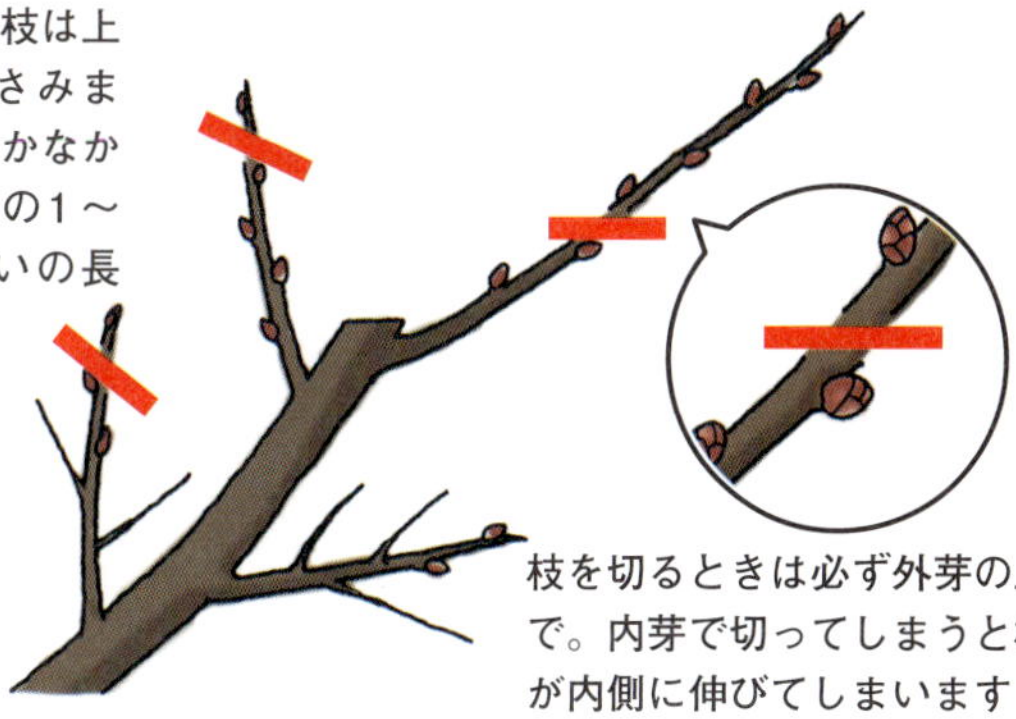
花芽のついた枝は上3分の1ではさみます。花芽のつかなかった枝は3分の1～2分の1くらいの長さで
枝を切るときは必ず外芽の上で。内芽で切ってしまうと枝が内側に伸びてしまいます

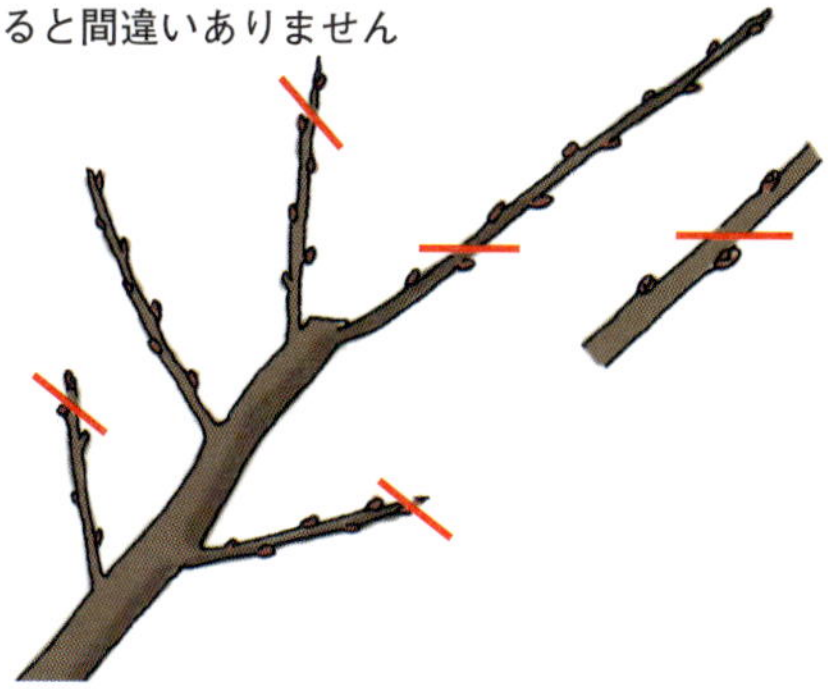
庭木は９月末から10月になり、花芽が完全にかたまってから切ります。慣れないうちは失敗のないよう、正月になってつぼみがはっきりわかるようになってからやると間違いありません

害虫退治がひと苦労!

ウメにはケムシやアブラムシの害虫がよくつきます。とくにアカッパラと呼ばれるお腹が赤いケムシは、新芽が出始めると芽先を食い尽くし、枝を枯らしてしまいます。毎年どこかの枝が必ず枯れるようなら、アカッパラを疑って間違いないでしょう。

アカッパラを気がつかないまま放置すると、今度は枝や幹がカイガラムシにねらわれます。すると木がべとべとになって最後には木が枯れてしまうのでふだんからよく木を観察しましょう。害虫退治には専用の薬が市販されていますので、発生初期にはそれらを使うのがよいでしょう。しかし種類がいろいろあるので、初心者には少しわかりにくいかもしれません。しかしよほどの重症でなければ、できるだけ薬は使わないほうがいいでしょう。昔より安全性の高い薬がふえたとはいえ、まったく薬害がないわけではありません。こまめに枝透かしをして風通しをよくし、木に体力をつけましょう。

実をとるには数本植える

ウメはもともと花粉が少なく、自家受粉しにくいタイプの木です。花ウメ(花を観賞するタイプのウメ)はもちろん、「白加賀」など本来なら実のなるはずの品種が実を結ばないときは、近くに別の品種をもう1本植えるとよいでしょう。他の種類と他家受粉することによって、実がつきやすくなります。その証拠にウメの名所になっている公園などは、さまざまな種類のウメが植えてありますので見事に結実しています。

大枝になりすぎたら強く切り戻す

枝が伸びてくると樹形が広がり、次第に庭を占領していきます。剪定しても木は年々大きくなりますので、その場合は思いきって強い切り戻しをして、短枝を低い位置につくり直しましょう。

樹高の仕立て直しは荒療治を行う!

剪定と肥料がよい花を咲かせるポイント

バラ

薔薇／バラ科

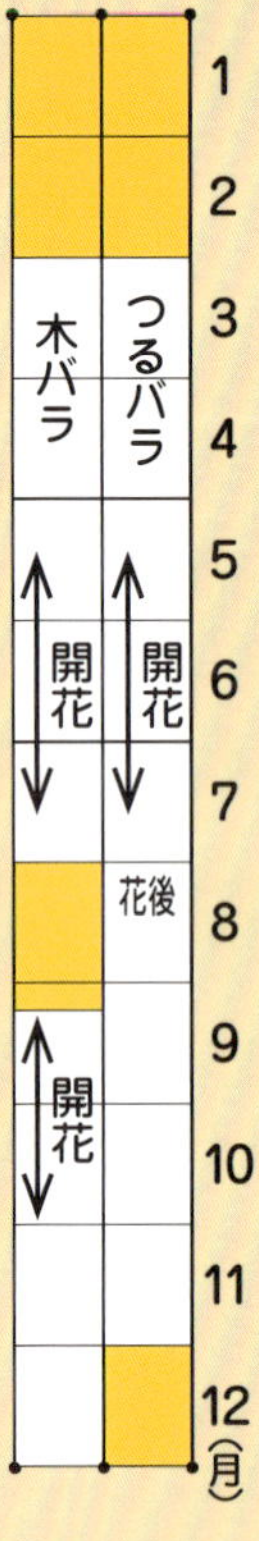

肥料はたっぷりと

バラをキレイに咲かせるには、とにかく肥料をたっぷり与えること。まず植えつけるときは、植え穴の底に油かすや牛糞《ぎゅうふん》などの有機質肥料を土の中に十分すき込んでから行います。しかし根が肥料に直接触れると肥あたりをしますので、根元から約30センチほど離れたところに穴を掘り、そこに肥料を入れるようにするとよいでしょう。またある程度育ってから施す追肥は、6月～10月までは月1回の割合で市販されている化成肥料の液肥（速効性のあるもの）を根元に与えましょう。

寒肥は本来1月に入ってから行うものですが、バラは12月には新しい根を伸ばし出すので、11月下旬には与えるようにしましょう。1月～2月には根が肥料を吸収しやすくなっているので、そのときに有機質肥料が完全にやわらかくなり、根がすぐに養分を吸える状態にしておくことが大切です。

肥料をどんどん与えないと立派な花は咲かせられない

木バラの徒長枝は切らずに残す

バラは木バラとつるバラに分けて考えます。木バラが若い間は、根元から勢いよく徒長枝が伸びます。

多くの庭木は、ウメでもサクラでも真っ先に徒長枝を切りますが、木バラの場合だけは例外です。木バラは春になると、徒長枝に立派な花を咲かせるのです。そのため徒長枝は伸びる方向が悪くない限り、できるだけ切らずに残しましょう。

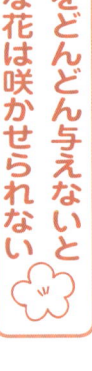

バラの剪定～木バラの場合

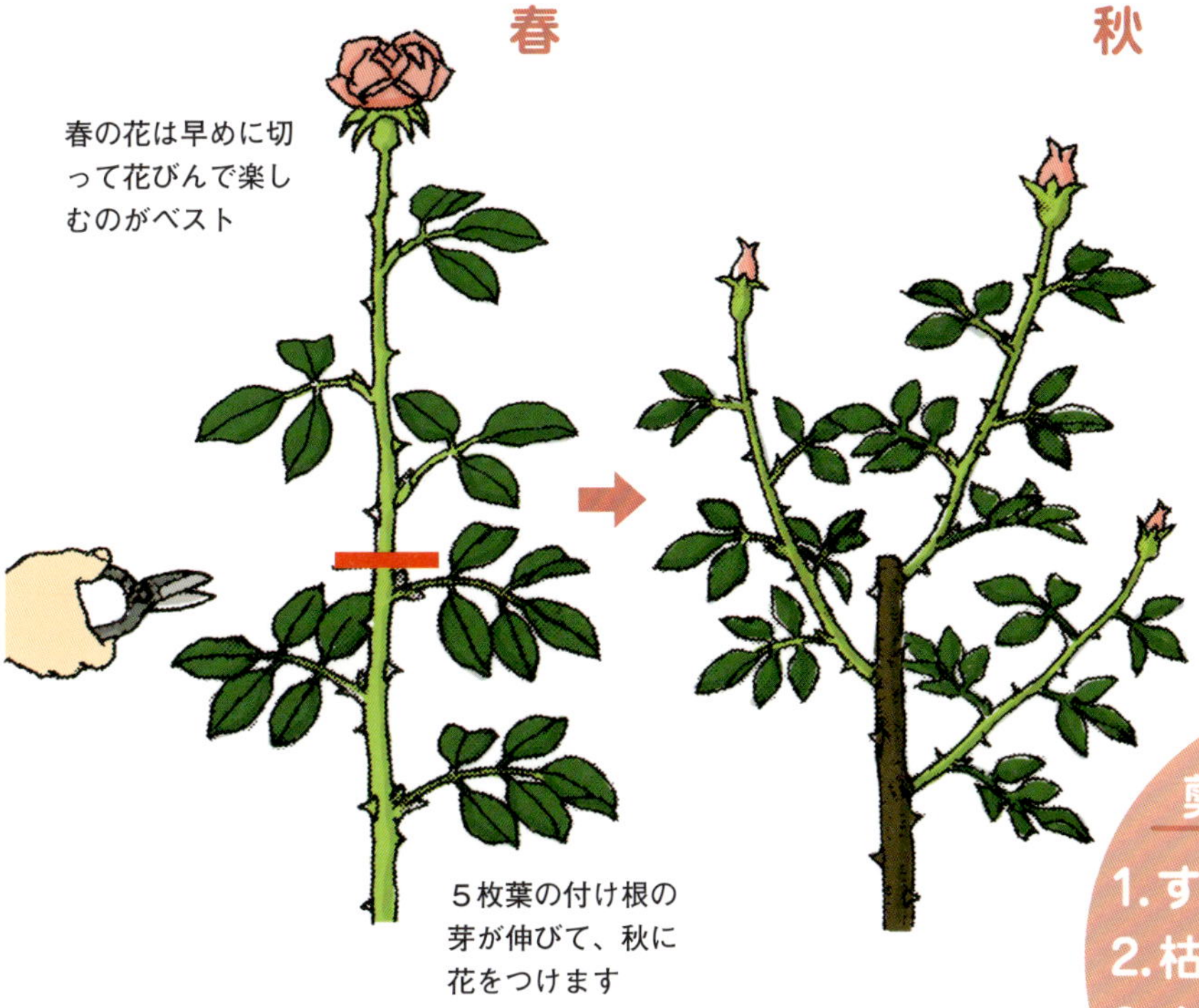
春
秋
春の花は早めに切って花びんで楽しむのがベスト
5枚葉の付け根の芽が伸びて、秋に花をつけます

剪定のポイント

1. すべての芽をはさむ
2. 枯れ枝ははずす
3. よい芽の5ミリ上をはさむ

木バラの剪定は2月と8月に行う

木バラは1月～2月ごろに基本剪定を行います。枯れ枝や細枝、込み合った枝は取り除き、残った本年生枝を外芽を残して2分の1程度の長さに強く切り戻し、すべての枝にはさみを入れます。芽が四方に出るので、伸ばす方向にあるふくらんだ外芽の5ミリほど上を斜めに切ります。そこから伸びた新梢の先に一番花が咲きます。

一番花が咲いたら花下に5枚葉を2つつけ、3番目の5枚葉の付け根から5ミリほど上で切り取ります。秋に大きな花を咲かせるなら花を早めに取り除いて秋に咲く芽に養分を回します。そのうえで8月末～9月初めごろに弱剪定を行います。枯れ枝などを取り除き、二番枝の枝先3分の1ほどを外芽の5ミリほど上で切り戻します。秋は剪定後60日ほどで開花しますので、時期が遅れないように注意しましょう。

バラをはさむときは思い切りよくはさむ

台木からの枝は早く切る

バラの徒長枝は残しますが、いくら勢いがよくても根元から伸びた枝を残しておいてはダメ。これは接いだ台木から出ている場合が多いためです。台木にはそもそも勢いのある木を使うので、これを一枝でも放置しておくと、近い将来接いだ木がすべて食われてしまいます。台木から出た芽は葉が違うので、よく観察することが大切。見つけた時点で付け根から切りましょう。

春のバラは切り花で楽しむ

バラづくりの力量は、秋に立派な花を咲かせられるかどうかにかかっています。春のバラは比較的誰にでもできますが、秋はそう簡単に咲かせることはできないからです。

秋のバラがキレイに咲くかどうかは、実は春の剪定にかかっています。春のバラは花が開き始めた順に切り花にして、花びんで楽しむのがコツ。春はできるだけ花を早めに取り除き、その後に出る小さなつぼみも摘み取ると、秋に咲く花に養分を回すことができるのです。

夏のつぼみはかき取る

四季咲きというと、年に4回花が見られると思っている人もいますが、それは大間違い。バラの見ごろは春と秋の2回です。

一般に四季咲きのバラは6月ごろでひと通り咲き終わります。しかし中にはだらだらと7月や8月まで花を咲かせている場合もあります。

しかし夏の花はつけたところで、いじけていて面白みがありません。そのため夏のつぼみはすべて取ってしまいましょう。夏の間に花を咲かせてしまうと株が弱り、本来花が咲く時期の10月にキレイな花を咲かせられなくなってしまいます。

夏の花はだらだらと咲かせない!

庭師のことわざ
「バラはヤゴを残せ」

ヤゴというのは、茎や幹の根元から生えてくる枝で、ヒコバエのことです。ふつう、ヤゴは弱った木にできます。ヤゴができるとさらに木を弱らせます。見た目もよくないので、剪定するときは真っ先に切り落とします。

しかし、バラの場合は、ヤゴを切り落とさずに残しておきます。勢いのよいヤゴが伸びて、キレイな花を咲かせるからです。

バラの剪定では、古い枝や細い弱々しい枝は取り除き、それ以外はかなり切り詰めて強い剪定をします。根元から生える太い枝を残すように切るのです。ただし、一季咲きのバラは、今年伸びた枝に一度花を咲かせるだけなので、伸びた枝を残しておき、あまり切り詰めません。

つるバラの誘引

落葉期に、古い枝は地ぎわから切り取り、新しいヤゴは残して枝を更新します
つるバラは、できるだけ水平になるように誘引します。枝が丸まっていると頂上部のみに、立っていると先端だけに花がつきがちです

つるバラの剪定は12月〜2月

つるバラは、12月から翌年の2月ごろに剪定します。前年に伸びた枝に花がたくさんつき、枝葉花が全体に込みすぎた場合には、株元から伸びた勢いのよいシュートを残し、古い枝は根元から間引きます。花を咲かせた枝は枝元に2〜3芽を残して切り取り、枯れ枝や細枝は切り詰めます。込み合ったところは切り落とすほか、すべての枝先を10センチほど切り戻します。

充実した外芽の5ミリほど上を斜めに切るのは、木バラと同様です。

5月に一番花が咲いたら、5枚葉を1つつけて花を切り取ります。花後は枝先を2分の1に切り詰めますが、シュートは切りません。

肥料の与え方は木バラと同じです。近ごろは庭土がやせているので、たくさんの肥料を必要とするバラには寒肥などを忘れないようにしましょう。

つるバラは込みすぎたら古枝を間引く

つるバラのつるは水平に寝かせる

つるバラは落葉期に枝元から伸びている新しい枝を残し、3〜4年経った古い枝を根元から間引きます。またつるができるだけ水平になるよう、全体をたわめてあげることも大切です。

そのまま伸ばすと花が枝の先端にしかつきません。しかしトゲがびっしり生えているので、つるを横にたわめるのはなかなかの大仕事。作業を行う際は手を刺さないように革手袋をし、残したつる状の枝先を持って強く引いて、できるだけ水平にしてフェンスなどにやわらかいひもで結びつけます。

枝は水平にするほど平均的に花がつき、垂直の状態にしておくと花は枝の先にしかつきません。しかしトゲが危ないので、どうしても難しい場合は無理をせず、プロにお願いしたほうがよいでしょう。またこの時期、古い枝は思い切りよく切りましょう。

立ったままにしておくと、花は枝先にしかつかない

樹形より花を優先して剪定する

カイドウ

海棠／バラ科

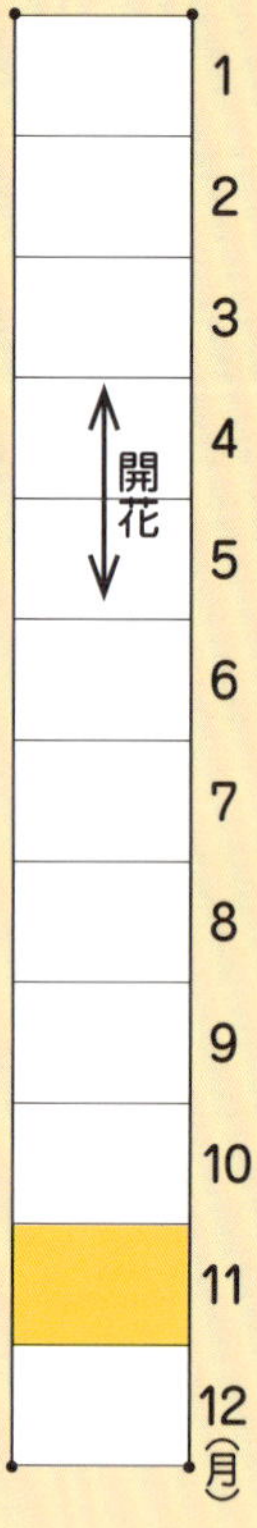

不要な枝は必ずはさむ

花の咲いている時期は美しいものの立ち枝や交差枝、逆さ枝などの忌み枝が発生しやすいのがカイドウの特徴。そのため庭の主木には使いにくく、いつも脇役に回るタイプの木です。なかでも忌み枝は梅雨に入るころにいっそう目立ちやすくなるので、不要な枝を元からはずさないと手に負えなくなります。根元からヒコバエも発生するので、見つけたら取り除くこと。

ヒコバエは早めに取り除く

カイドウだけに限りませんが、花つきをよくするには日当たりがよいことがなによりも大切。長い枝を切り戻すほか、からみ枝や込み合った部分の枝元に近いところを短く残して切り取り、風通しをよくして内部まで日が当たるよう樹冠を調整します。そのときには必ず外芽を残すようにしましょう。

現在、苗木として出回っているカイドウの多くは、ズミの木が台となっている接ぎ木の苗です。さし木の枝はほとんど出回っていないので、ヒコバエは台木の芽と思って間違いありません。そのまま放っておくとカイドウの芽が伸びないことがあるのでヒコバエは見つけ次第取り除きましょう。また小枝を伸ばさないことも大切。花が終わってすぐに枝を落とすと土用芽が長く伸びて花つきが悪くなるので、秋になってから伸びた枝を半分くらいに切り落とすのがいいでしょう。

ヒコバエを伸ばしてしまうと芽が伸びない！

カイドウの剪定

株を大きくしたいときは剪定しない！

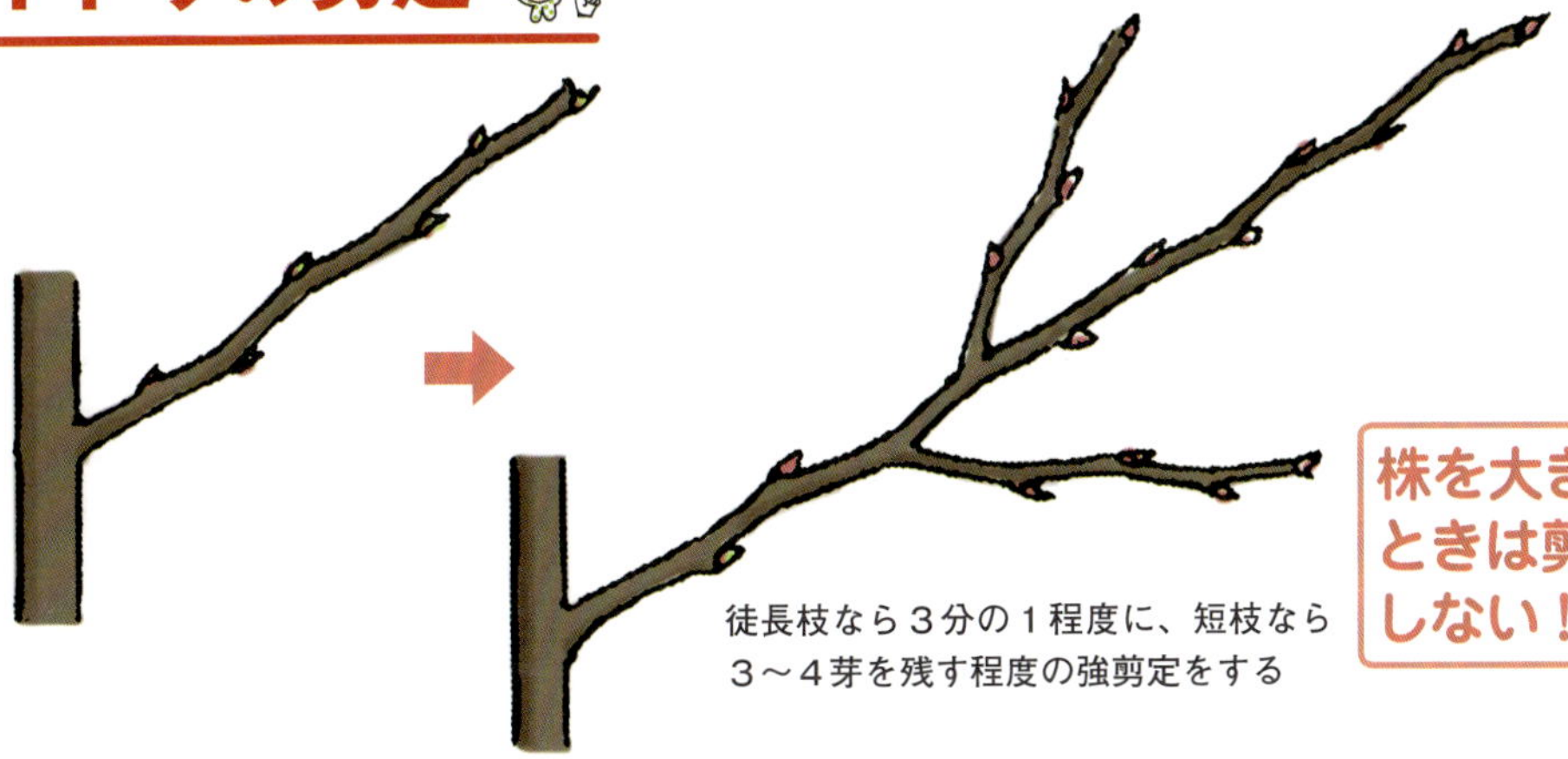
徒長枝なら３分の１程度に、短枝なら３～４芽を残す程度の強剪定をする

花を咲かせる剪定

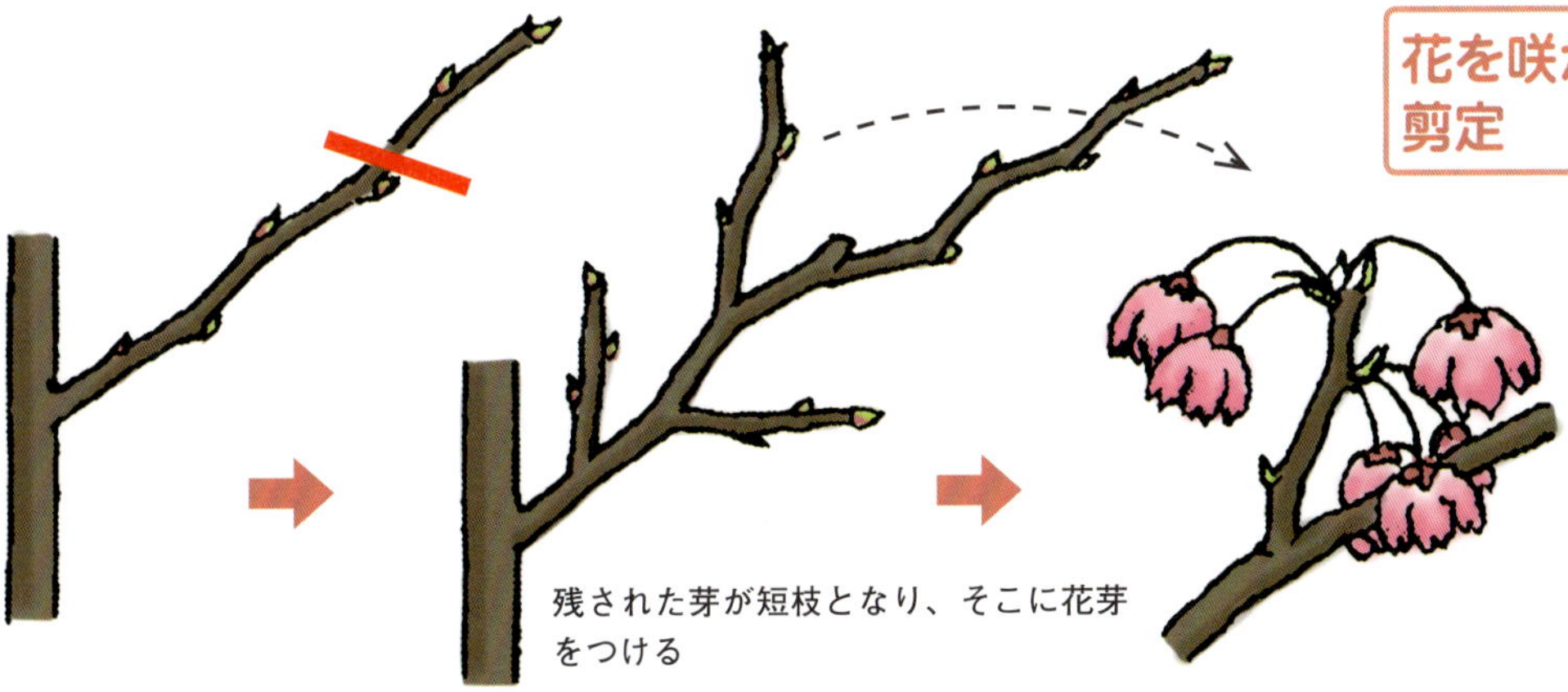
残された芽が短枝となり、そこに花芽をつける

落葉期の剪定のポイント

カイドウはその年伸びた短枝に夏ごろ花芽がつき、翌春の4月ごろにその花芽から長い花の柄を伸ばして、先端に数個の花をつけます。長い枝には枝元にしか花芽がつかないのが特徴で、花芽をたくさんつけるために必ず剪定が必要です。

剪定は葉を落とした11月ごろに行うのがベスト。徒長枝などの長く伸びた枝は3分の1程度に、短い枝なら3～4芽残す程度にしてはさみます。枝元からはさんでしまうと花が見られなくなるので、忌み枝以外は枝元からはさむのはタブー。はさんだ枝からは翌年に短い枝が伸びてそれに花芽がつきます。毎年この切り戻しを繰り返していると、短枝がふえて花数が多くなります。枝先の先端だけをはさんでいると木は大きくなりますが、そのわりに花数が少なくなってしまうので要注意。

枝元からはさんでしまうと花が見られなくなる！

樹形より花を優先させよう！

最近は花木の人気が一段と高くなっています。カイドウも人気のある木のひとつですが、この木は樹形づくりがとにかく難しいのが難点。鉢植えなどで小ぶりに楽しむぶんにはよいのですが、庭に立派な木をつくろうとすると、なかなか格好がつかないのです。その理由は横向きに枝がたくさん出てしまうため。枝同士があちこちでからみ合ってしまうので、そのうち始末に終えなくなってしまいます。かといって強くはさむとはさんだ後から勢いのよい枝が発生して、余計に樹形を乱してしまうのです。これをキレイに整えるのは至難の業《わざ》です。

もともと枝が素直に上に伸びてきれいな梢をつくるタイプの木ではないので、庭に植える場合は初めから花を楽しむつもりで、樹形はあきらめることをオススメします。

初めから花を楽しむつもりで手入れしよう

花が咲かないときは「根切り」が効果的

カイドウだけでなくどの木にも共通していることですが、木がいじけてくると花がよくつくようになります。これは木の勢いがよいうちは生長（木を大きく伸ばす）ほうに力が回り、花は二の次になってしまうからです。木が花をつけるというのは、いわば子孫繁栄の手段。だから木は自らの勢力が落ちてくると、本能的に生命を次世代につなごうとするわけです。

もちろんカイドウも例外ではありません。木に勢いがあるのに花つきが悪いときは、根が土の中で十分に張り、樹勢が盛んになった証拠です。この状態で花を咲かせるには、春先に土を掘り、根をチェックしてみましょう。一番広がった根を見つけたら根の回りの深さ30～40センチのところにスコップを突き刺して、根を切断します。根を切るのは一ヵ所で十分なので、くれぐれも何ヵ所も切らないように注意しましょう。木が枯れる原因になります。こうして根切りをすると木は驚き、翌年からピンクの美しい花をたくさんつけるようになります。

切るのは一ヵ所で十分！

Point

一重咲きと八重咲きどちらを選ぶ？

一重咲きと八重咲きの花の場合、とかく花の派手さにひかれて八重咲きに手を伸ばしがちですが、花は控えめな一重を選ぶことをオススメします。鉢で育てるならまだしも庭に持ち込む場合、控えめなほうが飽きがきません。カイドウ以外にもザクロ、ツバキ、ボケなど改良された八重ものは多くありますが、庭に植える場合はその花だけが単独であるわけではないので、花はできるだけおとなしく咲くものを選ぶのが無難でしょう。また一重咲きはたいてい実を結びます。それもまた花の違った味わいがあってよいものです。

花つきをよくする剪定

長くしたい枝の場合は、３分の１から半分程度の位置で切ります

翌年には残された芽が短枝になり、そこに花芽をつけます

３年後にはキレイな花が咲きます。剪定しても花つきが悪い場合は根切りを行います

花を見るには短い枝をつくる

カイドウは長い枝には花をつけないので、長く伸びた枝は3分の1から半分くらいの長さまで切り戻すのが剪定のコツです。こうすると生長が抑制されるので、枝元に残った芽が落ち枝（短い枝）になって、よく花をつけるようになるのです。毎年、落葉期間中に昨年新しく伸びた枝を同じように剪定しましょう。花を見るにはこの作業がもっとも大切です。

切るときには必ず、外芽の上ではさみます。「木づくりはあきらめたほうがよい」といわれる木ですが、やはりそれなりに無駄な枝は除去しなければなりません。枯れ枝を抜くことはもちろん、枝と枝が交差しているからみ枝は元から抜きましょう。そのとき伸びている全体の線に沿ってできるだけ外側に広がるように、内側に伸びている枝を抜くと、全体がすっきりします。

長い枝は3分の1くらいで切り戻す

庭師のことわざ
「狭い庭に木をたくさん入れるな！」

花や木の好きな人に限って庭にあれこれたくさんの種類を入れるよう希望されるものですが、庭づくりでもっとも大切なのはバランスです。狭いところにちまちまと木を植えていたのでは、何年経っても風情のある庭はつくれませんし、木の育ちもよくありません。庭木だけでなく、これは石を置くときにも同じ。貫禄のある木や石を庭の主役に据えて、後は低木や下草などを少しあしらえばそれだけで素敵な庭に見えるものです。

つまり庭を少しでも広々と見せたければ、なによりもゴチャゴチャした印象を与えないことが大切なのです。庭をつくるときは「ちょっとさびしいかな……」と思うくらいでOK。かえってそのほうが趣のある庭に仕上がります。

乾かすと花つきが悪くなる

ツバキ

椿／ツバキ科

7月以降に刈り込むのはタブー

サザンカの開花時期は11月～12月、ツバキは10月から翌年の5月ごろまでです。どちらも刈り込みに適しているのは花後。花芽分化期はサザンカ、ツバキともに7月～8月ごろで、その年に伸びた新枝の先に花芽がつき、その年の晩秋に開花します。自然樹形でも楽しめますが、刈り込み仕立ての場合、7月以降に刈り込むと花が咲かなくなります。

乾燥は大敵！落ち葉を有効利用して

サザンカもツバキも乾燥が苦手です。とくにサザンカは夏、ツバキは冬の乾燥に注意しましょう。日当たりがよいのは花つきをよくする大事な条件ですが、よすぎるのも問題。とくに西日が強い場合は、落ち葉で地面を覆います。冬に北風が吹きつける場合も同様で、根元に落ち葉を敷き詰めて風から根を守ります。落ち葉はやがて腐って養分となりますから、一石二鳥です。

Check! サザンカとツバキの見分け方

	花の時期	花と葉の状態
サザンカ	11月～12月ごろ	葉の裏に茶色の毛
ツバキ	10月～5月ごろ	葉がつやつやして大きめ

ツバキの剪定

花後に、切り詰めたい位置の葉の付け根で切り戻します

翌年、切り口近くの芽から数本が伸び、先端に花が咲きます

よい切り方

葉の付け根の少し上で斜めに切ります。こうすると切り口が目立ちません

悪い切り方

葉と葉の中間で切ると切り口が目立ちます。切り残した部分が長い場合、切り口から芽が出ることも

葉の付け根で切り戻すのがコツ

木の大きさを整えるときは、枝先を切り詰めます。このときどのくらい葉を残したらよいかは、仕立てる大きさで決まります。

切り方で大切なのは、必ず葉の付け根にはさみを入れること。慣れないうちははさみを葉にあてがって切るようにするとよいでしょう。刈り込みというのは化粧のようなものなので、切った軸がプツプツと目立つようでは美しくありません。必ず葉の付け根で切り落とし、すっきりなめらかな姿を見せるようにしましょう。

秋に徒長枝を整枝する場合は、樹冠の線上ではなく、中の枝分かれしたあたりで切り戻します。樹冠が込み合ったら、枝分かれしたところで一番勢いのよい枝を引きましょう。樹冠内の逆さ枝などを根元からはずすと風通しがよくなり、木の生長もおさえられます。

枝を切る位置に気を配る

施肥は土用までには終わらせること！

ツバキやサザンカだけではありませんが、花物によく花をつけさせるには肥料が大切です。2月~3月ごろのそろそろ旺盛な活動が始まる時期に油かすや鶏糞、堆肥などの有機質肥料を与えると、花のつきようがグンとよくなります。たくさん肥料を与える必要はありませんがせめて年1回、寒肥だけは施しておきましょう。

ただし寒肥を忘れた場合でも、肥料やりは土用までに行うのが原則。夏の終わりから初秋に施肥をして秋口遅くにまで木に肥料分が回ると、木は正直なのでよく枝葉を伸ばします。そのようにいつまでも生長を休ませてもらえずにいると木は冬を迎えるころまで伸長をやめず、新しい葉を出し続けます。しかし出たての葉はやわらかくてかたまっていないので、寒風などが当たるとすぐに枯れてしまうのです。

よい花をつけるには肥料が大切

チャドクガ退治は糸切りの術で

ツバキやサザンカの害虫で一番恐ろしいのは、チャドクガです。チャドクガは始末が悪い虫で、とりつかれると葉を丸坊主にされてしまうことがあるのです。初めのうちは葉の裏にかたまってついているので、花の終わった4月頃にはよく注意して観察しましょう。殺虫剤をまけばたいていの場合は死にますが、より確実なのは捕殺。しかし一匹一匹割り箸でつまむのは時間がかかるので、ぜひ試してほしいのが「糸切りの術」です。チャドクガは触れるとクモのように糸を引いてぶら下がる性質があるので、あらかじめ下に新聞紙を敷いておき、下りてきたら糸をはさみで切ります。新聞紙にある程度チャドクガを落としたらそのまま丸めて燃やすだけ。確実に退治できます。しかし、まずはこまめに剪定して風通しをよくしておくのが効果的です。

予防のためにこまめな剪定も！

斑が消えかかったら植え替えが必要

何年か経つと斑《ふ》入り葉の斑が消えてしまうことがあります。原因は日照不足。斑は陰樹に多く出る傾向がありますが、あまり日陰すぎても斑が消えてしまうようです。半日陰（木の下などで上からは日が差さず、北や西など一方から一日に数時間日が差す場所）に植え替えるとまた斑が出てきます。

花芽はたいてい芽が2つある

花芽が咲いて半年もすると、花芽とそうでない葉芽との区別ができるようになります。一見どれも同じようにつぼんでいるかたいツバキの芽も、よく見ると花芽になる芽にはちょこっと小さな芽が2つついています。つまり花枝をたくさん残すようにしたいときは、2芽ついている枝を残すのがポイント。秋のツバキの芽は比較的わかりやすいので、よく観察してみましょう。

ツバキのさし木

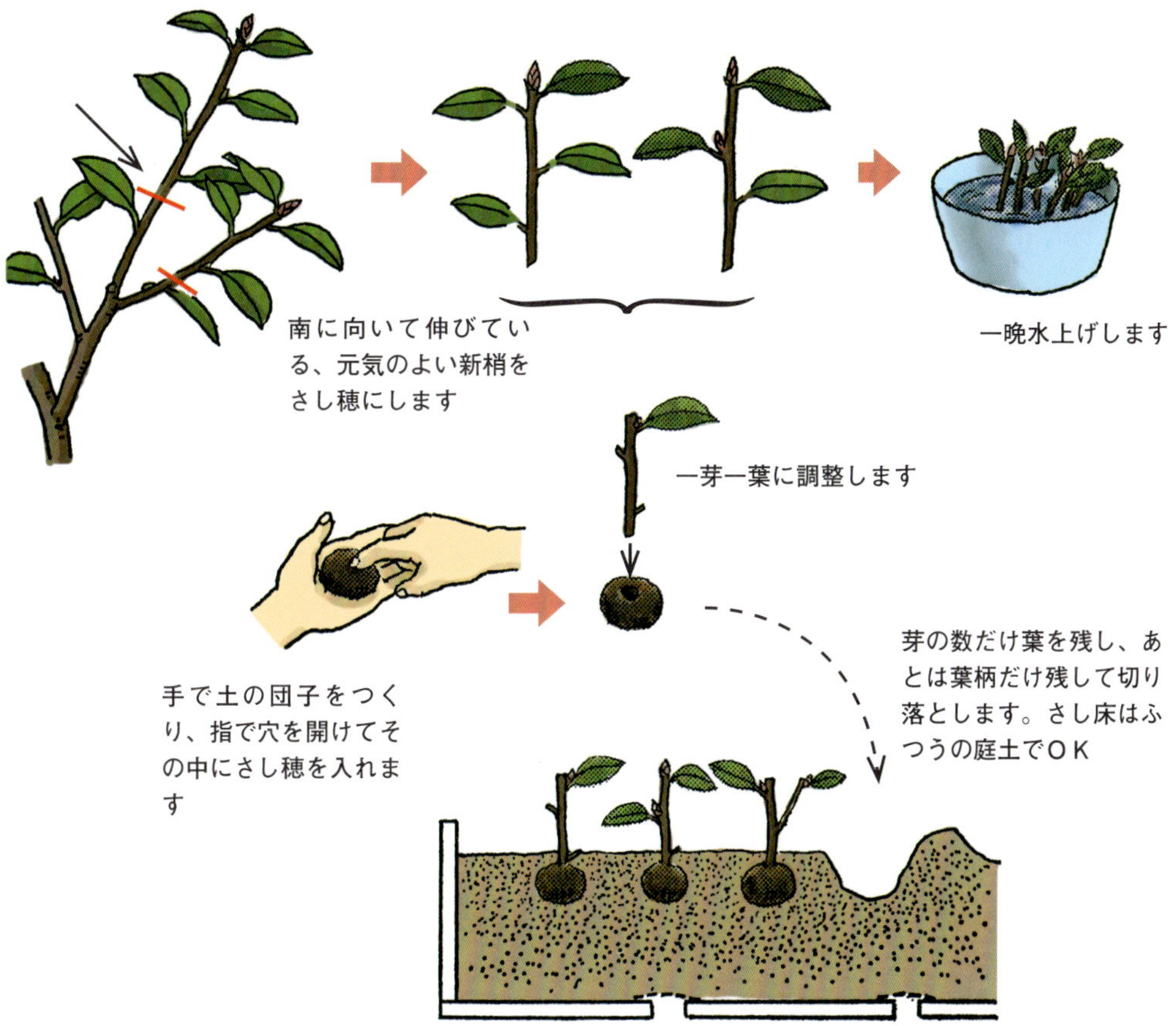
南に向いて伸びている、元気のよい新梢をさし穂にします
一晩水上げします
一芽一葉に調整します
手で土の団子をつくり、指で穴を開けてその中にさし穂を入れます
芽の数だけ葉を残し、あとは葉柄だけ残して切り落とします。さし床はふつうの庭土でOK

ツバキのさし木は土用3日目をねらって

ツバキのさし木は昔から「土用3日目に行え」といわれます。この日にさすのが一番つきやすいのです。

ツバキも品種ものになると値段もかなり張るので、もし近所で欲しいと思うツバキを見つけたら「一枝分けてください」と声をかけて、もらってくることをオススメします。花どきには嫌な顔をされるかもしれませんが、土用3日目のツバキなら「どうぞいいですよ」といってくださる方も多いはず。もらう枝はヒョロヒョロの細長い枝よりも、南側に向いた元気のよい枝を選ぶとより確実に子孫を残せます。できれば枝はよく選ばせてもらいましょう。持ち帰ったらナイフで長さ10センチほどにさし穂を調整し、団子ざし（水でといた鹿沼土を穂の先端につける）をします。また葉は一芽一葉にし、水を吸い上げる力を高めましょう。

葉を一芽一葉にしてさし木する

大きな花を咲かせるには、放任する！

アジサイ

紫陽花／ユキノシタ科

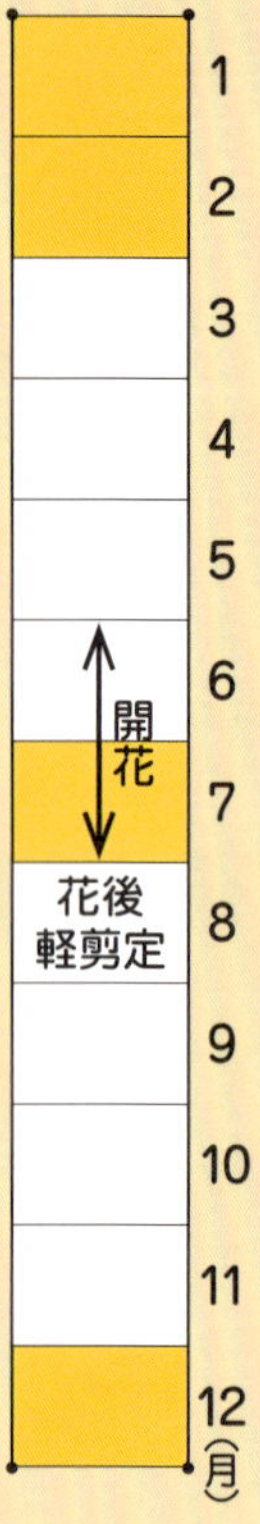

1
2
3
4
5
6
7
8
9
10
11
12
(月)
開花
花後
軽剪定

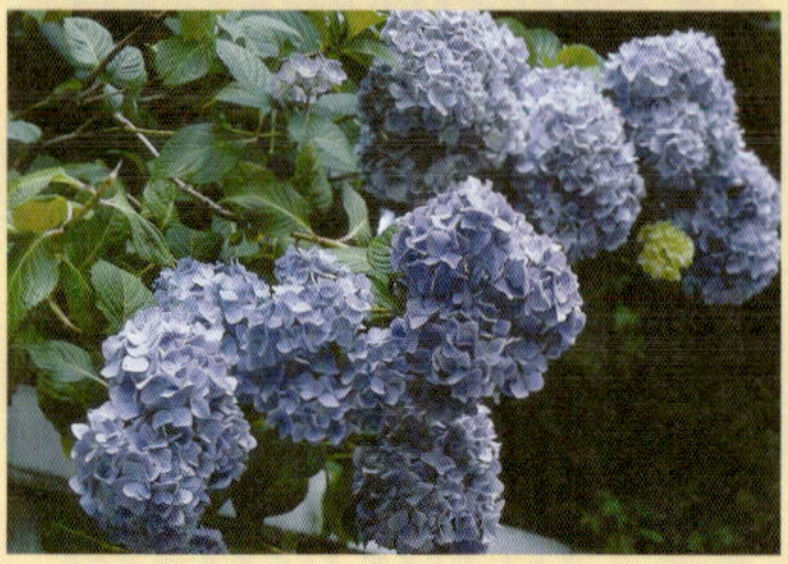

狭い場所には植えるな！

アジサイは自然樹形で楽しむ木なので、大きくなったからといってむやみに切り詰めることはできません。また放っておけば人の背丈より大きくなる木もざらにあるので、アジサイを植えるときはかなり広いスペースをとって植えるのがポイントです。大きくなりすぎた場合は小さくする方法もありますが、もともと狭い場所には向かない木だと覚えておきましょう。

大きな花を咲かせたいなら切り詰めてはいけない

アジサイによい花を咲かせるには、あまり切らずにのびのびと育てなくてはいけません。立派な花を咲かせたいなら丈が高くなろうが、横にわき枝が伸びようがそのまま放っておくのがポイント。じゃまだからと伸びた枝を構わず切ってしまうと、翌年にはまったく花のつかない木になってしまいます。とくに土用を過ぎてからの切り詰めはタブーなので注意しましょう。

花後、遅くなっての枝切りはタブー

アジサイは5月～6月に、二年生枝（昨年伸びた枝）の葉の付け根に花芽をつけます。イキイキとした新枝が伸びると見た目には美しいものですが、アジサイはこの新枝には花をつけません。

開花中に現在咲いている花のすぐ下に来年の花芽ができますから、花後すぐにでも注意して剪定しないと、花芽を落としてしまいます。

アジサイの剪定

花後すぐに花の下を切ります。強く切ったり、切るのが遅れると、翌年の花つきが悪くなります。あまり小さくはできません

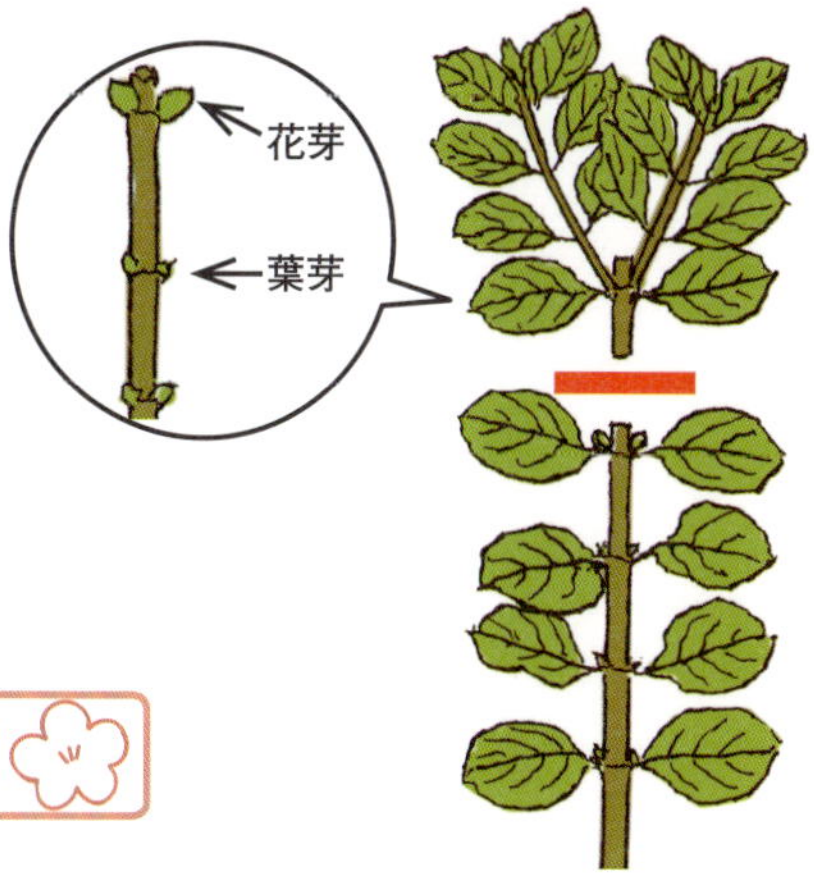

花芽の上ではさむ

アジサイの整枝の基本は、12月～2月ごろに長く伸びた古い茎を根元から切り取って新しくて勢いのよい茎を残し、切り替えることです。

別の方法としては花が終わりかけたころでまだ花があるうちに花のすぐ下で枝を切ります。すると切ったすぐ下の芽が花芽になるので、冬に花芽を確かめながら花芽の上で再度切り詰めます。強く剪定して枝を短く切り詰めると、花芽がつきにくく、花後遅くなって切ると、花芽を落としてしまうので注意します。

花後の剪定を怠ると……

花芽が上のほうにできるので、つい切り落としてしまうことになります。注意しましょう

乾燥に弱いので根元を乾かさない

アジサイは乾燥にやや弱く、日陰に強いのが特徴です。昔は夜露で適当に根元に湿り気を保てたものですが、最近はほとんど夜露もおりないので、根元がむき出しで西日が照りつける場所にアジサイが植えてある場合は、根元を枯れ草で覆うなどして乾かさないように注意しましょう。

●アジサイを小さくするには

12月～2月の落葉期に、背の高くなった古い枝を地ぎわから間引いて新しい枝に更新する方法もあります。大きくなりすぎた株は、一度に全部、または半分ずつ2年がかりで地ぎわから枝を切り取ると、かなり小さくすることができます

根づきが悪いので水の量に注意！

コブシ、モクレン

辛夷、木蓮／モクレン科

上・コブシ
下・モクレン

強く切りすぎるのはタブー

剪定は花が咲いた後に行います。生長がよい木なので、強く切るとその分よけいに伸びますから注意しましょう。切った後の枝が勢いよく伸びすぎて花芽がつかなくなります。

花芽分化期は7月~9月ごろ。花後に伸びた新梢の先に花芽がつきます。木が大きくなりすぎた場合は、花芽が見分けられる11月半ば以降に適当な花芽を残しながら切り戻しましょう。

根つけには水を与えないこと

コブシやモクレンはきわめて細根が少なく、植えつけた後の根づきが悪いのが特徴。しかも切った根からは新しい根を出しません。枯れた木の根を見ると大半は切り口から腐れがきていますが、これは根が水を吸えず、やりすぎた水が根の回りにたまっていることが原因。そのため水を控えて植え込み、植えた後も完全に根づくまでは根元を濡らさないようにしましょう。

日光は十分に当てる

南庭のよく日の当たる場所でないと、いまひとつ生育が悪かったり、枯れ込みがひどくなる傾向があります。植えつけは2月下旬から3月がベスト。ふつう木を植えるときは植え穴いっぱいに水を入れて土がどろどろになるようにしますが、コブシやモクレンに関しては植え穴には水をやらず、棒などを使って土を根の間に突き込み、最後に上水を与えるだけにしておきます。

木を小さくするための仕立て方

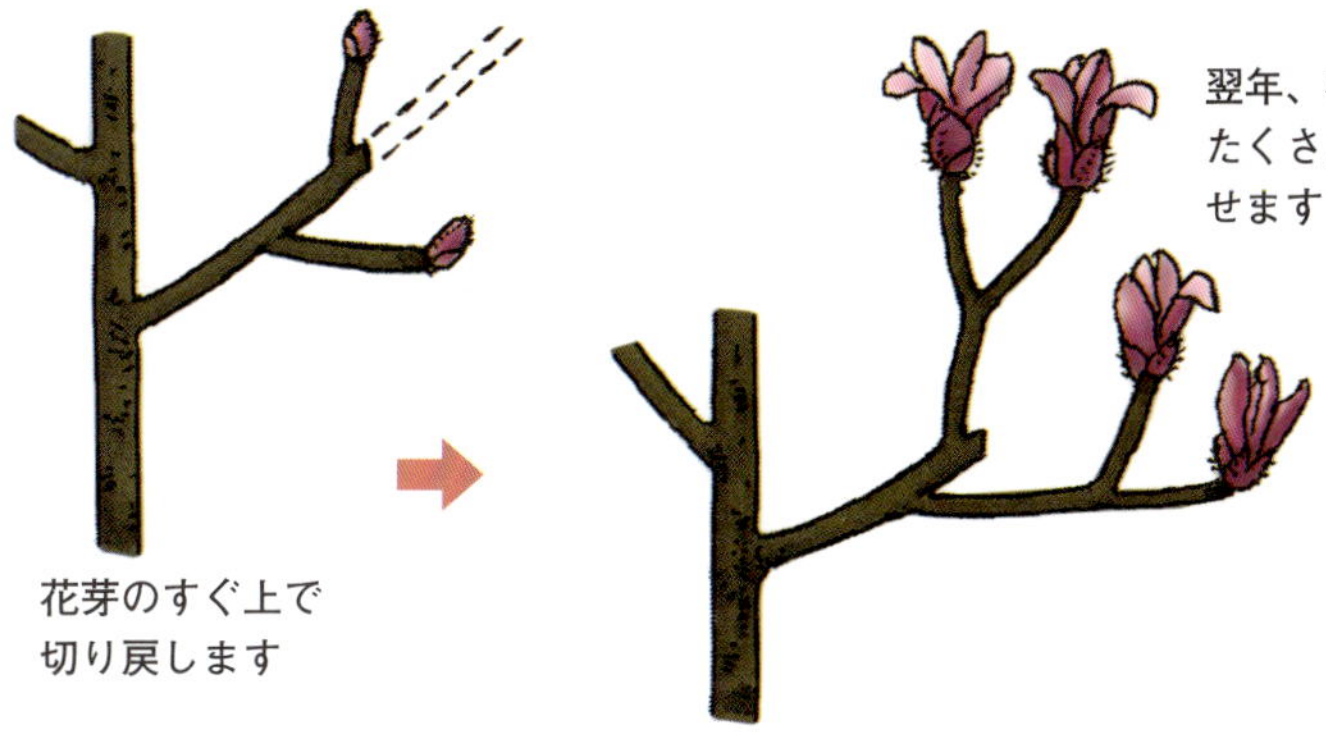
翌年、花芽がふえて
たくさんの花を咲か
せます
花芽のすぐ上で
切り戻します

樹勢がなくなると発生するヤゴに注意する

コブシやハクモクレンは樹高が高くなりますから、庭に調和する位置で樹芯を切って頭をとめ、上への生長を抑制します。植えるときに根の下に石などを置いて根を横に広げると、枝も横に広がって樹高をおさえることができますので、世話がラクになります。

剪定の際に下向きの枝を残すと生長をおさえるので花をたくさんつけることができます。ただし木の勢いはなくなりますので、下向きの枝ばかりにしないこと。樹勢がなくなるとヤゴが発生します。とくにハクモクレンはホオノキに接いであることが多く、ヤゴを残してしまうと花が咲かなくなってしまいます。

コブシやハクモクレンは自然に樹形が整うので、徒長枝や枯れ枝、からみ枝を取り除く程度の剪定で整枝は十分です。またシモクレンは方向のよいヤゴを伸ばして株立ち状にします。株がふえたら勢いのよいものを残して根元から切り取って間引きます。

庭師のことわざ

「コブシが咲いたら畑豆をまけ」

コブシは早春の3月ごろに香りのよい白い花を咲かせます。この時期に大豆をまくとよいといわれるように、コブシは昔から農事暦の目安になっており、「コブシの花見て芋あげよ」「コブシの花が散ると田植え」など各地でコブシにまつわることわざが残っています。

コブシとよく似ている木にハクモクレンがあります。ともに10メートルくらいの高木になるので、見分けがつきにくいのですが、花は、コブシは全開し、ハクモクレンは筒形に半開き状に咲き、花の大きさはハクモクレンのほうが大きいのです。枝は、コブシは横に広がりますが、ハクモクレンは枝が太くなり、上へ上へと伸びていきます。

サクラ

桜／バラ科

「サクラ切るバカ」は昔の話

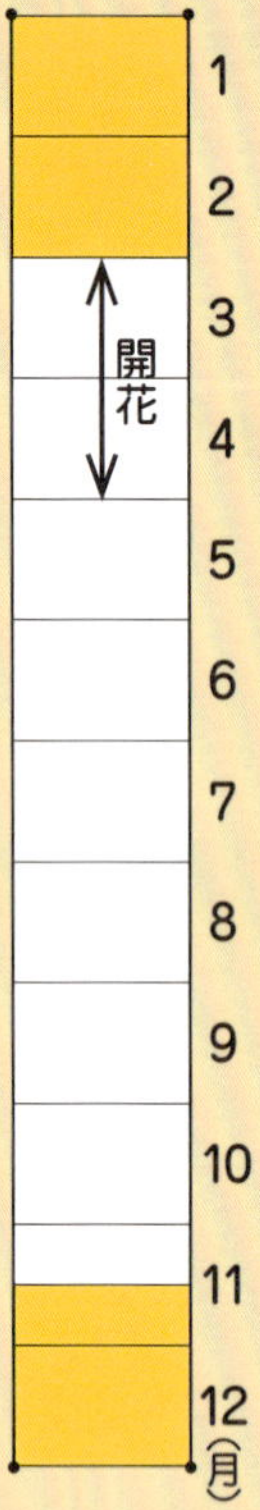

切り口が枯れやすいので必ず殺菌剤を

サクラの特徴は、枝を切った後の切り口が枯れやすいこと。そのため「サクラ切るバカ」などという言葉が生まれたのです。サクラを切るときはできるだけ幹に近いところを切り、切り口は幹に沿ってナイフなどでなめらかに削ります。そこに腐敗菌の侵入を予防するためにトップジンMペーストなどの殺菌剤を塗ります。難しいときは庭師などの専門家に相談しましょう。

剪定は冬に行うのがベスト

サクラと聞いてすぐに思い浮かべるのはソメイヨシノですが、現在サクラは300種類ほど栽培されています。ただしいずれの種類も性質や剪定の方法はだいたい同じです。

花後はすぐに花が伸びてはさみにくいので、徒長枝などの枝をはさむのは、発芽前の2月ごろに行います。鉛筆ぐらいまでの太さの枝ならばとくに殺菌剤を塗る必要はありませんが、親指くらいの太さの枝の場合は塗っておいたほうが安心でしょう。

大透かしや中透かしなどの必要はありませんが、枯れ枝や飛び出している徒長枝をはさんで、植え場所と調和のとれた大きさにする必要はあります。枝が太くなる前に毎年、徒長枝をはさめば枝が暴れることもなく、庭で存分に花を楽しむことができます。

枝をはさむときは芽のすぐ上ではなく、強い芽の7～8ミリ上ではさむのがコツ。枝先を長く残しすぎると腐りやすく、芽のすぐ間近ではさむと新芽が乾いてしまうので芽が吹きません。

サクラの徒長枝の剪定

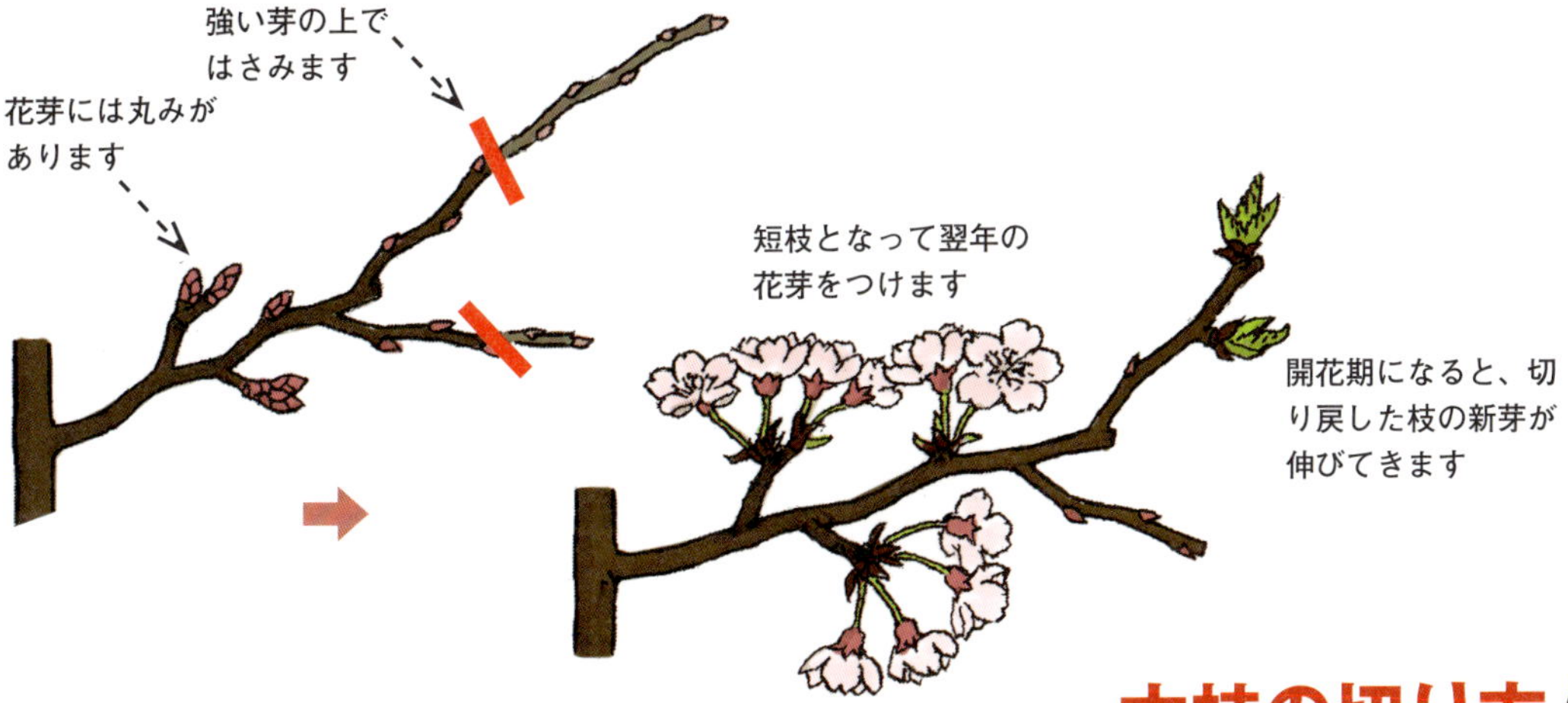
強い芽の上ではさみます
花芽には丸みがあります
短枝となって翌年の花芽をつけます
開花期になると、切り戻した枝の新芽が伸びてきます

太枝の切り方

太枝を一度に切り落とすと、枝の重みで幹まで裂けてしまうことがあります
下にのこぎりで切り込みを入れます
切り込みの少し先から切ります
もう一度切り戻します
殺菌剤で保護します

虫や病気が多いのでしっかり対策を

サクラは虫や病気が多いことで知られています。もしも春以降にケムシを見つけたら、ディプテレックス乳剤などの殺虫剤を散布します。薬剤は一度だけでなく、1〜2週間おきに2〜3回まくのがコツ。しかし夏場の木が弱っている時期にむやみにスミチオン乳剤を使うと、葉を傷める可能性があるので注意しましょう。

またサクラの太枝の切り口は腐りやすく、ここにはよくシロアリが侵入します。そのほか6月と8月〜9月にはアメリカシロヒトリが大量発生します。アメリカシロヒトリは枝先に白くて細い糸を張って巣をつくるのですぐにわかります。枝を枝元から大きく切り取って焼却し、防除するにはスミチオン乳剤が効果的。またテングス病は枝の一部がコブ状にふくれ、ホウキのように小さな枝がたくさん出ます。これも見つけたら枝元から切り取って焼却しましょう。

花つきをよくするために早めの刈り込みを

サツキ、ツツジ

皐月、躑躅／ツツジ科

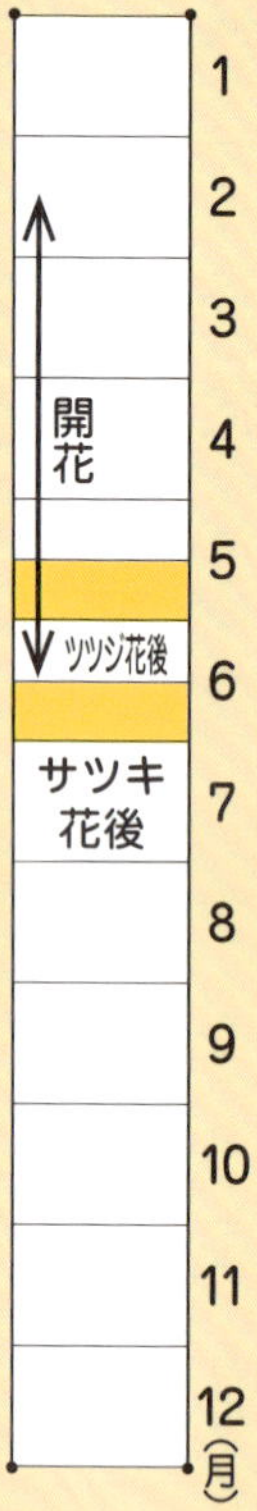

上・サツキ
下・ツツジ

花がまだ終わらないうちに刈る

サツキは5月中旬から6月が花期です。大きさを維持する場合に刈り込みは欠かせませんが、刈り込みの時期は花が終わるか終わらないかくらいに行うのが◎。新枝が伸びてから刈り込むと量がふえる分、大仕事になります。また汚い花がらが目立つようになり、実をつける枝も出てくるので木も弱ってきます。花がまだ残っている時期に刈り込むのが最も理想的です。

根をはたいてから植えるのがコツ

サツキやツツジは根が浅いので、真夏を除いて植え替えればよほどのことがない限り失敗することはありません。また何年か経ったら植え替えてやるとよいでしょう。どの木でもそうですが、日のよく差す南側ばかりが伸びて、北側が空すきになる傾向があるからです。植え替えるときはかたまった根をほぐすように、根をはたいてばらしてから植えつけるのがコツです。

Check! クルメツツジとサツキの見分け方

	花の時期	花と葉の状態
クルメツツジ	4月～5月	大ぶりで新芽が出る前にいっせいに花がつく 一枝に数輪 葉の色が薄い
サツキ	5月～6月	葉裏に毛があり花が小ぶり 一枝の先に一輪 葉の色が濃い

サツキ・ツツジの剪定

大きさを変えたくないときはBで刈り込みます。大きくする場合はAで、小さくするときはCで強く刈ります

落葉性のツツジ

徒長枝を枝元から切り取り、根元近くから伸びた小枝を落とす程度で樹形が整います

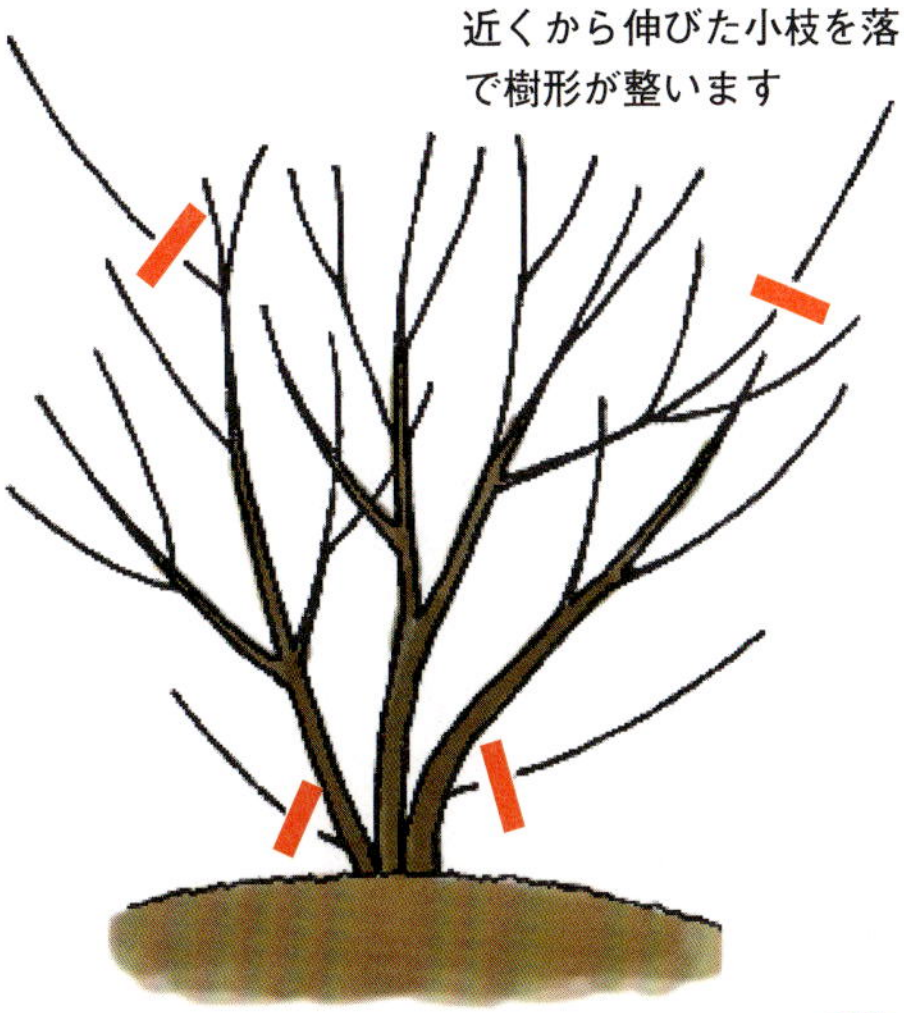

徒長枝の切り方

徒長枝はすぐに伸びて樹冠を乱します。刈り込み線の内側で切り戻すと、切り口が目立ちません

たっぷりと水やりを忘れずに

根が浅いので、土の中の水分を吸い上げることができません。地表面の水分だけで生きているので、乾燥に弱いのが特徴。夏の日照りが強いときは、水が切れるとたちまち葉がしおれます。この状態が何日も続くと最後には枯れてしまいます。夏だけでなく、秋や冬も乾燥が続くようなら水をたっぷりあげましょう。ただし夏に水をやる場合は、日中は絶対に避けること。昼間はどんなにしおれていても水やりは避け、朝か夕方にたっぷりかけましょう。乾燥するとハダニがつきやすくなるので、虫よけの効果もあります。

Point

丸く仕立てるときは刈り込みばさみを裏返して

玉づくりのように樹冠を丸く仕立てるときは、刈り込みばさみを裏返すのがコツ。はさみの角度に沿って丸く刈ると、なめらかに仕上げることができます。刈り込んだ後に伸びた徒長枝は、刈り込み線の少し内側で切り戻します。

剪定は花と芳香を楽しんだあとで

キンモクセイ

金木犀／モクセイ科

月	
1	
2	
3	
4	
5	
6	
7	
8	
9	開花
10	開花
11	
12(月)	花後

新枝は絶対に切らないこと！

9月から10月にかけて咲くキンモクセイ。花がオレンジのものをキンモクセイ、白いものをギンモクセイと呼びますがどちらも世話の仕方は同じです。剪定は花と芳香を楽しんだ花後に行うのがベスト。やむを得ず春に仕立てる場合でも、遅くとも4月中旬までには終えるようにしましょう。新枝の出た5月以降はけっして切ってはいけません。

生育が早く、大きくなるので放任してはダメ

モクセイは生育が早く、萌芽力が強いのですぐに大きくなります。そのためできるだけ広々とした場所に植えるのがポイント。樹高が10メートルくらいまでになり、樹冠も大きくなるので、よほど広い庭でない限り小さく仕立てるのがよいでしょう。苗木から育てるときは樹芯を切り戻して下枝を密生させ、徒長枝を切り詰めてある程度大きくなったら強めに刈り込みます。

丈夫な木ですが、育つ環境は大切です

香りの強い木はいろいろありますが、なかでもひときわ強い香りをはなつのがモクセイ。上質を選ばない丈夫な木ですが、日当たりがいいこと、空気がキレイなこと、直接風にさらされないこと、などの条件がそろわないとキレイな花はつきません。

風、日当たり、空気が重要

キンモクセイの剪定

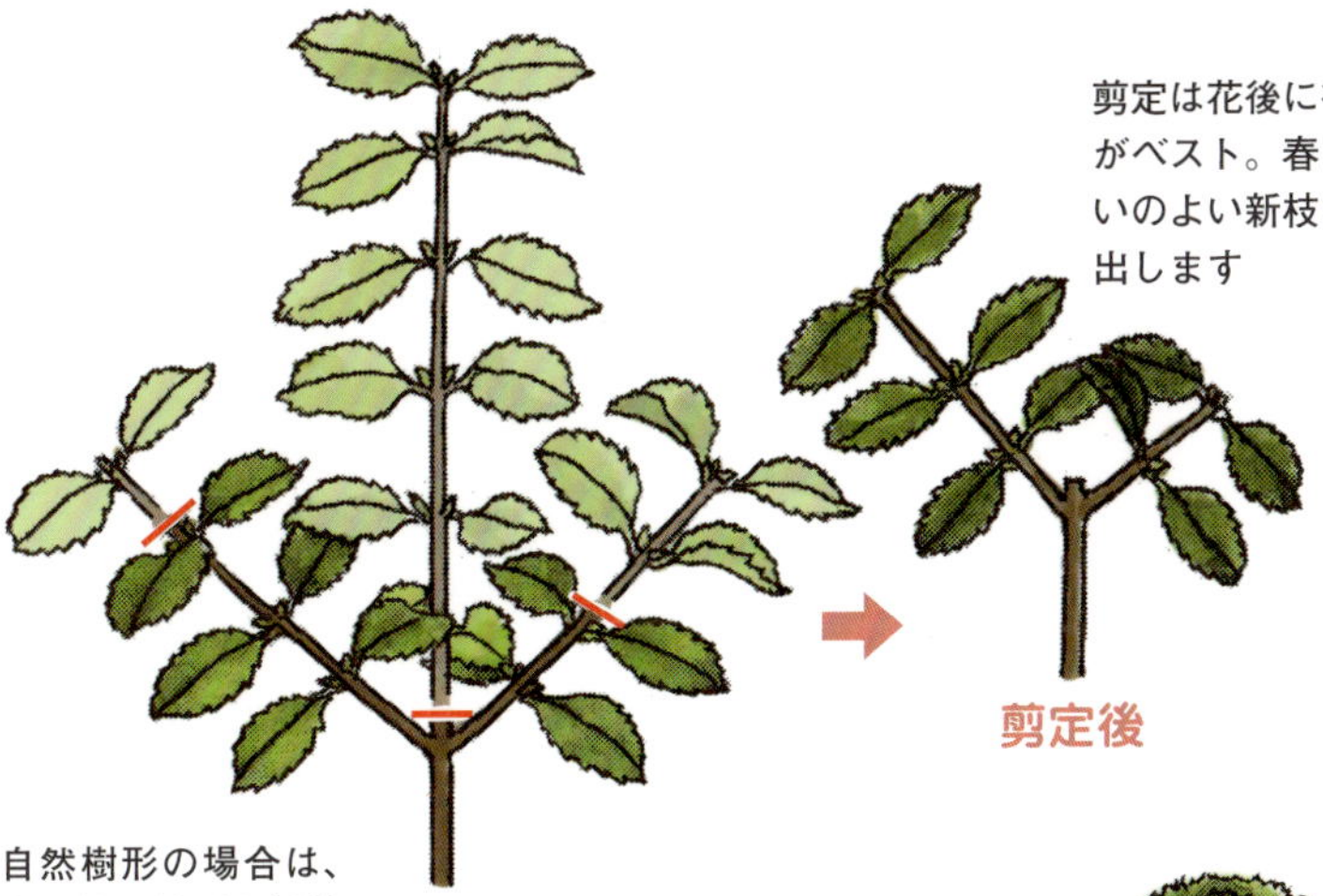

剪定は花後に行うのがベスト。春には勢いのよい新枝が伸び出します

自然樹形の場合は、車枝状に伸びた新枝の中央の長い枝を枝元から落とし、ほかは4〜6芽残します

円筒形仕立ての場合、必ず前年の刈り込み線の外側を刈りましょう。花芽は新枝から伸びた枝につきます

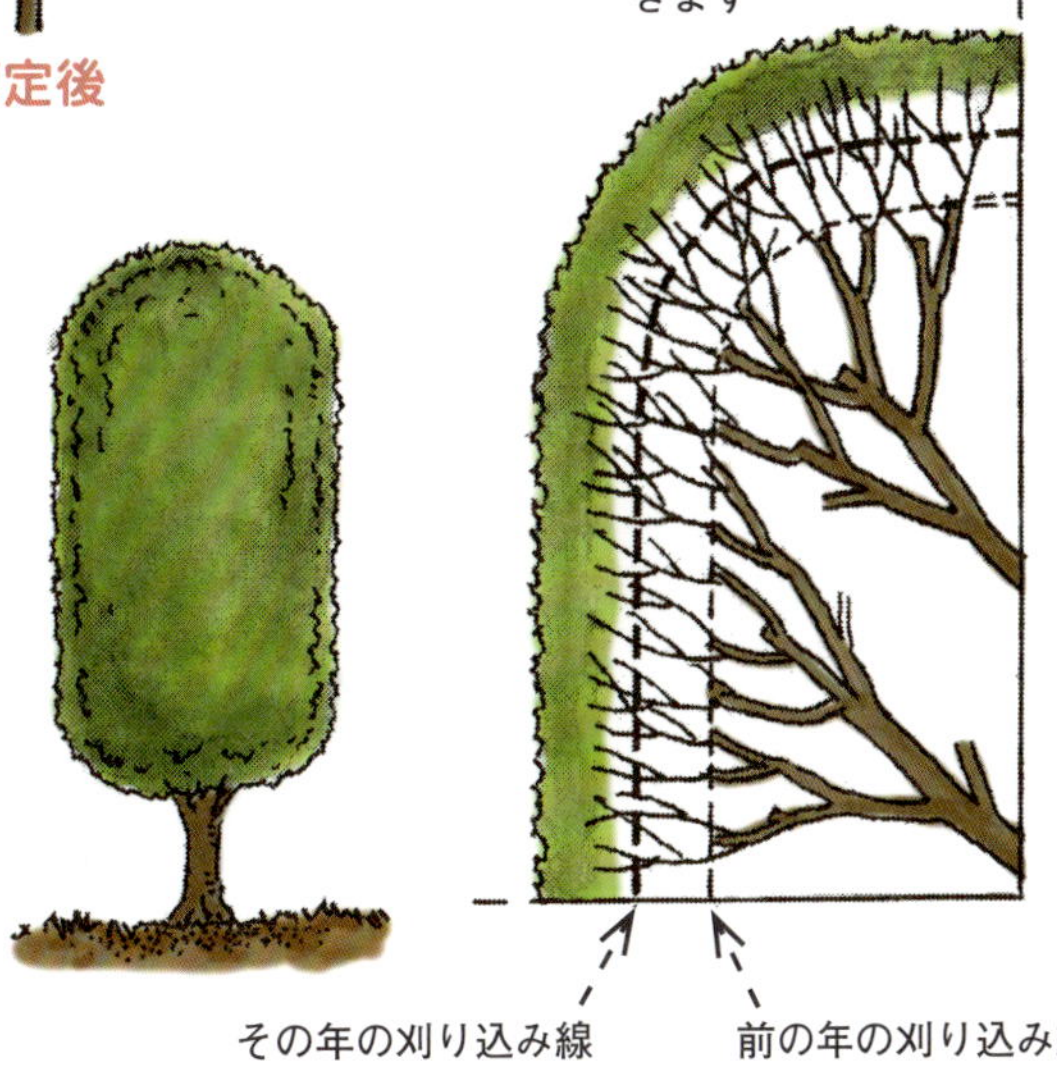

前回より浅く刈り込んで樹冠を整えていく！

円筒形に仕立てるのがオススメ

キンモクセイは主幹がまっすぐに立ち上がり、枝が幹を取り囲むように細かく張るので、自然のままでも円錐状の整った形になります。しかしかなり大きくなるので、よほど広い庭でない限り樹芯をとめて円筒形にします。

刈り込み線は前回よりも浅く刈り込んで樹冠を整えていくのが基本なので、前年の刈り込み線の外側を刈るようにしましょう。しかし強く刈り込みすぎると枝枯れをおこすおそれがあります。手間を惜しまずに毎年刈り込んで、強剪定にならないよう注意して。

刈り込む時期は花後がベスト。どんなにていねいに表面を整えたつもりでも新枝が均一に育つことはめったになく、春にはとんでもない勢いで樹冠から部分的に徒長枝が飛び出してくることがあります。この場合は樹形を優先し、姿を乱すような徒長枝はすべてはさみます。樹冠の茂り具合が偏《かたよ》らないように部分的に枝抜きするなどして、均一になるよう調整しましょう。

虫がつきやすいので注意する

クチナシ

梔子／アカネ科

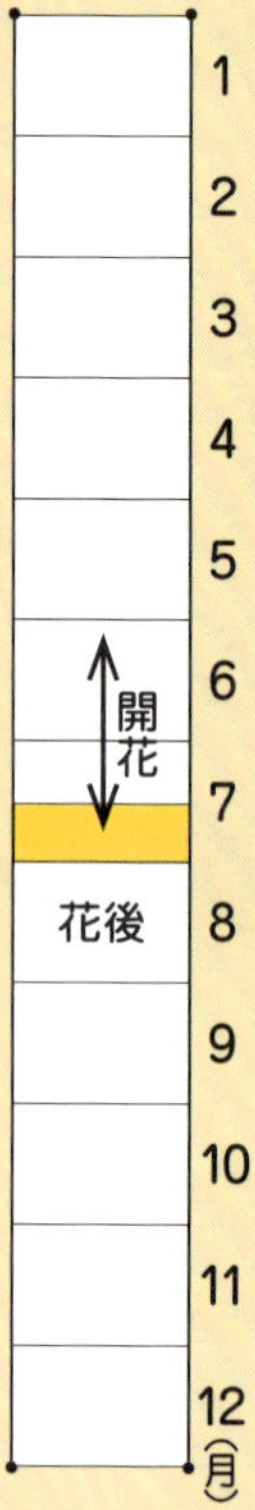

剪定は花後すぐに！のんびりしていてはダメ

クチナシは枝分かれが少なく、とくに整枝しなくても自然に株立ち状にまとまります。そのため自然樹形なら伸びすぎた枝を切り戻す程度の剪定で樹形が整います。ただし刈り込んで丸い樹冠に仕立てるのも見た目に美しいものです。

クチナシは前年生枝から伸びた枝の先端に白い花を咲かせます。開花時期は6月～7月にかけてです。剪定は花後に行いますが、のんびりしてはいられません。花後まもない8月から9月後半ごろには、花の下の部分から伸びた新枝に、翌年の充実した芽がつくからです。翌年に伸びる芽を剪定してしまうと花が咲かなくなりますので、刈り込むときは花後、まだ花が咲いているときに弱めに行います。

自然樹形で大きくなりすぎた株を、小さく仕立てるときも花後に剪定します。勢いよく伸びた枝を枝分かれしたところで切り詰めます。樹冠から飛び出した枝は、樹冠の内部のやはり枝分かれしている部分で切り取ります。

整枝は好みに合った方法で

クチナシは専門家の間でも「刈り込んでつくる」という人と「枝抜きで行うべき」という人に分かれます。刈り込むと花が平均的につきますが、枝抜きをすると残された枝が暴れて姿を乱します。しかし古くなった枝を間引くくらいのほうが持ち味を損なわなくていい……というのが枝抜き派の主張です。どちらがいい悪いではないので、好みに合わせて取り入れましょう。

クチナシの剪定

花後すぐに刈り込んで枝数をふやすと、こんもりした樹形になります

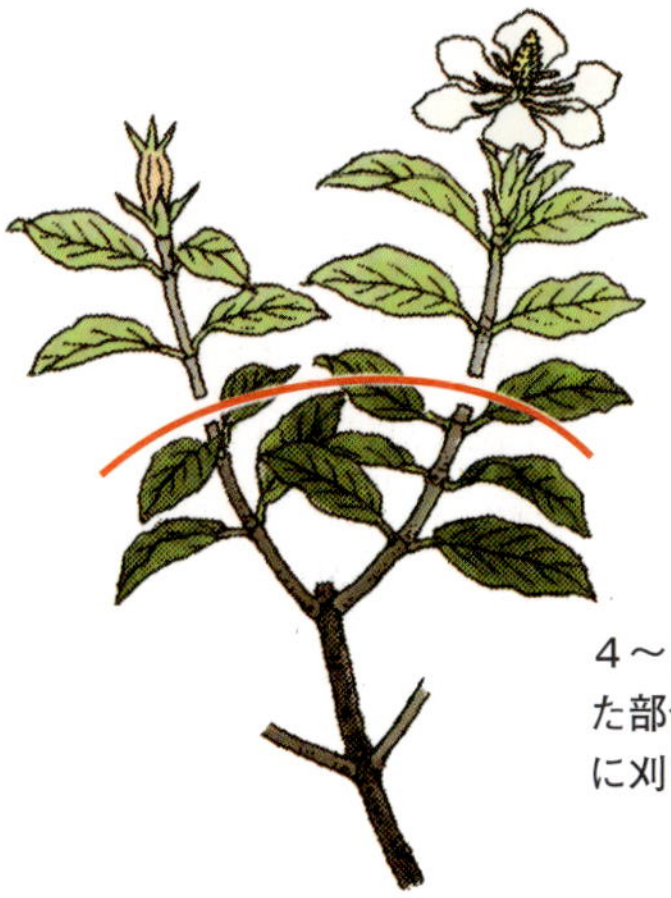

4〜6枚の葉をつけた部分を、花後すぐに刈ります

イモムシ退治は糞を見つけるのがコツ

花が終わるか終わらないかのころ、緑色のイモムシがついてひどいときには丸坊主になることがあります。これはオオスカシバの幼虫で、体は葉とまるで同じ緑色をしているので、なかなか見つけにくいのです。しかし放っておくとまたたく間に葉やつぼみを食い尽くすので、注意が必要です。目で見てわかるほどの大きさになって初めて気がついても、そのころにはひどく葉っぱを食べられた後だった……ということも少なくありません。

　またイモムシは昼間は葉の裏に隠れ、夜になると活発に活動するので、よけい発見が遅くなりがちです。小さいうちはなかなか見つけにくいのですが、葉の裏を注意してよく見ると、ポツポツと黒い糞がついていることがあります。これがあったら必ずイモムシが潜んでいるサイン！　すぐに殺虫剤を散布しましょう。1回の散布ではなかなか効きめがないので、2週間おきに3〜4回ほど行いましょう。

移植が難しいので植える場所を選んで

クチナシはケバ根（養分や水分を吸収する細かい根）が少なく根がかたいので、移植が大変難しい木です。そのため将来的に大きくなっても移植をしなくてすむように、あらかじめ広い場所を選んで植えるのがコツ。またほかの花木と同じように、日当たりが悪いと花が咲きません。また寒さが苦手なうえ夏の乾燥にも弱いので、一度植えてから「しまった！」ということにならないよう、植える場所は慎重に決めましょう。

　もしも植える場所が狭いときはコクチナシとかヒメクチナシなど、あらかじめ大型にならない種類を選びます。とくに八重咲きクチナシは放任するとかなりの高さ、大きさになるのでできるだけ避けて。またどうしても移植をしなくてはならないときは、5月から6月ごろを選び、根をできるだけ切らないようにしてさぐり掘り（根に沿って掘っていくこと）をします。枝葉は3分の1から半分くらいになるまで刈り込み、上の部分を軽く小さくします。

大きな花をつけるためには花後に花だけ切る

ボタン

牡丹／ボタン科

1
2
3
4
開花
5
6
芽摘み
7
8
9
10
11
12
(月)

乾燥に弱いので植える場所を選んで

乾燥を嫌う木なので、日当たりのいい場所に植えてはいけません。とくに西日が当たる場所は厳禁。太根が地表近くに浅く広がっているので、西日が強いと根を焼かれてしまいます。植える場所は木の下などの半日陰で、水はけのよい場所がベスト。乾燥と同じように過湿にも弱いので、ジメジメした場所を嫌います。土盛りをして、やや高めに植えるとよいでしょう。

落葉したら花芽の上で切り戻す

春から伸びた枝先に8月ごろ花芽が分化し、翌年の4月ごろ開花します。

まず花が終わったらすぐに花だけをはさみましょう。このとき葉は一枚も取ってはいけません。葉は光合成をする大事な役割を果たしているので、葉を一枚でも取ると葉っぱが大きいだけに株への影響が大きくなります。

また花の咲いた後に花をはさんだ株をそのままにしておくと、葉腋（葉の付け根）に翌年の芽が見えてきます。6月ごろになるとだいぶふくらんでくるので、枝先の芽を2芽ほどピンセットでかき取っておきましょう。こうしておくと丈がおさえられるので、ほどよい位置に花を咲かせることができます。

そして落葉すると今度は花芽がはっきりとわかるようになります。枝先に近い芽はたいてい葉芽なので、枝元の花芽を2つ残して、後ははさんでおきましょう。欲張って花芽を多く残しても貧弱な花しか咲きません。一枝二花にするのが、大輪の花を咲かせるコツです。

ボタンの剪定

翌年に大きな花をつけるためには、花後に花だけを切り取ります。このとき葉は切らないように要注意！葉は夏に盛んに光合成を行って木を充実させます

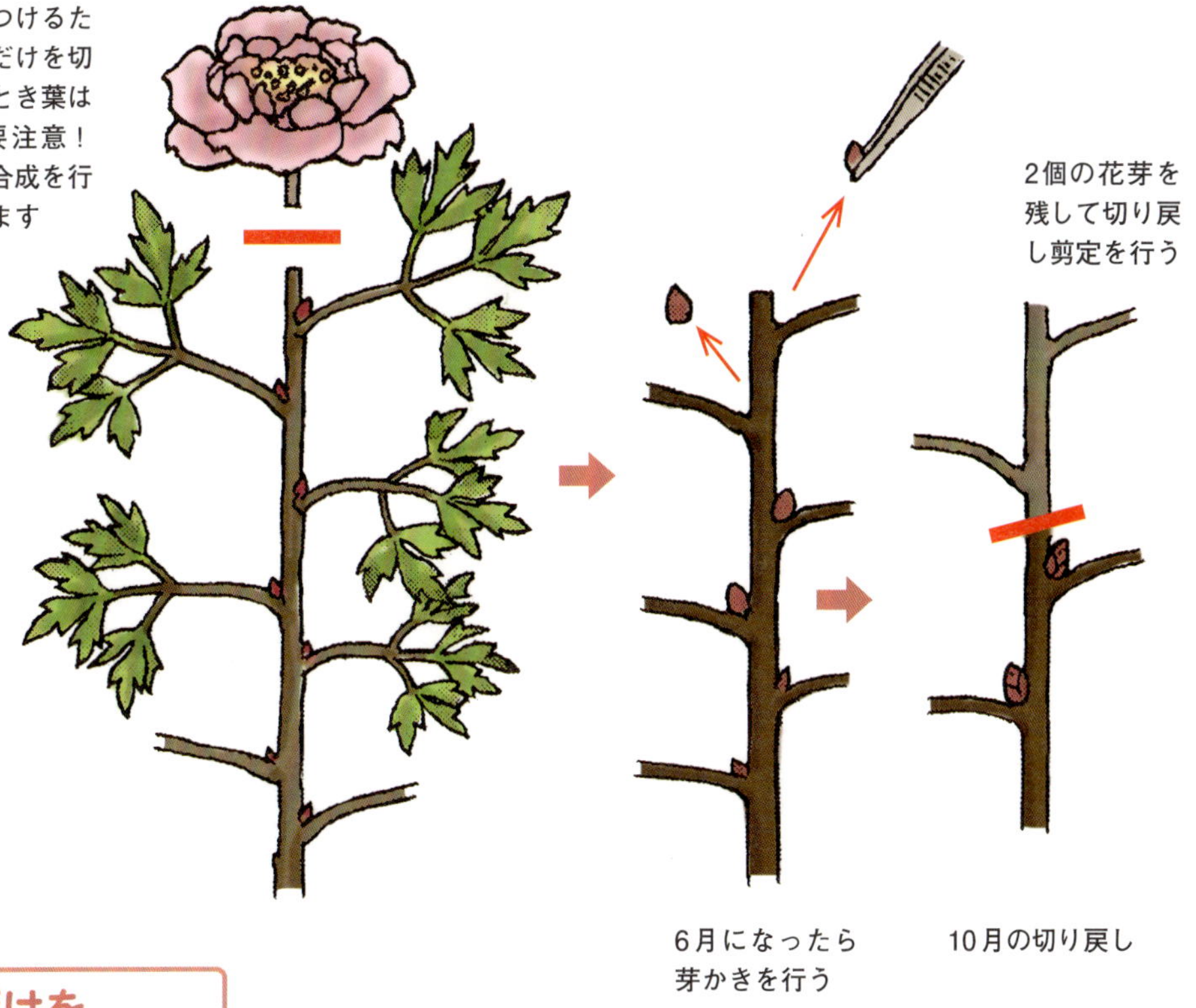
2個の花芽を残して切り戻し剪定を行う
6月になったら芽かきを行う
10月の切り戻し

花後に花だけを切り取る！

日当たりと雨に注意！

ほかの花と同じように日当たりが悪いと花が咲きませんが、根を乾燥させる西日には注意しましょう。西日が当たる場所に植えてしまった場合は、植え替えるか、根元を落葉などで覆います。また雨に当たると傷むことがあるので、できるだけ雨のかからない場所に植え、できれば雨よけに傘をさすなどして管理します。

肥料は深く埋め込まないこと

花を咲かせるには施肥も忘れてはいけません。毎年大きな花を咲かせるには花が終わった後、葉が落ちるまで肥料を与え続けましょう。堆肥や鶏糞、油かすなどの有機質肥料を主体にして、化成肥料を混ぜたものを根元から離れたところにパラパラとまいていきます。ボタンの根は地表近くに広がるので土中に深く埋めるのではなく、できるだけ浅いところに埋めましょう。

根元近くのヒコバエに注意

キョウチクトウ

夾竹桃／キョウチクトウ科

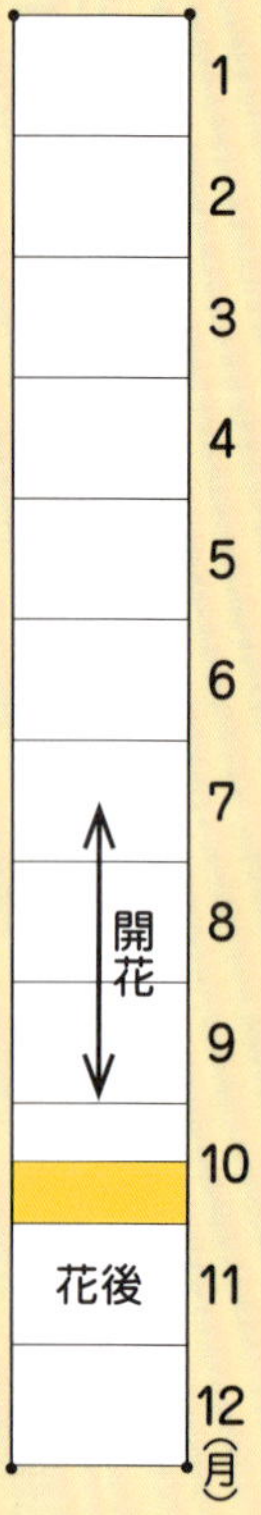

徒長枝は切り、ヒコバエも伸ばさないこと

キョウチクトウの枝を途中で切ると、枝分かれがふえたり、徒長枝が伸びてかえって樹形を乱すことになるので注意してください。徒長枝には花が咲きませんから、枝を切り戻すのは花つきのためにもよくありません。

またキョウチクトウはふところや枝からヒコバエが発生しやすい木です。ヒコバエの多く出る木はキョウチクトウのほかにサクラ、ハクモクレン、イチョウ、サルスベリ、ウメなどがあります。ヒコバエはだいたい樹勢の弱った木に出ますが、キョウチクトウの場合はそれとは関係なく発生するようです。ヒコバエを残していいことはひとつもありません。発生するヒコバエは、見つけ次第かき取りましょう。株を大きくできないときは幹の数を3～4本程度におさえ、新しい枝に切り替えます。

ヒコバエはすぐにかき取る！

花が落ちるときは日照不足

キョウチクトウは真夏の暑さにも負けずに花を咲かせます。また都市公害にも強く、育てやすいのが特徴。しかしとにかく大きくなりすぎるのが難点です。またせっかくついた花がポロポロと落ちてしまうのは、日照不足が大きな原因です。キョウチクトウは日当たりが悪いとよく育たないので、植える場所には庭の中でも日がよく当たる場所を選びましょう。

キョウチクトウの剪定

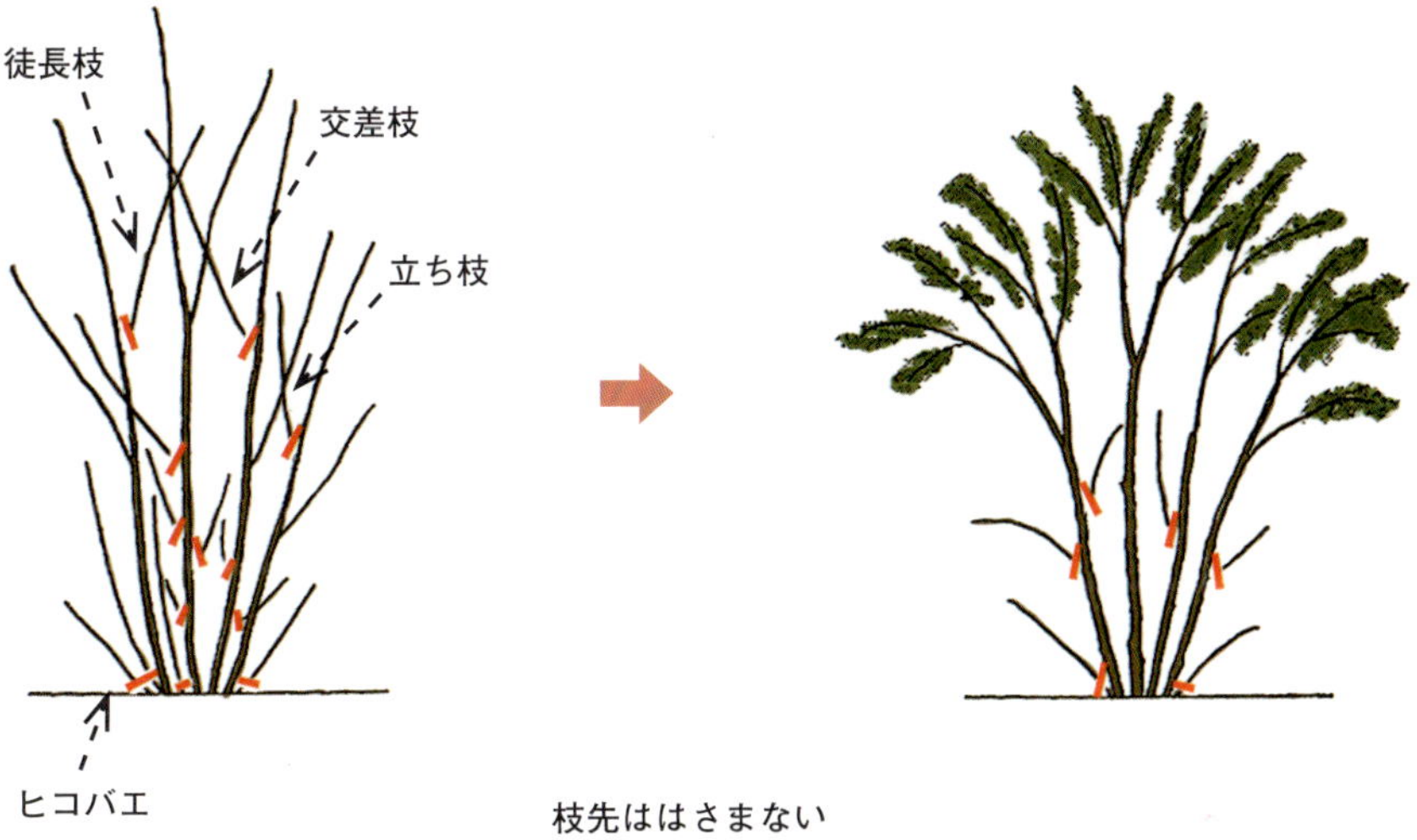
徒長枝
交差枝
立ち枝
ヒコバエ

枝先ははさまない
軽い間引き
強い間引き

全体を小さくするには太い枝を間引きます

枝先は切り戻さない！

枝先を切らずに太枝を間引いて整姿を

キョウチクトウは枝があちこちに伸び、やたらに暴れます。放っておくと必ず幅をとるので、植えてから何年か経つと木を小ぶりに手入れすることが大切。整姿は花が咲き終えた晩秋に行い、枝先は切らずに太枝を間引いて全体を小さくします。枝を途中から切るとそこから勢いのよい徒長枝が飛び出してかえって形を見苦しくしますし、徒長枝には花をつけません。

またこの木はふところ枝や根元からヒコバエがわりと出るので、早めに元から抜くようにしましょう。ヒコバエはふつう樹勢の弱まった木に出る傾向がありますが、この木は構わず発生します。とにかくヒコバエは残しておいてもまったくいいことがありません。木は主な養水分を根から吸い上げていますが、勢いが失せてくると上まで上げきれずに根元近くのヒコバエに手っ取り早く送り込んでしまおうとするからです。そのため早くかき取らないと、ますます木が弱ってしまうのです。

切り急ぐとよい花がつかない

サルスベリ

百日紅／ミソハギ科

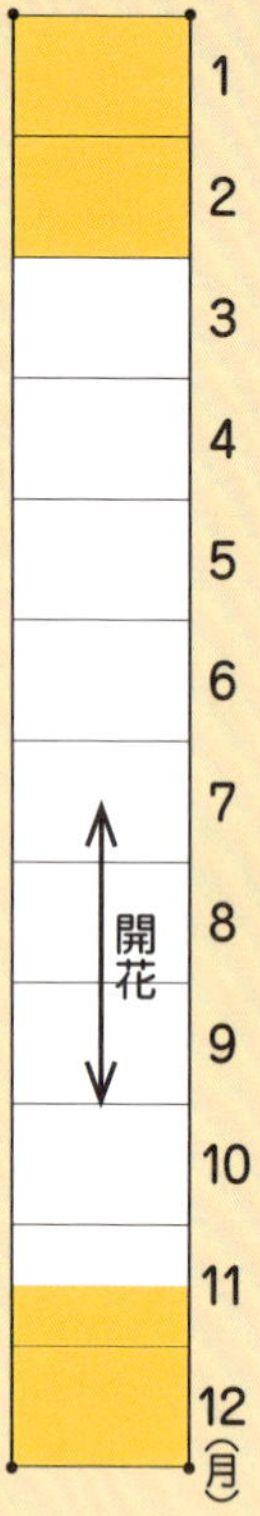

花後すぐに切らずに冬まで待とう！

7月から9月ごろの暑い盛りに咲き続けるサルスベリ。大きな花を見るには剪定が必要です。剪定は冬、落葉後に行います。

サルスベリは春から伸びた新梢に花芽をつけ、夏に開花します。花後に切ってしまうと切り口から土用枝《どようし》が伸びてしまい、翌年さらにその枝から花芽をつける枝が出るので、かえって花つきが悪く、花が小さくなるのです。

花つきをよくするには日当たりと肥料が大切

花つきをよくするためには、日当たりと肥料が重要です。南側に日陰をつくる木があれば、小さく剪定して日当たりをよくしましょう。肥料は2月ごろに堆肥などの有機質肥料を細根のあたりに埋めてやります。

またサルスベリにはカイガラムシがよくつきます。葉が黒っぽくなるスス病の原因になりますから、カイガラムシのついた枝は切り取りましょう。

幹物は幹を隠さない

花も素敵ですが、味のある幹肌《みきはだ》をしている木です。こういう木を幹物と呼びますが、幹肌を観賞するためにわざと庭の手前に植えたりします。幹物はその肌を愛《め》でる木なので、下枝が枯れても構いません。むしろ下枝を伸ばして幹を隠すほうが不自然。また幹に曲がりをつけたほうが古色の味わいを出せますので、苗木から育てるときは屈曲を出すよう斜めに植えましょう。

サルスベリの剪定

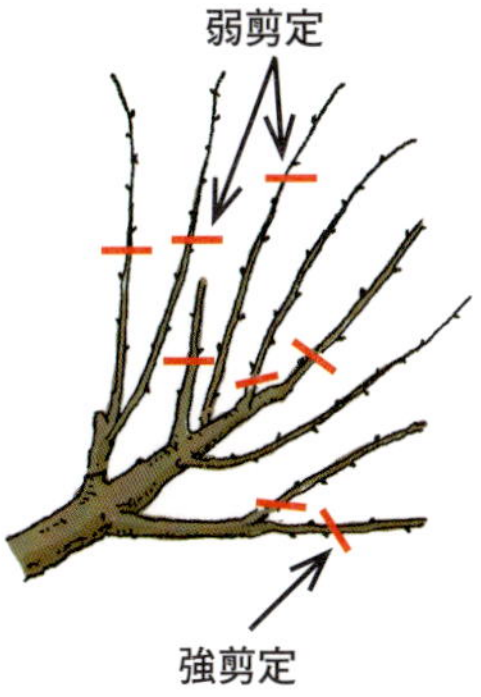

弱剪定の場合

花数はふえますが、花房は小さくなります

強剪定の場合

花数は少なくなりますが、大きな花房をつけます

げんこつをつくらない剪定

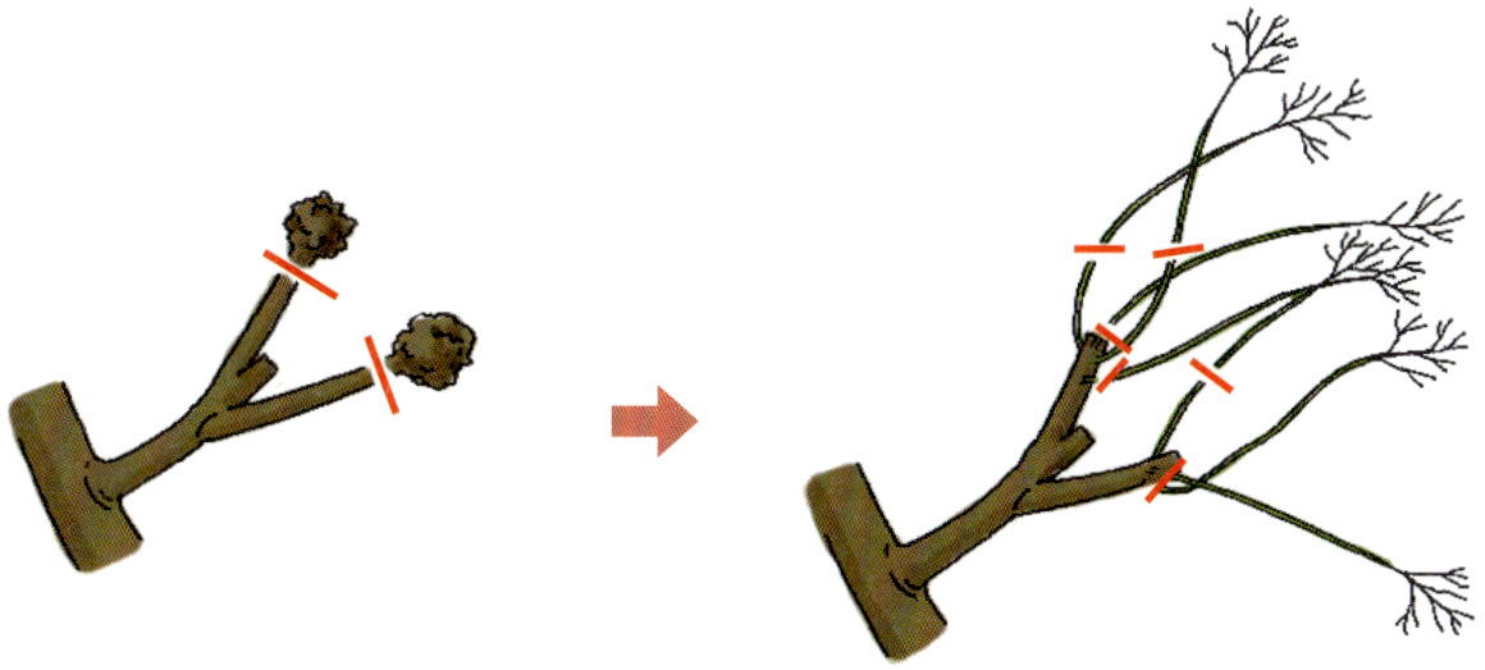

落葉後に本年生枝を枝元から切ると大きな花が、10～20センチ枝元を残すと小さな花が咲きます。枝元を残す箇所を毎年変えると、げんこつができません

同じところで切るとげんこつになる

剪定好きの人にとっては、サルスベリはまことに好都合な花。冬に枝の太い部分で思い切って切り戻しをするとそこから新しい枝を出して大きな花をつけます。木が古くなると枝もそんなに伸びないので、切る必要もなくなりますが、若木のうちは惜しがらずに切りましょう。

しかし毎年思い切りよく枝を切ると、同じ箇所ばかりを切ってしまうことがあります。こうすると枝の一部がふくらみ、「コブ」とか「げんこつ」と呼ばれる状態になります。このげんこつもサルスベリらしさがあって悪くはありませんが、あまり大きすぎるとやはり見苦しいものです。5～6年に一度はげんこつになった部分をその下で切り戻し、取り除いてしまうとよいでしょう。げんこつの下は古枝ですから、切った先から小枝がたくさん発生します。伸びる方向のよい枝を2～3本残して切り取ります。

まだ花があるときに花から摘みを

シャクナゲ

石楠花／ツツジ科

月	
1	
2	
3	
4	
5	開花
6	開花
7	花後
8	
9	
10	
11	
12	

苗のうちは水やりをしっかりと

苗のうち、とくに夏場は水やりを欠かさずに行い、木をグングンと太らせましょう。植えるときは浅植えにするのがオススメ。また夏の日照りは根を傷めますので、ヨシズなどをかけて直射日光から守りましょう。花が咲かないのは、たいてい木が小さい場合です。ある程度大きくなって勢いがつくと次々花をつけますので苗のうちにしっかり体力をつけることが大切です。

また木は大きくなったのに、花がうまく咲かない……というときは、根元に軽石を置くとキレイな花を呼びます。

苗木のうちにしっかり栄養を！

根をいじるのはタブー

花つきが悪いときに根をいじめて木を刺激する方法がありますが、その方法をシャクナゲに行うのはタブー。根をいじめるよりもたっぷり肥培《ひばい》することで花つきはよくなります。そもそも山ではシャクナゲは腐葉土などのたっぷりある、木の下などにもぐっています。そのため寒肥は化成肥料ではなく、山の状態に近い有機質肥料を与えるようにしましょう。

それから日当たりもシャクナゲには大事なポイント。日がよく差すところでないと、つぼみが完全にふくらみません。園芸番組などで「シャクナゲは半日陰地で育てなさい」と教えている場合がありますが、都会の日ざしは弱いので、必ず日なたに植えましょう。

シャクナゲの手入れ

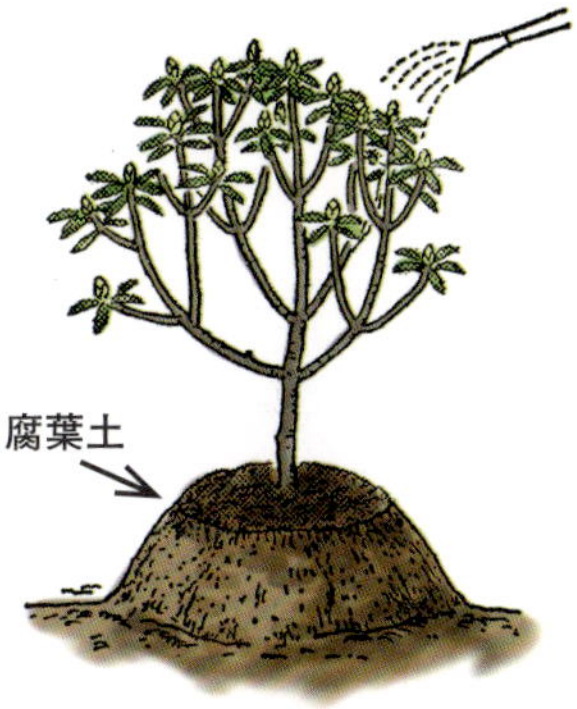
葉水
腐葉土

植えつけは高植えにして、根回りに腐葉土をすき込みます

花がらを摘む
来年の花芽になる

シャクナゲの芽摘み

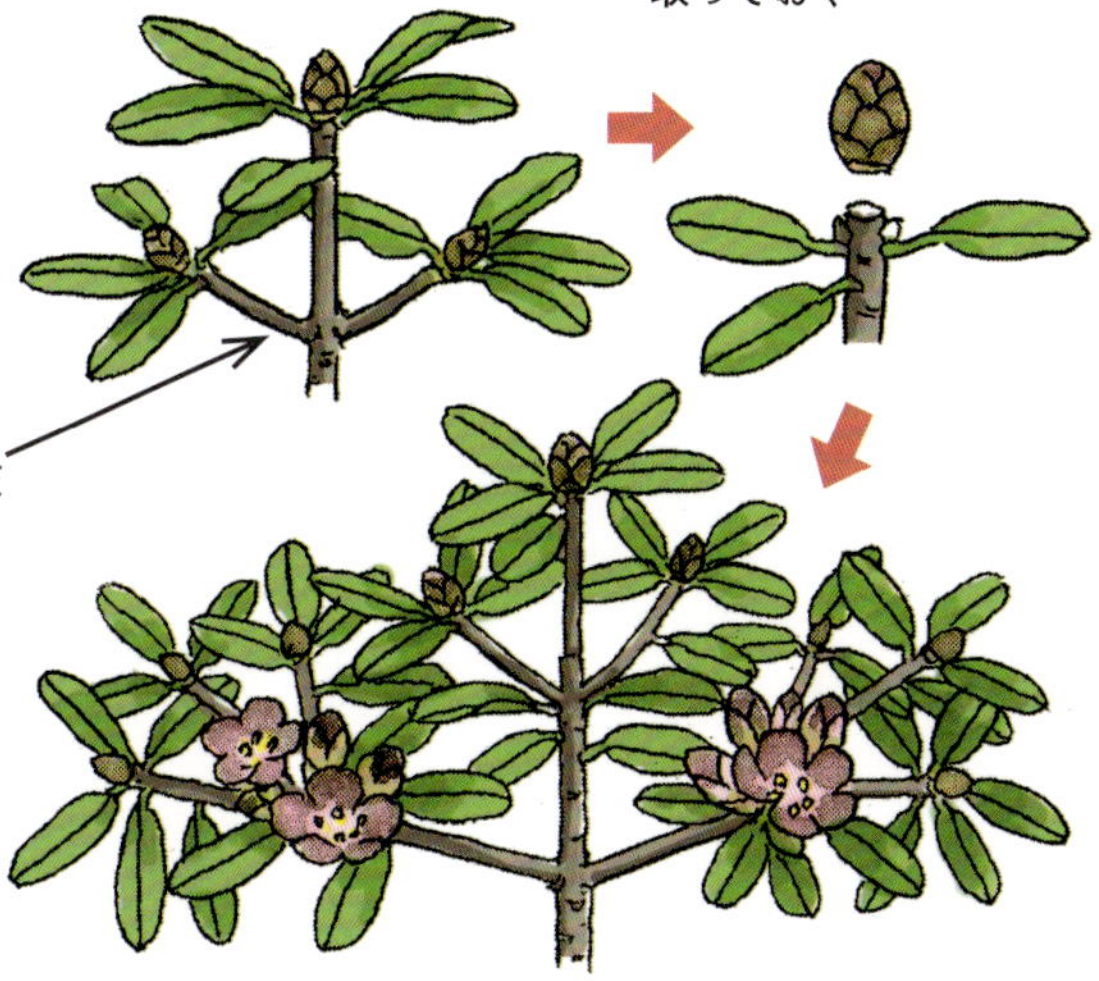
真ん中のつぼみだけ取っておく
開花前に伸びた新枝

摘み取らなかったつぼみが翌年に咲き、翌々年に咲く花芽も形成されます

芽摘みと花がら摘みを怠らないこと

苗木のうちは花を咲かせることよりも、まず木づくり（枝づくり）に力を入れましょう。そのためには芽摘みを行います。芽摘みを怠ると新芽が1本だけしか伸びずに、なかなか枝数がふえていきません。芽摘みを行う時期は新芽が伸び始め、まだ葉が開かない5月ごろがよいでしょう。新芽を摘むと摘んだ後から数本の新しい芽が伸びて、枝をふやすことができます。芽摘みを繰り返せば植えた場所の広さに応じて枝葉を茂らせることができます。

また花後の花がら摘みは、シャクナゲには欠かせない重要な作業です。花がらをつけたままにしておくとタネができて樹勢の回復が遅れ、新枝が伸びることができなくなるからです。これから伸びるシャクナゲの芽は花房の下にあるので、花がらを摘まないことには新芽が発生しません。花がらはまだ花が咲いていて、もったいないな……と思うくらいの時期に摘み取ったほうが樹勢を保つためにはよいでしょう。

花が終わったらできるだけ早く花穂を摘み取る

アセビ

馬酔木／ツツジ科

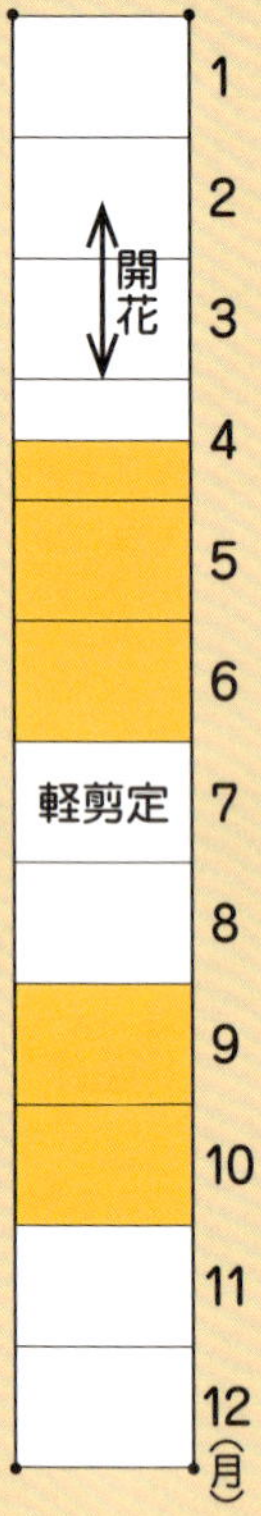

育てやすいのが特徴 毒はあるが問題なし！

アセビには毒がありますが、通常の手入れにはまったく問題ありません。むしろ自動車の排気ガスに強く、日なたでも半日陰でも花つきがそれほど違わないので育てやすい樹種です。ただし乾燥には弱いので、とくに夏の日照りや冬の乾燥時には、木の根元に落ち葉を敷いてあげると効果的です。また水やりのときに花に水がかかると、開花時期が短くなるので注意しましょう。

根づまりには 腐葉土を活用する

アセビの木が疲れる原因の多くが「根づまり」。根づまりとは団子のように根がからまった状態のことです。そんなときは株の回りにスコップを入れて丸く穴を掘り、腐葉土をすき込みます。すると根は酸素を欲しがり、腐葉土に伸ばし始めるので、自然と根がほぐれるのです。ただし1ヵ所だけでは片根張りになるので、腐葉土は株の回りにまんべんなくすき込みましょう。

下手に切りそろえると 逆効果に！

アセビは株立ちで自然にしておいてもきれいな樹形になる木なので、あまり小細工をして切り詰めて樹形を壊さないほうが趣があります。枝があちこちに伸びるところが見所なので、曲がった枝はそのままにしておきましょう。一般的にそれほど大きくなる木ではありませんが、放っておくと2メートル近くになることもあるので、大きさを維持したいときは先端をはさみます。

アセビの剪定（花穂の切り取り）

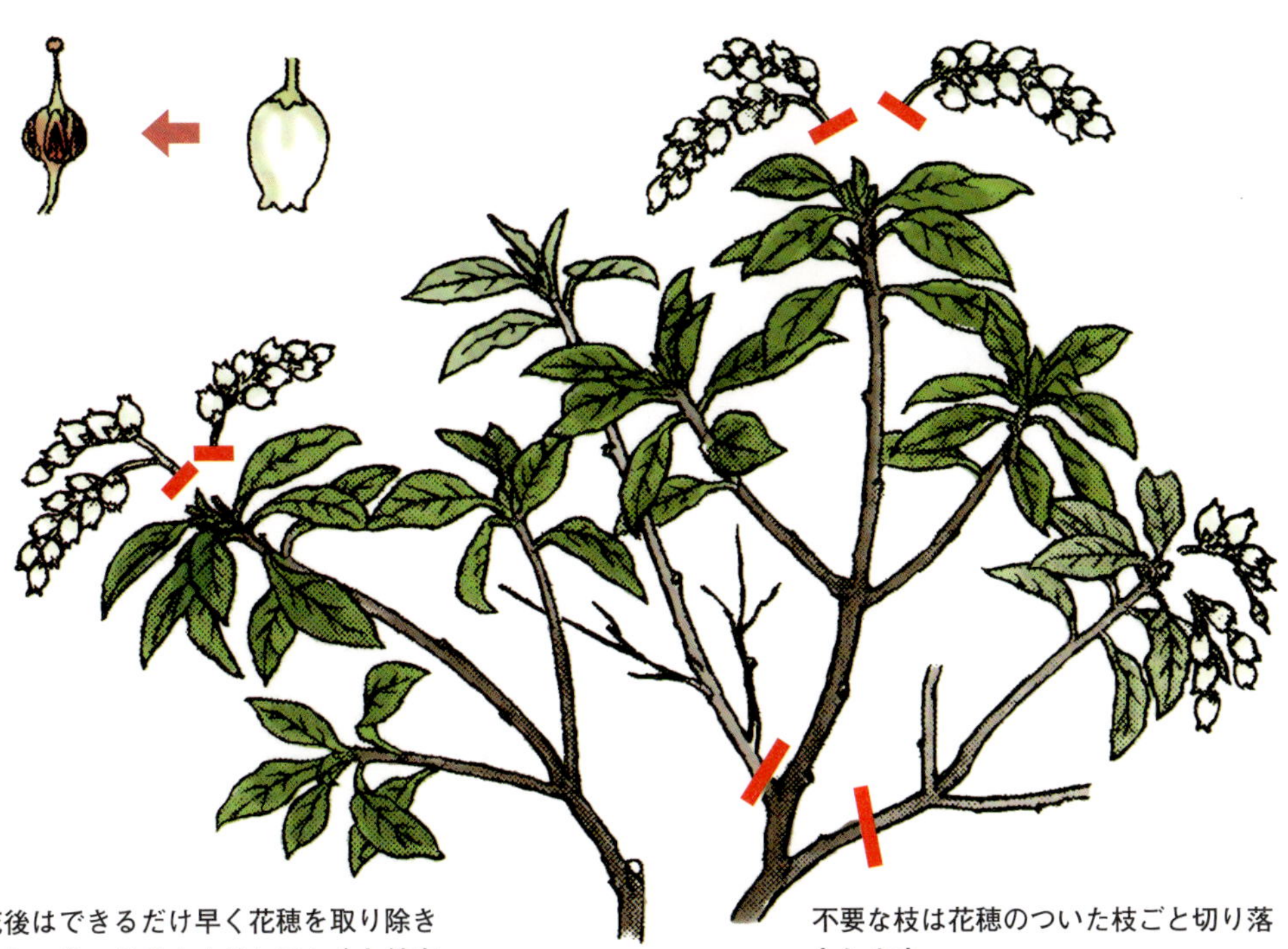

花後はできるだけ早く花穂を取り除きましょう。そのままにしておくと結実して木を疲れさせてしまいます

不要な枝は花穂のついた枝ごと切り落とします

花の最盛期を過ぎたら花穂を切り取るのがコツ

アセビの花穂は本年生枝の頂芽とその下の側芽から伸びますが、あまり早い時期に花穂が発生すると、たとえ花が咲いても貧相な花しかつけません。そのためこのような花穂はもったいないと思っても摘み取るのがポイント。

まもなく側芽から大きな花穂が伸びてきますので、春の開花期には美しい花が咲きます。また開花期に花が驚くほど多いときは、たいてい根づまりをおこしています。花がたくさん咲いて喜んでいると、花のあとに新芽がつかずに木が枯れてしまいますので、まずは根づまりを解消させましょう。

また花の最盛期を過ぎたら、できるだけ早く花穂を切り取りましょう。花穂をそのままにして実ができると、木が疲れてしまい老化が進みます。剪定は枝配りを見ながら、5月～6月に車枝状に伸びる新枝を2本ぐらい残すように間引く程度でOK。樹形を乱すような飛び枝が伸びているときは、枝元からはずしましょう。

ドウダンツツジ

満点星躑躅／ツツジ科

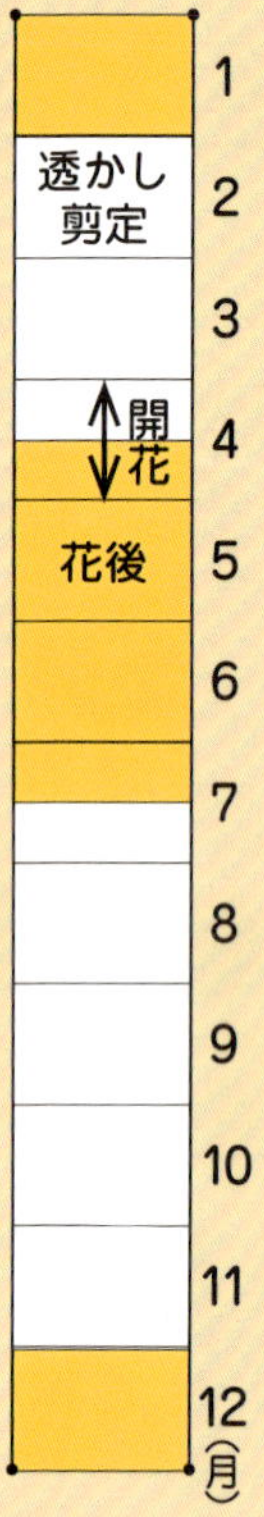
1
2
透かし剪定
3
4
開花
5
花後
6
7
8
9
10
11
12（月）

花・紅葉など一年中楽しめる

ドウダンツツジは花も樹形も紅葉も楽しめる、まさに一石三鳥の木。ほとんどの落葉樹は、葉をふるった後は枝ばかりが目立って見栄えがしないものですが、ドウダンツツジは枝打ちが細かいので、落葉中も透けません。また虫もつかないので、手入れも比較的簡単。またどこで切っても新しい枝を出してくるので、刈り込みには最適の木です。

刈り込みは花後すぐ遅く切ると紅葉が見られない

ドウダンツツジは切れば切るほど年を経るごとに枝が密になり、いい木になります。苗木を買って丸く仕立てたい、というときはなるべく早い時期から頭を切り、横枝を出させて丸くするのがよいでしょう。木が大きくなり、裾が空いてしまった後ではなかなかうまく整形できません。

刈り込みができる木なので、一般的には玉仕立てにして楽しみます。半日陰でも育つので根締め（木や石の根元に植えて、根元を隠したりアクセントをつけること）によく使います。

翌年の花芽は夏に、その年に伸びた枝先にできます。花芽ができる7月ごろまでに刈り込めば、花芽を落とすことはありませんが、紅葉を楽しむなら花後すぐに刈り込みましょう。花後に化成肥料をまくと、紅葉や翌年の花つきがよくなります。刈り込むとその後に伸びる勢いのある枝の葉が、きれいに色づきます。放っておいて6月ごろ伸びてきた新枝は充実できないので、紅葉もいまひとつぱっとしません。

ドウダンツツジの剪定

生長のよい頂部は強く刈り、側面は軽く刈ります

ひじより低い位置を丸く刈るときは、刈り込みばさみを裏返しにして刈ると簡単にできます

頂部をこまめに刈ると下枝が枯れにくくなります。ただしあまり遅く刈ると紅葉しないので注意！

ドウダンツツジはどこで切っても新しい枝を２本、３本と出します。ときに５〜６本出すこともあります。刈るほどに右図のように小枝を分枝して、美しい樹形になります。刈り込みには最適の木です

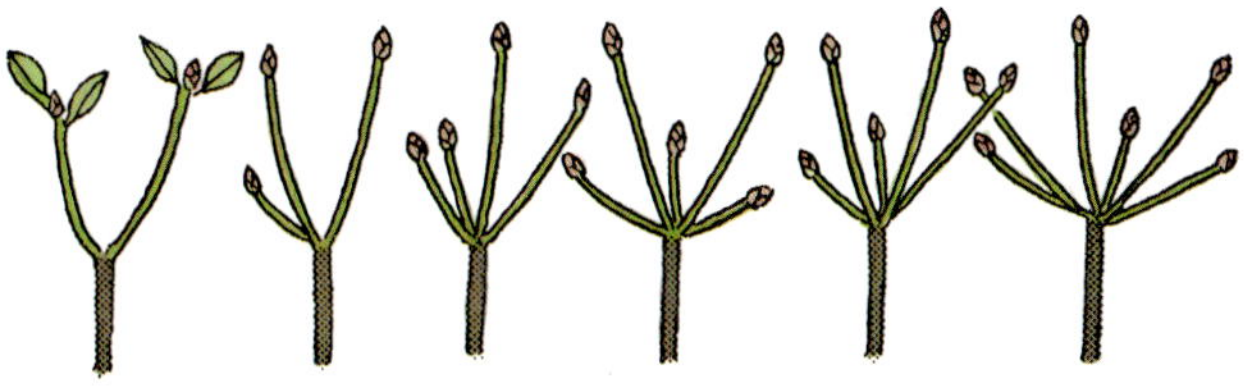

根が浅いので水切れはタブー

切り口から車枝状に新梢が発生します。夏に樹形が乱れて見苦しい場合は、内向きや中心にある伸びのよい枝を元から切り取って整枝する方法もあります。12月になれば花芽がふくらんですぐにわかるので、花芽を残して剪定してもよいでしょう。

またドウダンツツジは、水切れのバロメーターともいわれています。庭木の中では一番水を欲しがる木、と覚えておきましょう。ドウダンツツジがしおれてくると先行きほかの木も次々に水切れをおこします。逆にいえばこの木がしおれていないうちはほかの木も大丈夫です。

とくに幼木は根がきわめて浅く、土中の水分を吸い上げることができません。つまり鉢の中で育てているのと同じことになるので、鉢植えと同じ気持ちでこまめに水やりをしましょう。しかし葉が薄いので、日中に水を与えると葉焼けをおこします。水やりは必ず夕方に行いましょう。

フジ

藤／マメ科

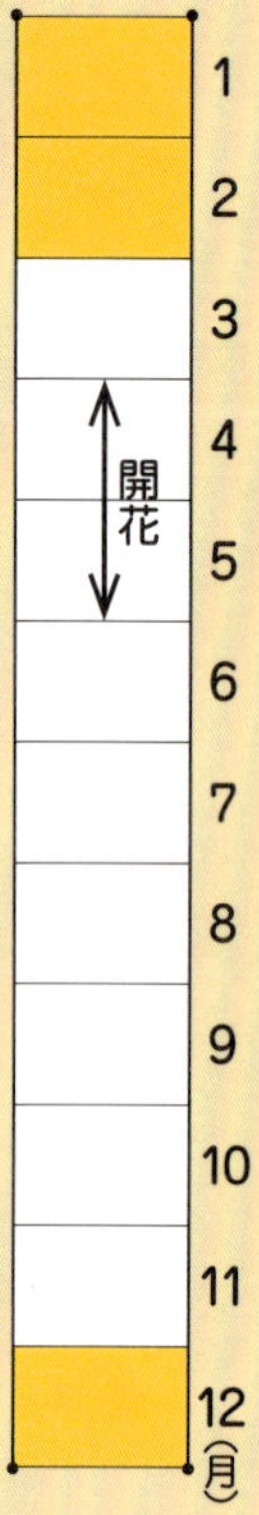
1
2
3
4
5
6
7
8
9
10
11
12
(月)
開花

花が咲かないときには根を切るのがポイント

何年経っても咲かないフジの花を咲かせるには、根切りが効果的。それも太い根を切ると効果があります。もし根を切るのがしのびなかったら、根元近くの幹の皮をはいでやると、目を覚まして花をつけるようになります。根切りは、夏場は消耗が激しいので、花後に。また夏の乾燥にも注意が必要です。とくに根回りを乾かすとダメージが大きいので、気をつけましょう。

移植したフジは冬眠しやすい

フジを移植すると、木が冬眠してしまうことがあります。大木になるほどさらにその傾向が強くなります。これはおそらくケバ根が少ないので、走り根に養分や水分が回って芽にたどり着くまでに長い時間がかかることが原因です。植木屋で購入した苗木でも冬眠することがありますので、短気をおこさず気長に待ちましょう。

庭師のことわざ

棚は「上むくり」につくること！

つるをはわせる棚をつくるときは、中央を高くした「上むくり」でつくります。上むくりにしておくと、花をつけたときに重みでちょうど水平になるのです。上むくりにするには反っている竹を上手に生かすとキレイにつくれます。

フジの剪定

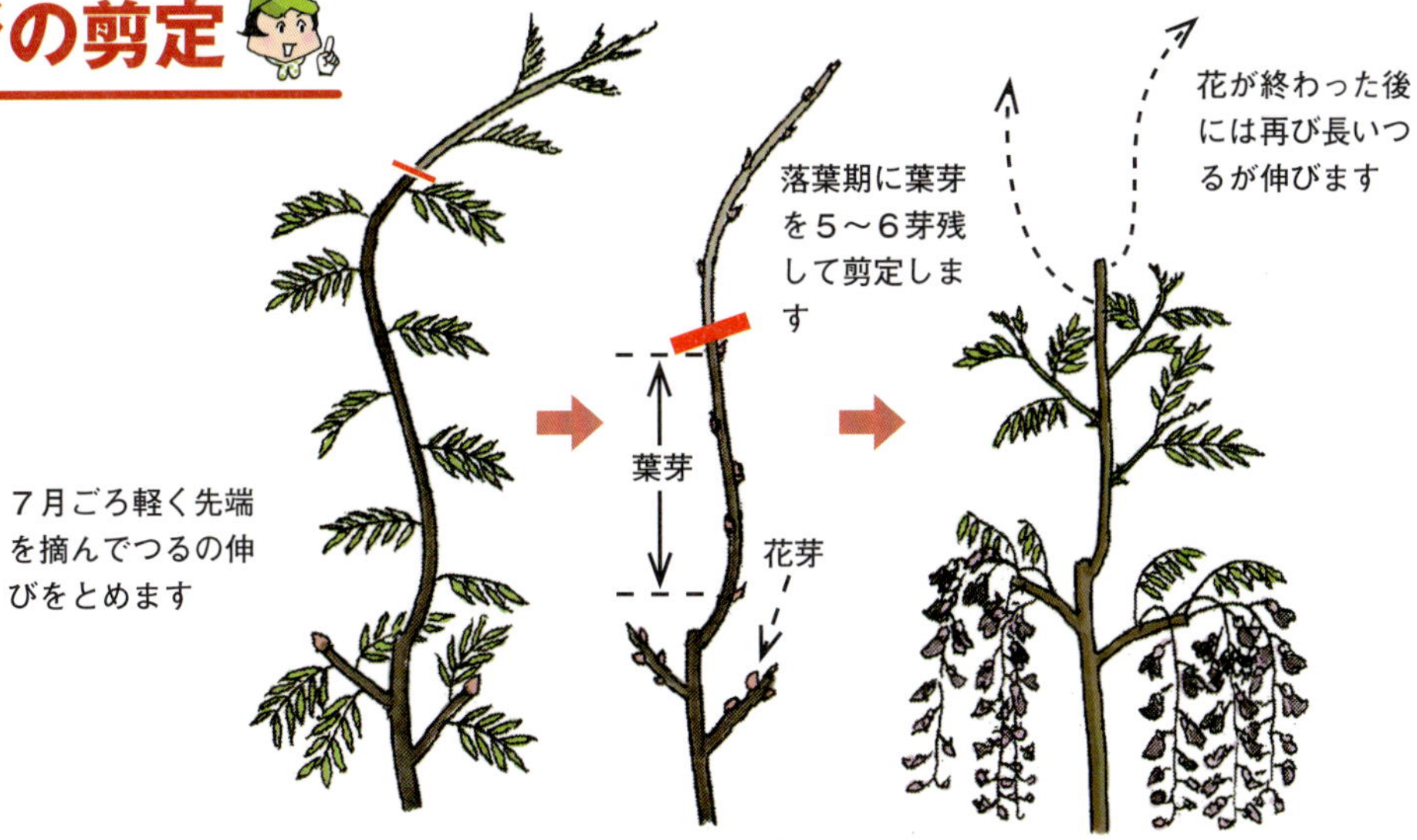
７月ごろ軽く先端を摘んでつるの伸びをとめます
落葉期に葉芽を５～６芽残して剪定します
葉芽
花芽
花が終わった後には再び長いつるが伸びます

フジの花つきをよくする方法

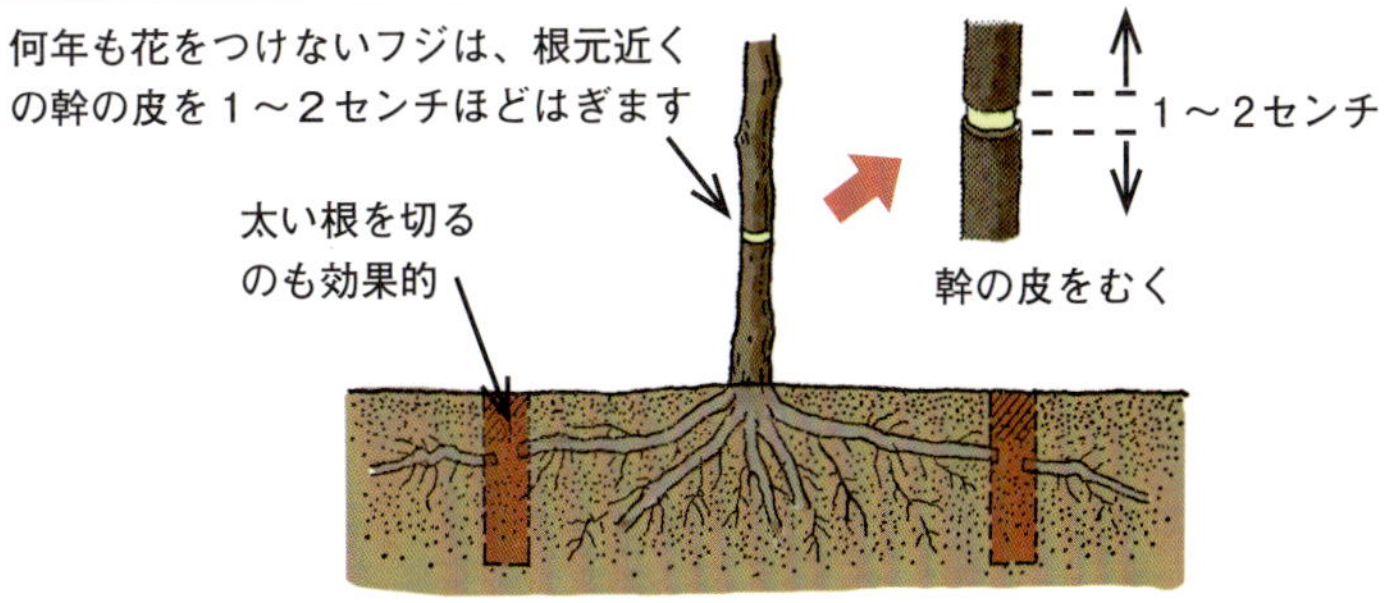
何年も花をつけないフジは、根元近くの幹の皮を１～２センチほどはぎます
太い根を切るのも効果的
１～２センチ
幹の皮をむく

5〜6芽の葉芽を残す冬の剪定がカギ

フジはつるを伸ばしながら枝葉をふやしていく、生長のよい木です。放っておくと先端がどんどん伸びて花数が減ってしまうので、花を楽しむには夏に一度軽く先端を摘んで芯どめし、側枝の数をふやしてたくさんの花を楽しめるようにしましょう。

あとはそのまま日光に十分当ててつるを充実させていきましょう。11月から12月になるとつるの付け根近くの短枝にふっくらした花芽がつきます。この花芽が確認できたら花芽から5〜6芽の葉芽を残して、長いつるをはさみましょう。こうすると短枝に翌年の花芽がつきます。つるの先にはあまり花がつかないので、今年伸びたつるやからみ枝、込み合った部分の枝はすべて外しておきましょう。花つきをよくするためにはこの剪定が重要です。

また米のとぎ汁には花つきをよくする効果があります。これはフジに限りませんので、花つきが悪い木があったらぜひ試してみてください。

自然樹形の美しさと花を楽しむ

ナツツバキ

夏椿／ツバキ科

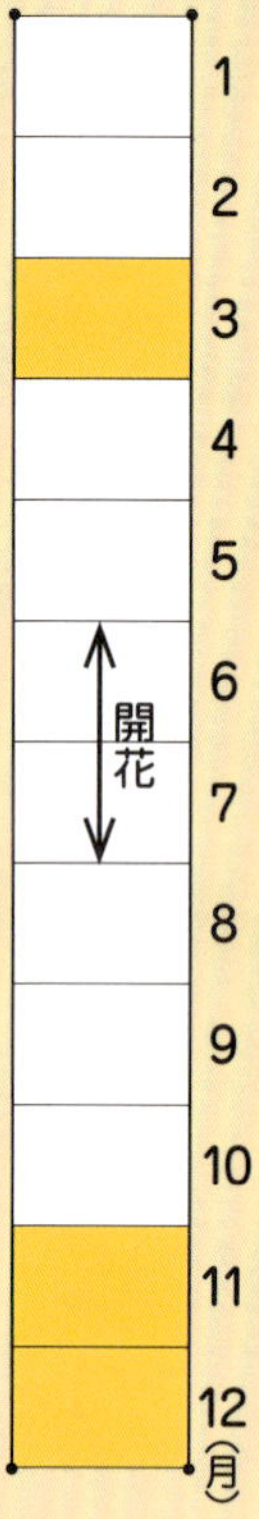

樹高をおさえるには切り替えを

ナツツバキはツバキの中では数少ない落葉樹です。6月〜7月に花びらにシワのある白色の5弁花を咲かせるのが特徴です。生長が早い木なので、樹高をあまり高くしたくないなら、まだ主幹が太る前に切り替え剪定をして、樹高を調整しましょう。幹が太ってからのこぎりで丈を詰めると、太い部分が年々枯れ込んでしまうので、注意が必要です。

木の根元を乾かさないこと

ナツツバキは乾燥がなにより苦手です。そのため植える場所は日なたは絶対に避けましょう。隣家の陰になって一日に数時間ほど日が差すような場所がオススメです。また根が十分に張れるよう、ある程度の広さがある場所を選びましょう。夏は一日1回、午前中に水をやります。西日が当たる場所や風の強い所の場合は、落ち葉で地面を覆って乾燥を防ぎます。

姿が自然に整うので手を入れすぎない

自然に形が整うので、あまり技巧的に手を入れないほうがいいタイプの木です。落葉期間中に込みすぎた枝を間引いたり、徒長枝をはさむくらいでOK。生育するにつれて芯が伸びて高くなり、すくっと伸びる姿が美しいので、芯はとめないようにします。また姿を自然らしく維持するには意外に手間がかかるものです。針葉樹より手がかかると覚悟して植えましょう。

ナツツバキの剪定

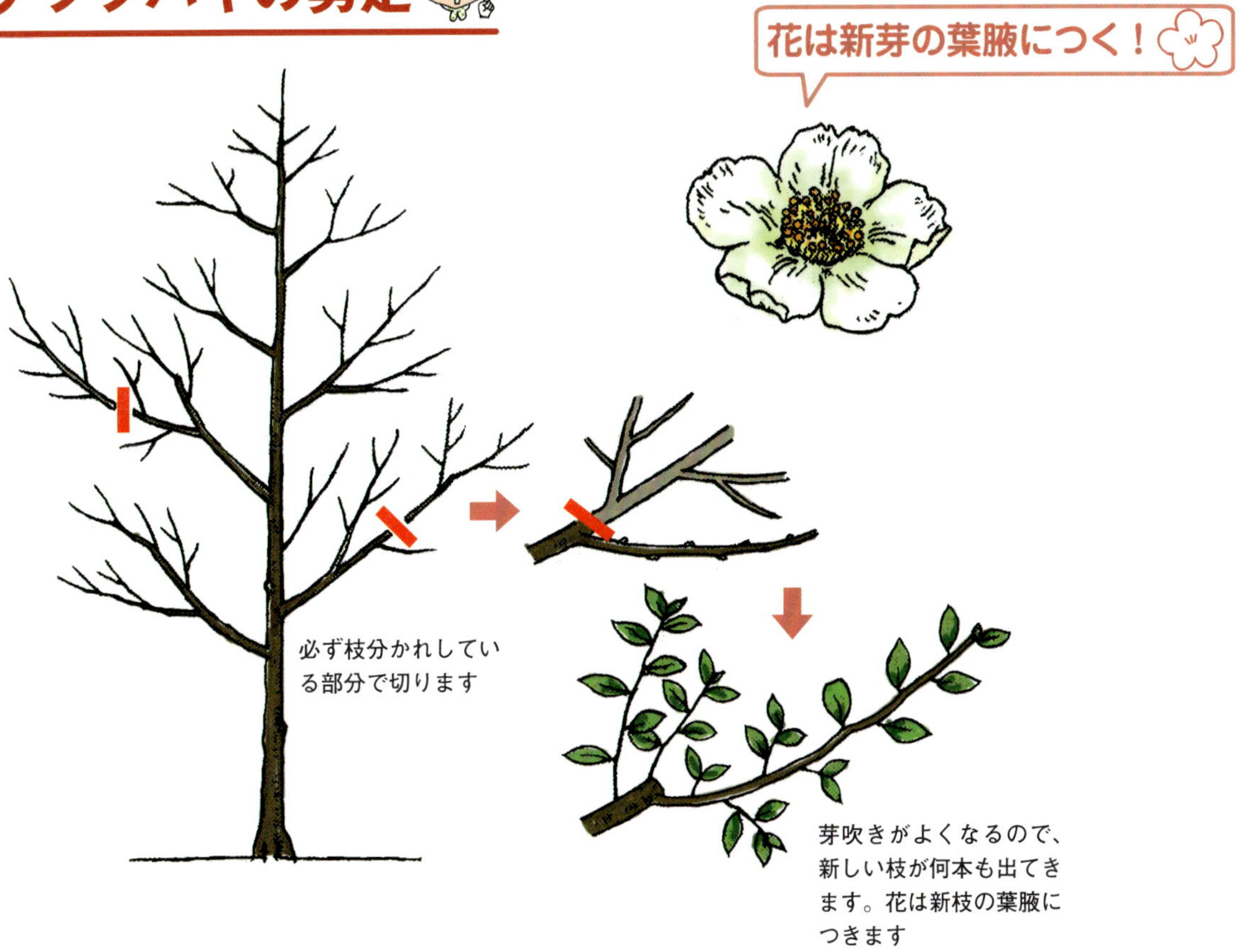
花は新芽の葉腋につく！
必ず枝分かれしている部分で切ります
芽吹きがよくなるので、新しい枝が何本も出てきます。花は新枝の葉腋につきます

花の位置が高くなるので下枝は残す

下枝をうっかりはずすと生長とともに花の位置が高くなり、非常に見苦しくなります。落葉期間中に切り替え剪定で樹芯をとめ、下枝をできるだけ残すようにしましょう。雑木類は自然に長三角形になるので、下枝をはずして逆三角形にすると見た目にもおかしくなります。またどの木の場合でもそうですが、木は一般的に上枝のほうが勢いがよいものです。そのため上枝、とくに勢いのよい立ち枝を放置するとそちらに養分を取られてしまい、下枝が枯れ込んでしまいます。

冬には交差枝や徒長枝を枝元からはずし、枝が横に張りすぎるときは中心の長く伸びている枝をはさんで内部の通風をよくします。枝の途中ではさむと枯れてしまうことがあるので、必ず枝の付け根から外すことがポイント。

少し太めの枝をはさんだときは、腐敗菌の侵入を防ぐためにベンレートなどの殺菌剤を塗布しましょう。はさみ口からの枯れ込みを防げます。

流れるような枝ぶりを楽しめる

コデマリ
ユキヤナギ

小手毬　小粉団／バラ科

雪柳／バラ科

月	
1	
2	
3	開花
4	ユキヤナギ花後
5	開花
6	コデマリ花後
7	
8	
9	
10	
11	
12(月)	

上・コデマリ
下・ユキヤナギ

剪定は花後すぐに、弱めに！（ユキヤナギ）

春に咲く花の中でもっとも親しまれているユキヤナギ。弓のように垂れ下がった細い枝のそれぞれの葉の付け根に、白色のごく小さな5弁花をびっしり咲かせます。その様子がまるで雪に覆われているようなので、ユキヤナギと名付けられたとか。植え込みの前づけなどに使うことが多いのですが、場所が確保できれば列植して花垣にするのもいいでしょう。

花が終わったら、間をおかずに剪定します。剪定の際は伸びすぎている枝をはさみますが、面倒でも必ず植木ばさみを使い、必ず内枝の分かれ目にははさみを入れるようにしましょう。これを逆にしてしまうと、ユキヤナギ特有の枝垂《しだ》れるような枝ぶりが半減してしまいます。あまり強くはさむと枝が立ちぎみに伸び上がって風情がなくなるので、剪定は弱めに行うのがコツ。また古株になると枯れ枝が目立って花つきが悪くなりますので、花後に刈り込みばさみで地上30センチくらいの高さで刈り込むとよいでしょう。

庭師のことわざ

「庭はいじり直したほうがいい！」

植えた木にまんべんなく日を当てるためにも、できれば5～6年に一度は向きを変えて植え直してあげましょう。何十年も経ってから動かすのは困難ですが、定期的に手を入れていれば比較的ラクに移植できます。

コデマリの仕立て直し方

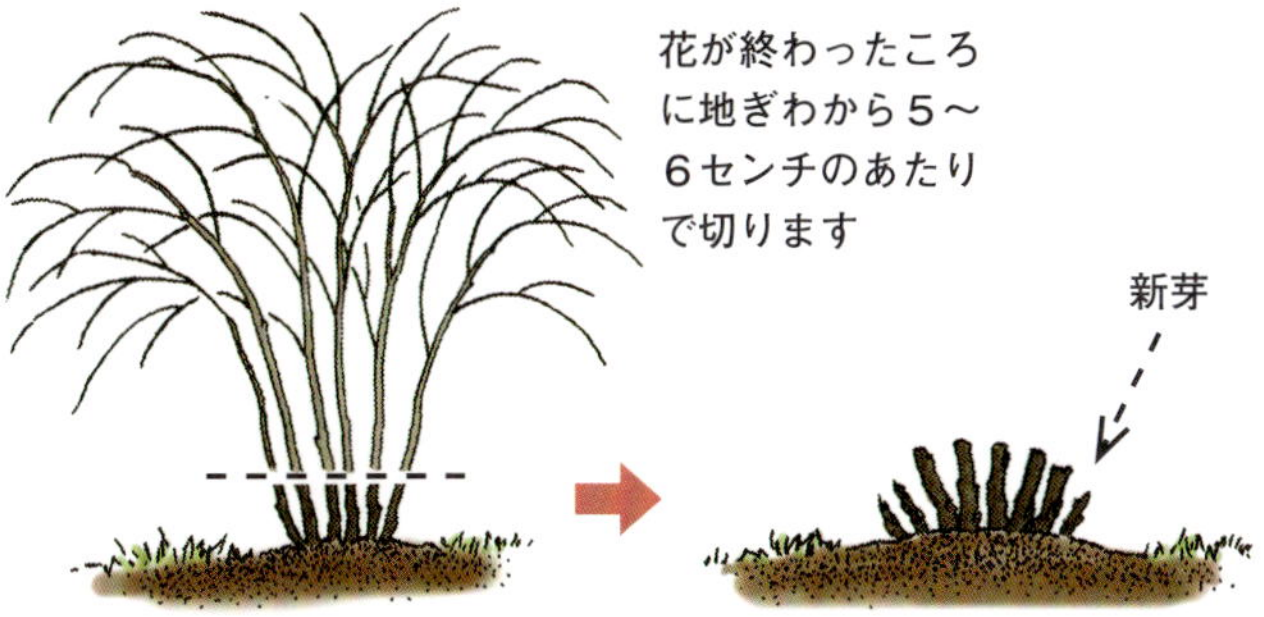
花が終わったころに地ぎわから5～6センチのあたりで切ります
新芽

短い新枝を出して、その先に小花をたくさん咲かせます

はさむときは樹冠の少し下で（コデマリ）

コデマリは昔も今も人気のある低木。株立ちになって咲くので和風庭園の下草にもよいし、洋風にも似合います。株立ちものは放任して株を少しずつ大きくし、落ち着かせるのが基本です。剪定は花後に勢いよく伸びた徒長枝をはさむくらいで、あまりいじらないほうがよいでしょう。

　全体を小さく咲かせたいときは、樹冠の少し下でわずかにはさんでそろえる程度にします。はさみ方に強弱があると強く切り戻した枝から勢いのよい枝が伸びて暴れる原因になるので、格好がつかなくなります。花枝を元からはずしたあと、各枝とも先端の3～4芽あたりの芽先を軽く飛ばすつもりでそろえると枝先がやわらかくなります。はさむ時期は花後。はさむときは伸びだした枝が垂れ下がるよう、必ず上芽を残すようにしましょう。

上芽は必ず残すようにする

古い株を刈り取って株を小さくする（コデマリ）

コデマリは株が古くなって大株になると花つきが悪くなります。枝が老化するため、花芽をつける力がなくなってくるのです。そんなときは思い切った処置をとることが必要です。よく行われるのが「刈り取り法」。これは花があらかた終わったころ、地ぎわから数センチ程度の新しい芽だけを残して後の枝を全部5～6センチの位置で刈るやり方です。そんな乱暴なことを……とためらう方も多いと思いますが、こういうときはばっさり荒療治を行ったほうがいいのです。

　これだけ大胆に切っても全部の枝が弱ることはありません。いずれ新しい芽が伸びてきてまた花をつけるようになります。このように古い枝を新しい枝に更新する荒療治を数年に一度行うと、毎年流れるような枝先のキレイなコデマリを楽しむことができます。

数年に一度の荒療治で流れるような枝先に

剪定をしないと年々大きくなってしまう

ハナミズキ

花水木／ミズキ科

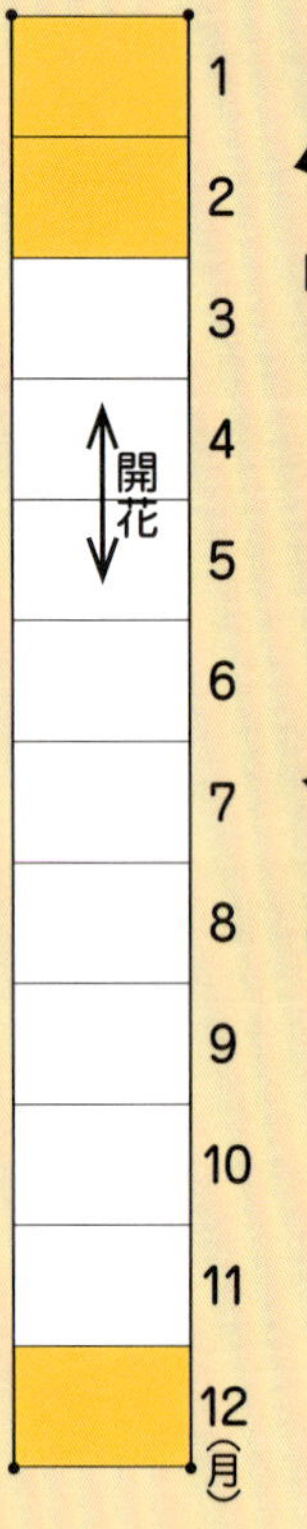

1
2
3
4
開花
5
6
7
8
9
10
11
12(月)

ハナミズキの剪定

枝の付け根で切ると、花つきは少なくなりますが、翌年の花芽はつきます
細い葉芽ばかりの枝を切ると、花つきがよくなりますが、木がいかつくなります

剪定しないと葉ばかり多くなる！

真夏に切るのはタブー 枝が枯れることも

昭和40年以降に大流行し、多くの家庭に普及した木です。葉を落としているときはすでに花芽がはっきりわかるようになっているので、大きくてじゃまになるときはこの時期にはさみます。冬眠から覚めて根が活動を始めてからはさむと、枝枯れの原因になるのでくれぐれも注意しましょう。花が見たくてついはさみそびれてしまう人がいますが、芽が動き始めたら手遅れです。とくに真夏になったら絶対にダメ。はさんだ後に出る土用芽が弱々しく、枝が枯れることがあります。

葉芽の多い枝は剪定を忘れずに

落葉期に花芽がはっきりし、同時に細長くとがった葉芽ばかりの枝がどんどん目立ってきますので、この枝ははさんでおきます。放っておくと葉ばかりが茂り、花つきがまばらな感じになります。枝一面を花で埋め尽くすためには、この剪定を必ず忘れずに行いましょう。

高い木の手入れでは、はしごをかけての仕事になりますので怪我には注意して。また強い枝は枝元からのこぎりで引き、ヒコバエも出やすいので同時に取り除いておきましょう。

フヨウ

冬に地上部を刈り取る

芙蓉／アオイ科

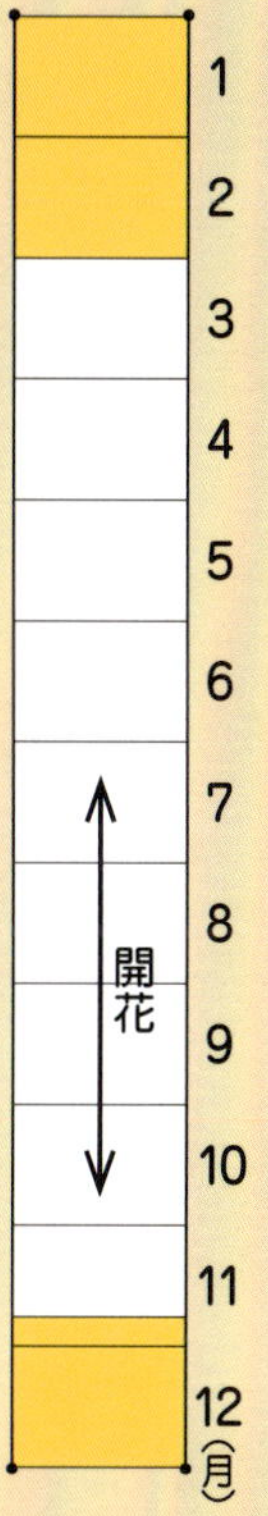
1
2
3
4
5
6
7
8
9
10
11
12
(月)
開花

フヨウの刈り取り

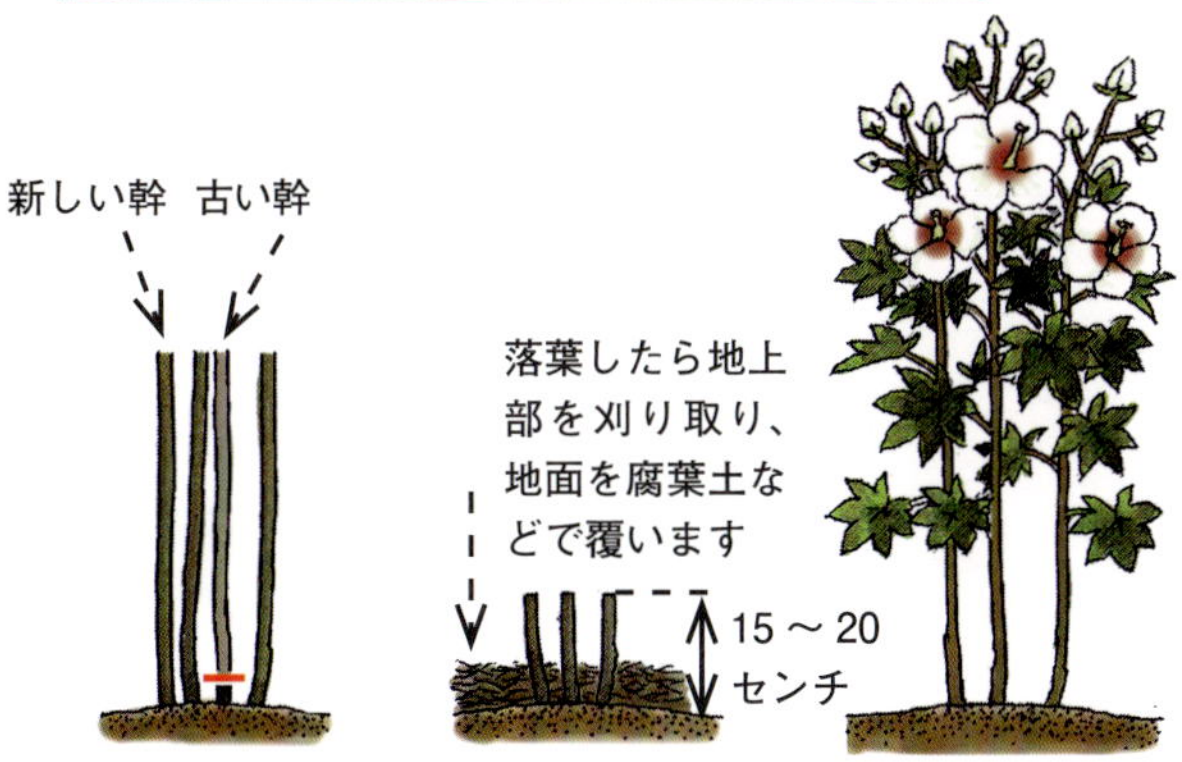
新しい幹
古い幹
落葉したら地上部を刈り取り、地面を腐葉土などで覆います
15～20センチ
フヨウは半落葉性なので、冬には地上部が枯れることが多くなります

丈夫で育てやすい 生長がよければ肥料は不要

フヨウは丈夫で育てやすい木です。生長がよく放置すると大きくなりすぎるので、適当なところで切り戻します。葉のない時期ならかなり太い枝を切っても構いません。

実ができますが樹勢が強いので摘み取らなくてもよいでしょう。肥料をやったり、防虫剤を散布する必要もありません。むしろ樹内の養分を振り分けて樹勢をおさえるほうが剪定の手間が省けます。ただし花が小さくなったときは日当たりをよくしたり、水を多めにやるなどして花つきをよくします。

冬に地上部を刈ると翌年の花が立派に

冬を迎えると地上部が枯れますが、このまま冬を越すと翌年の花が小さくなります。関東以北では11月半ばになるとすっかり葉を落とすので、こうなったら地上15～20センチの高さで刈り取りましょう。その上に落ち葉や腐葉土などを厚く敷き、乾燥を防いであげると春になって気温が上がったころに新芽が吹いて伸び上がり、頂芽や側芽をつけて開花します。暖地では枯れずに年ごとに幹がふえて込み合ってくるので、古い幹を地ぎわで刈り、新しい幹と更新して3本立ちにします。

花つきをよくするにはたっぷりの日照を

サンシュユ

山茱萸／ミズキ科

樹形、花つきがよく狭い庭にもぴったり

夏の終わりに小さい楕円形の赤い実をつけるサンシュユ。樹形がよく花つきがいいので、狭い庭によく似合う木です。庭に大きな常緑針葉樹をでんと据えて、株立ちのサンシュユをうまく配置すると、下手に雑木を持ち込まなくてもよい庭ができます。

今年伸びた枝の先に7月ごろ花芽が分化し、翌年花が咲きます。花芽は短枝すべてにつきます。横に大きく広がる木ですが、あまり切り込むと花がつきにくいので、徒長枝を付け根から抜くくらいで十分です。

4~5年に1回枝先を強くはさむ

サンシュユはそのままにしておいても自然に樹形が整いますが、横に大きく広がる木です。そのため狭い庭では4~5年に一度は枝先を強く剪定するとよいでしょう。剪定は花後すぐに行います。萌芽力は強いので、強剪定しても花つきに影響はありません。しかし毎年剪定を繰り返していると花がつきにくくなるので、木は多少大きくなっても数年に一度の剪定にとどめるのがよいでしょう。

ふだんの手入れは徒長枝を切り戻して樹冠を整えます。徒長枝には花芽がつきませんから、気づいたときに剪定すればよいでしょう。また花つきをよくするためには、たっぷりの日ざしが欠かせません。花後に新枝が伸び始めたら細い枝や込みすぎて日当たりを悪くしている枝を枝元から外しましょう。各枝にまんべんなく日が当たるように間引き剪定すると木がいきいきと元気になります。

またサンシュユは種子から育てることもできます。10月ごろに真っ赤に色づいた実を採取したら、すぐに果肉を洗い流します。これは果肉には発芽抑制物質が含まれているためです。果肉を落とした種子はビニール袋などに密封し、冷暗所に保管して翌春にまきましょう。

刈り込まずに自然樹形を楽しむ

シモツケ

繡線菊／バラ科

月	
1	
2	
3	
4	
5	開花
6	開花
7	花後
8	
9	
10	
11	
12	

シモツケの株の更新

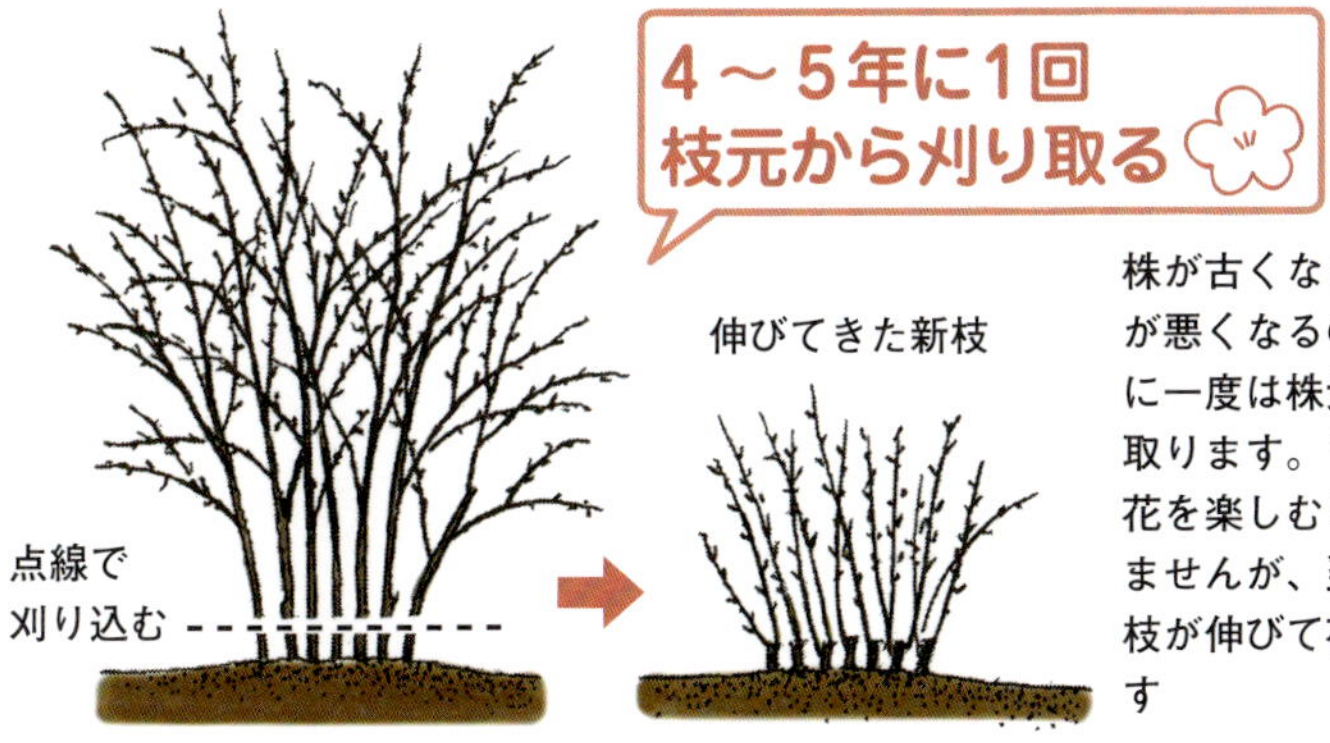

株が古くなると花つきが悪くなるので、4年に一度は株元から刈り取ります。その年には花を楽しむことができませんが、翌年には新枝が伸びて花がつきます

枝の先を刈り込むのはタブー

シモツケは地面から何本も枝を出して株立ち状になります。丈は1メートル前後とそれほど高くはなりませんが、枝先が自然に広がる姿に趣がある木なので、植え場所には多少スペースにゆとりが必要です。

花が咲くのは5月～6月ごろ。花芽は前年の11月ごろ枝先に分化し、春になってそこから伸びた枝の先端に、小さな花がひとかたまりになって咲きます。4月～5月ごろに枝先を刈り込んでしまうと、花が咲かなくなりますので注意しましょう。

古枝は間引いて新しい枝に更新する

刈り込まずに自然樹形を楽しむ樹種です。枝先を切り戻すなどして整枝することはオススメできません。

ただしおおよそ4年に一度は芽吹き前の3月か花後に古枝を根元から切り取って間引き、新しい枝に更新していきます。枝が古くなると次第に花つきが悪くなって枯れていきます。この方法で大きさも一定に保つことができます。

花つきをよくするには更新が大切！

花後の剪定を忘れずに行う

トサミズキ

土佐水木／マンサク科

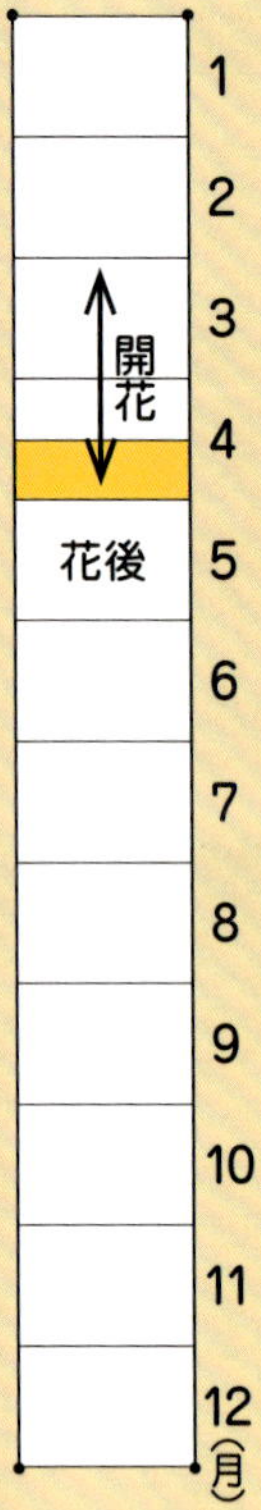

大木によく合うあしらいの木

トサミズキは庭の要になる大木の下に植えられることが多いので、よく「添えの木」や「あしらいの木」などと呼ばれます。庭を構成するときは、一本の木だけではなかなか変化が出しにくいものです。こういった添えの木を庭に配置することで、大木がより引き立つわけです。

庭によって違いはありますが、株立ちになる低木は一般的に庭の奥には植えません。石を据えている場合はその前、または大木の下など、庭の要所に植えるタイプの木です。

つくり込むときには古い枝を残して

株立ちの木は、数年ごとに古い枝を元から抜いて、新しい枝に切り替えていきます。しかし自然樹形がキレイな木なので、あまり頻繁に更新していると、本来の木が持っているやわらかい感じが出せません。トサミズキは古くなってくると両腕を広げたようにかなり横幅をとる木です。またそれが持ち味でもあるのです。横に伸びる枝を全部はずして立ち上げたのでは、トサミズキではなくなってしまいます。横に枝を伸ばす木なので少しずつ木が大きくなっていくのは仕方がありません。最初から将来を見通して、スペースに余裕のある場所に植えましょう。

古い枝は伸びもまとまっているので極端に伸びることがなく、形を自分でつくってくれます。とはいえ年々高さが増して横張りもしますので、古い枝はできるだけいじらずに、横に伸びる新梢だけをはずすようにします。しかし剪定を怠ると、花が上へ上へと上がってしまうので、剪定は花後すぐに行いましょう。

庭木づくりは本来、年々手入れをして古色を出させていくものです。最近は庭に木を詰めて植えるため、ついはさみすぎて年中若枝の状態の庭木をよく見かけます。これでは何年経っても庭に落ち着きがでません。

ハギ

毎年冬に刈り込みをする

萩／マメ科

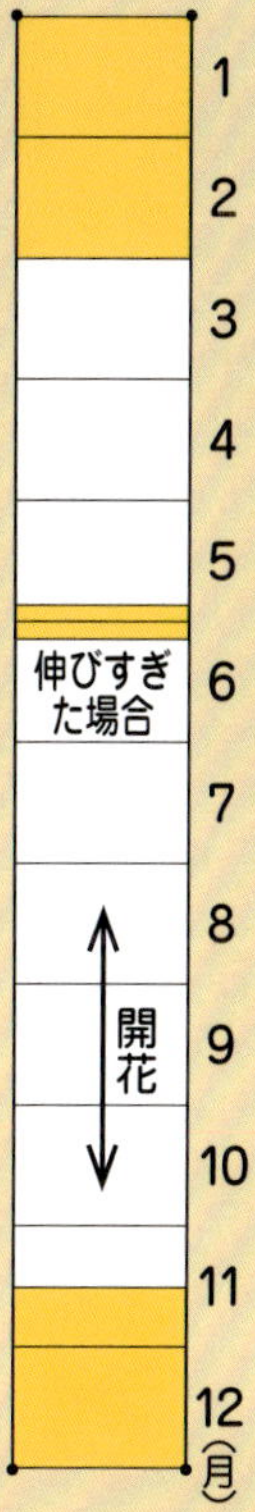
1
2
3
4
5
伸びすぎた場合
6
7
8
開花
9
10
11
12
(月)

ハギの剪定

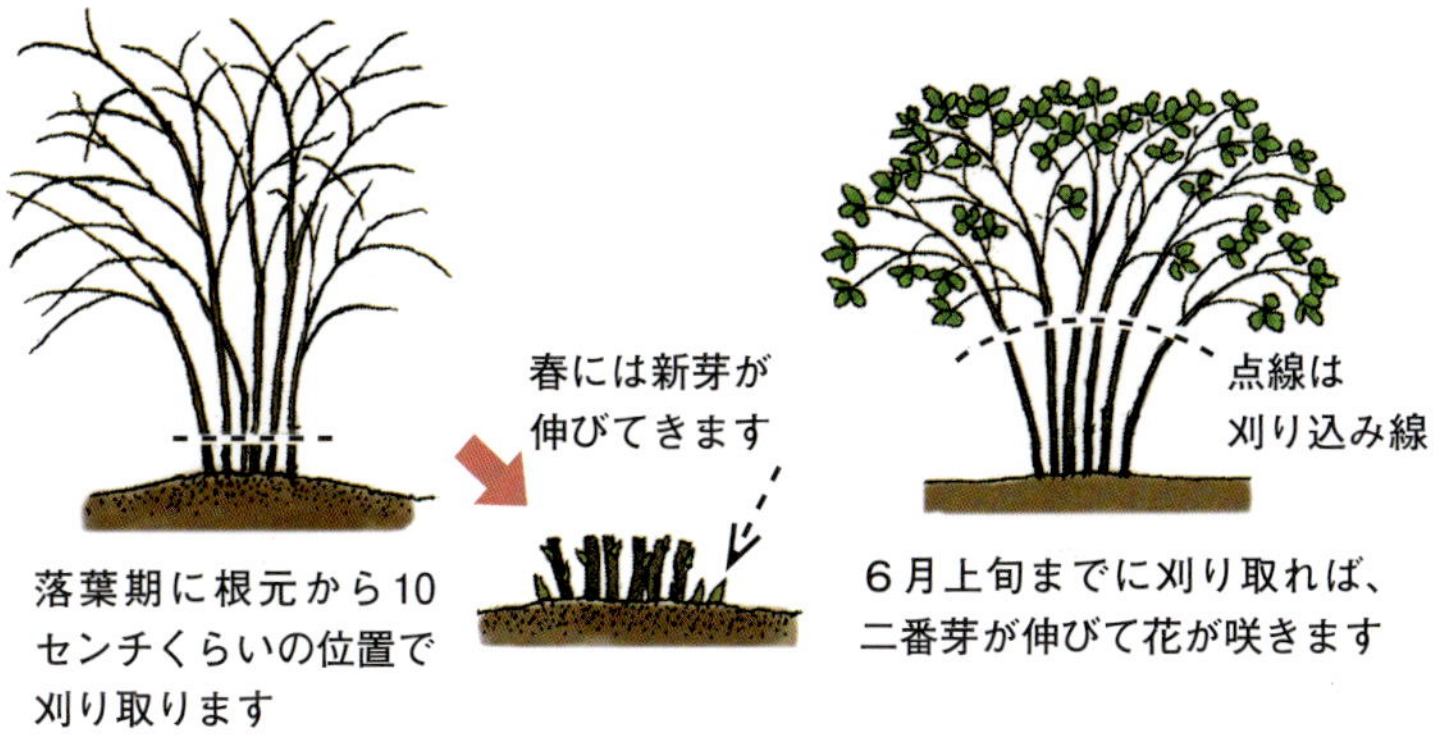
落葉期に根元から10センチくらいの位置で刈り取ります
春には新芽が伸びてきます
点線は刈り込み線
6月上旬までに刈り取れば、二番芽が伸びて花が咲きます

落葉期に刈り取るのがコツ

夏の終わりから秋にかけて小さな花を咲かせるハギ。株立ち状になって枝垂れる姿を楽しみます。

冬に地上の枝が枯れてしまうハギは、落葉期に思い切って根元から10センチほど残して刈り取ります。春になると刈り込んだ株から新枝が伸び、根元からも芽が出ます。ハギはその年伸びた新枝に花芽が分化して、いっぱいに花がつきます。冬に枯れないヤマハギやキハギなどは、新しい枝を途中まで切り戻して数本残し、古い枝を根元から間引いて切り替えます。

大きくさせないときは肥料を控えめに

ハギは放置すると2メートルを越えることもあります。枝いっぱいに花をつけて垂れ下がる様子はハギらしいのですが、狭い庭の調和を乱すようなら剪定して株を小さくおさえます。あまり大きくしたくないときは養分を控えることも大切です。日の当たる場所にあって木が元気ならとくに肥料を与えなくてもよいでしょう。

花つきがよくないときは植え替えが効果的。スペースがなければ向きを変えるだけでもよいので、北側の枝を日の差す南側に移動してあげましょう。

放置すると花つきが悪くなる

ボケ

木瓜／バラ科

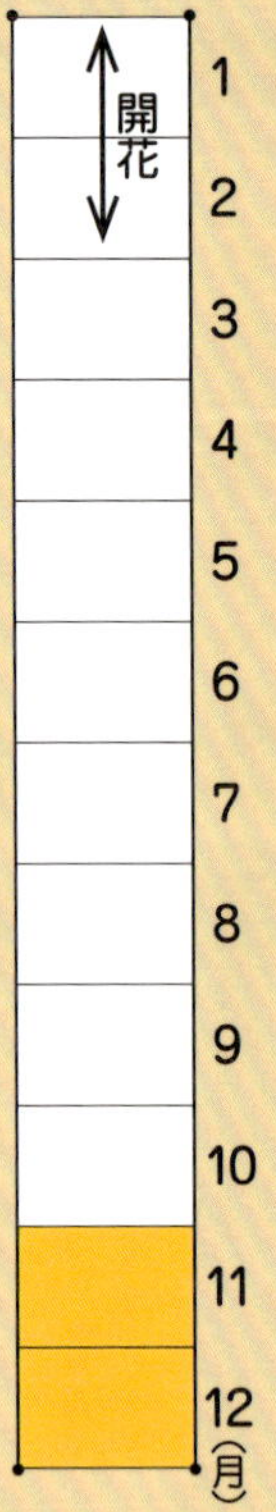

花つきが悪くなるので長い枝は早めに剪定して

1月~2月ごろに春の訪れを告げて咲くボケの花。12月に開花する品種もあり、これは寒ボケといいます。

ボケは放置すると長い枝が伸び、花つきが悪くなるので剪定します。花後に伸びた新梢の枝元や二年生枝、古枝に9月ごろ花芽が分化するので、剪定は花芽がはっきりわかる11月以降が最適です。丸くふっくらしているのが花芽です。枝元の花芽を残しながら枝先を切り詰め、不要な枝を切り落とします。徒長枝は半分程度に切り詰めましょう。

トゲがあるので植える場所に要注意

赤から白に近い色まで、多くの種類があるボケの花。中には一株の中で紅白咲き分ける品種もあります。丈は大きくなっても2メートル程度。庭木のわき役としてよく使われます。葉が出る前に株全体に花をつけるのが見どころ。ただしトゲがあるので、人の出入りが激しい通路沿いなどに植えるのは避けましょう。花後の剪定をしっかりしておけば、ボケらしい姿になります。しかし伸びすぎて気になる枝があるようなら切り戻し、同時にヒコバエも取り除いておきましょう。

根の病気を防ぐには冬に植え替える

ボケは多くの園芸品種があり、花の色は赤から白に近いものまでいろいろあります。花後にも軽く樹形を整えて花がらを取ると新芽がよく伸び、翌年の花つきがよくなります。秋には残った花がらに香りのよい実がなりますので、焼酎づけにすればウメ酒ならぬボケ酒が楽しめます。

ボケで注意したいのは根頭ガンシュ病という根の病気にかかること。この菌は傷口から伝染しやすく、温度が高いと活発に活動します。そのため植え替えは気温の低い冬に行います。

枝先に花をつけるので注意

ヒメシャラ

姫沙羅／ツバキ科

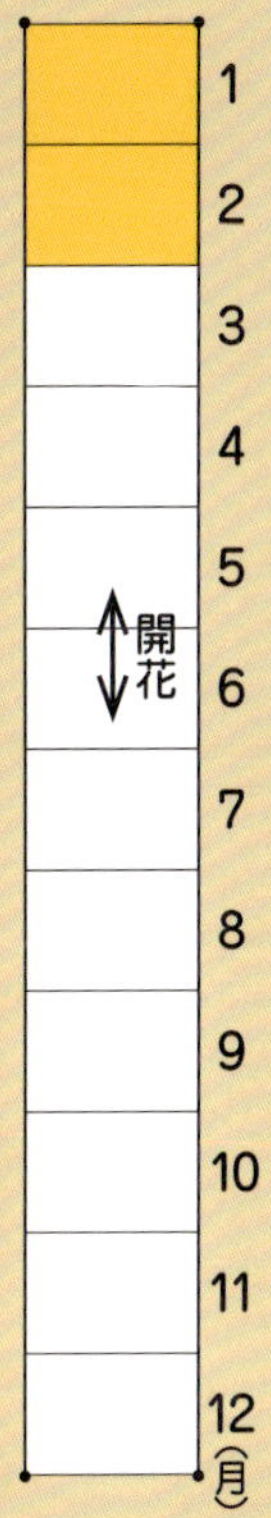

枝先をいじると木が弱る

赤褐色に輝く樹皮が美しく、ツバキに似た清楚な花をつけることから人気を集めています。樹勢が強く、土質を選びませんが、注意したいのは剪定の仕方。最近、庭の手入れというと枝をはさむことだと思っている人が多いようですが、これは大間違いです。ヒメシャラ以外にもリョウブ、ナナカマド、コナラなど最近人気の雑木（山の木）はすべて自然の風情を楽しむもの。しかし念入りに手入れを行うと、そのよさをまったくなくしてしまいます。ヒメシャラに限ったことではありませんが、雑木はすっと伸びた梢のやわらかさが魅力なので、小透かしなどをするのはオススメできません。徒長枝やあきらかに不要な枝を抜くぐらいで十分。細かい手入れをすればするほど木が弱ります。

なかでもヒメシャラは枝先に花をつけるので、へたに樹冠を切り詰めると花が見られなくなります。狭い庭でやむを得ず木を小さくしたいときは、伸びた枝を付け根から切って間引き、わきから出ている側枝を残すようにするとよいでしょう。

雑木は自然の持ち味を生かして！

ヒメシャラの剪定

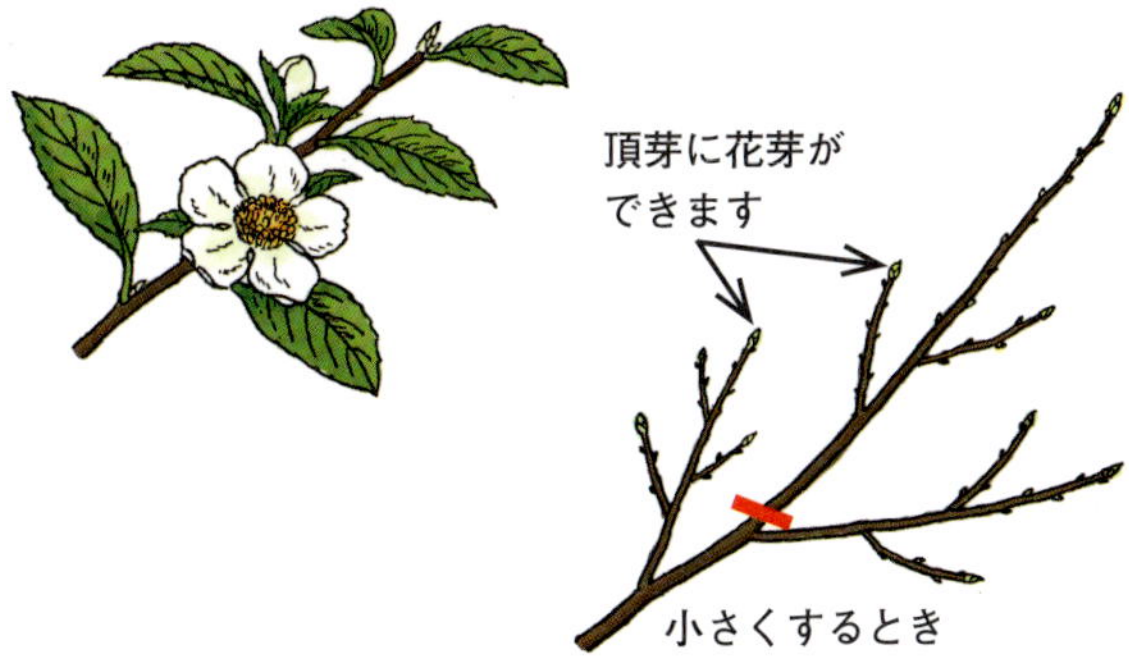
小さくするときは間引きます

弓状に伸びた枝ぶりの風情を楽しむ

アベリア

スイカズラ科

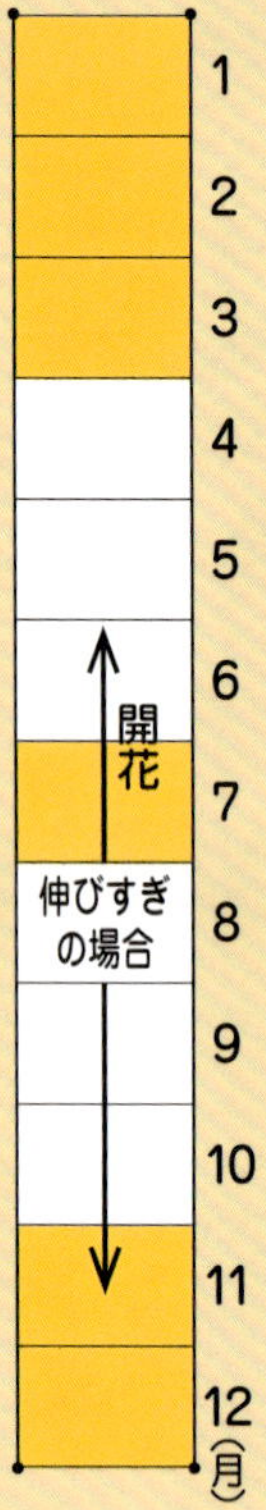

芽吹きが旺盛なので放置しないように!

昔はほとんど庭木に使われなかったアベリア。一般の家庭に普及したのは、東京オリンピックのころからといわれます。公園や街路樹でよく見かけますが、花期が長く、刈り込みもできるうえ、洋風の建物によく合うので、今後も人気は高まるでしょう。萌芽力がきわめて強い半落葉樹で、株立ち状になります。6月~11月ごろまでの長期間にわたって小さい花が次々に咲きます。夏中どんどん枝を伸ばすので、放置するとおさまりがつかないほど乱れてしまいます。

冬に基本剪定を行います。このときに花芽に構わず、丸刈りにするくらい刈り込んでしまっても花つきにはまったく影響しません。

伸ばしすぎは禁物!

垂れ下がるように剪定するのがコツ

繁殖力が旺盛なので、刈り込んでも花つきがよいのが特徴。ただ伸びがすこぶるよいので、狭い場所ではどうにも窮屈で樹形を楽しめません。あらかじめある程度の広さを確保できる場所に植えましょう。多少日当たりが悪くても、花つきに影響はありません。

剪定は枝先がやや垂れ下がる姿にすると、独特の美しさを楽しめます。込み合っているところの長く伸びすぎた枝は枝元からはずすか、枝分かれしている部分で切り戻します。まだ株が大きいようなら、さらに枝元から間引きます。このときはなるべく古枝を選びましょう。最後に飛び出ている枝を切り詰めて半球状にまとめます。

アベリアは夏の生長期に刈り込んでもすぐに花が咲きます。大きくなりすぎて困るときは夏に剪定してもよいでしょう。

垂れ下がるようにすると独特の美しさが楽しめる

どこではさんでもよく芽を吹く

ジンチョウゲ

沈丁花／ジンチョウゲ科

月	
1	
2	
3	↑開花
4	↓
5	花後
6	
7	
8	
9	
10	
11	
12(月)	

剪定は花後すぐに簡単なので練習に最適

ジンチョウゲは放置しておいてもまとまりのある形になるので、あまり手を加えなくてもすむ木です。しかしきれいに丸刈りにするとやはり枝打ちが密になるので、花垣や通路の区切りにするのに具合がよくなります。

また勢いがよく、芽吹きもよいので初心者がいじるのに最適な木です。丸刈りにする時期は大方の花が開き、一輪二輪と花が散り始めたころがよいでしょう。あまり遅くなると翌年花が咲かなくなることがありますので、注意してください。

寿命が短いので移植には不向き

大きくなったジンチョウゲは移植を嫌います。根を切らないように探り掘りして掘った根を巻き、枝を間引いて植えればつかないことはありませんが、大変な手間です。

またこの木は寿命が短いので、大きくなってじゃまになり、他所に移したいと思うころには余命いくばくもないと考えてよいでしょう。大変な思いをして移植して、たとえ根づかせることができたとしてもすぐ寿命が尽きてしまうので、移植はできるだけ避けたほうがいいでしょう。

生け垣の刈り込み

生け垣などを四角に刈る場合は、平らに刈るとうまくいきません

中くぼみに刈る！

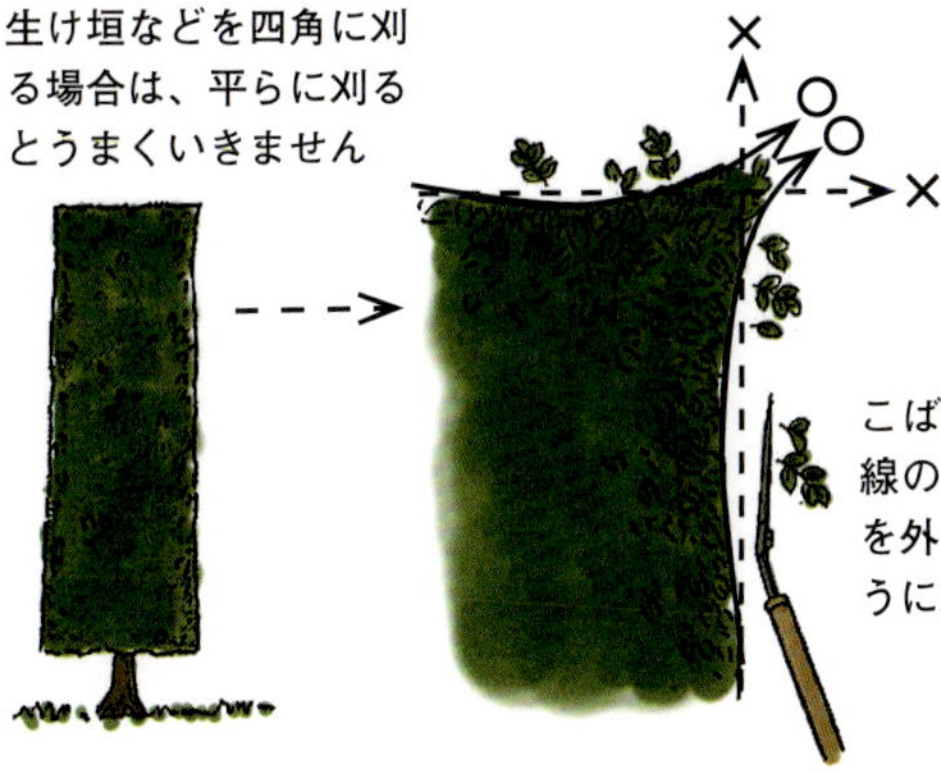

こば（天端と側面の交わる稜線のこと）を刈るときは、刃を外に向けてすくい上げるように刈るとうまくいきます

木のためには豆をつけたままにしない

ハナズオウ

花蘇芳／マメ科

月	
1	
2	
3	
4	開花
5	花後
6	
7	
8	
9	
10	
11	
12(月)	

不要な枝ははさみ 下枝をふやすように

ハナズオウは春たけなわのころ、葉が出るより先に枝に紅紫色の花をたわわにつけ、庭を彩ります。花が終わると葉が出て、秋には濃い赤紫色のさやができます。伸びが遅く樹形もまとまりにくいのですが、花のつき方が特徴的なので、人気のある庭木のひとつです。

あまり高く生長しませんが、樹形がまとまりにくい樹種です。開花は4月ごろで花芽分化期は8月ごろ。その年に伸びた枝には必ず翌年の花芽がびっしりつき、勢いがよければ前年生枝にも花芽がつきます。花芽が多いので不要な枝は切ってしまっても花は見られます。剪定の時期は花後に行うのがよいでしょう。

枝先の生長がよく若枝に花芽がつきますので、枝を伸ばし放題にすると花が上へ上へと上がってしまいます。そのため枝先を切り戻し、下枝の枚数をふやすのがコツ。枝は古くなると自然に枯れてきます。枯れた枝は枯れた部分から切り落とし、新しい枝と切り替えましょう。日当たり、水はけのよい場所であれば、土質は選びません。

枝先を長く伸ばしすぎない

さやは早めに取り除く

花を終えた後には、マメ科特有の平たいさやがたくさん垂れ下がります。さやをつけたままにしておくと、実が木の養分を吸い取って翌年の花つきが悪くなります。またさやが熟すと黒くなって汚れた感じがしますので、さやは早めにできるだけ多く取り除きましょう。

また地ぎわを見るとヒコバエが生えていることがありますが、ヒコバエも放っておくと樹勢を弱めます。そのまま放置せず、見つけ次第必ず取り除きましょう。

果実ではなく花を観賞する

ハナモモ

花桃／バラ科

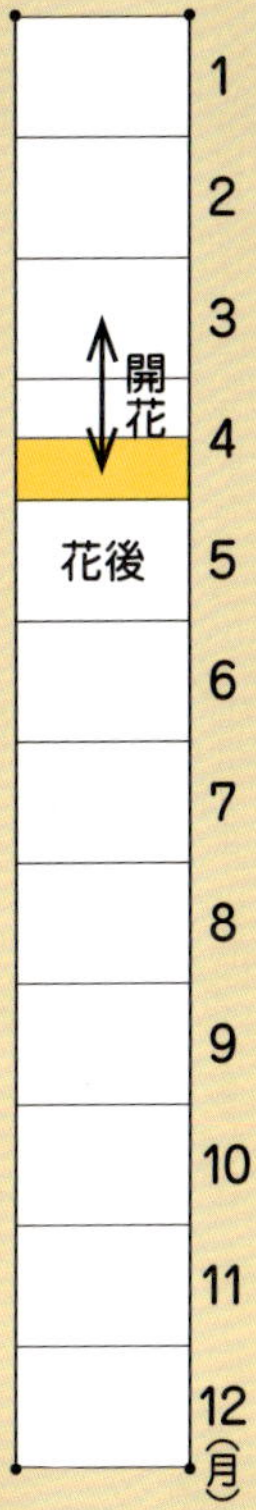

毎年剪定しないと花が上がる

ハナモモは果実のモモと同じ種類ですが、主に花を観賞する品種なので、もし実がなっても小さくて苦みがあり、食べられません。

ハナモモは3月～4月にかけて開花し、その年伸びた新枝の葉腋に7月～8月ごろに花芽ができ、翌年の春に開花します。しかしきちんと剪定をしないと花が上へ上へと上がってしまいます。ふところの小枝をふやし、低い位置でも咲くように剪定すると花は枝元で楽しめます。剪定は花後すぐに行いましょう。

花後に3～4芽残して切り戻す

花が終わったら花から3～4芽残して切り戻し、そこから新枝を出すようにします。古い枝ほど花つきが悪くなるので、切り替え剪定を行い、だいたい2～4年ごとに枝を更新するようにするとよいでしょう。

ハナモモにはキクの花びらのように花弁が重なる「キクモモ」や、枝垂れ性の「残雪枝垂」、枝が垂直な「照手桃」など多くの種類があります。枝垂れ性のモモは必ず外芽ではさむこと。内芽ではさむと枝が下向きに伸びて、やわらかく枝垂れなくなります。

庭師のことわざ

「果樹はやたら庭に持ち込むな」

「実がなって楽しいですよ」と勧められるとつい手を出したくなる果樹ですが、袋かけをし、肥料もたっぷり与えて栽培できるわけではないので、たいていは小さい実しかならず、食べても美味しいものではありません。そのため家庭では実より花を優先する木がオススメ。唯一植えるとすれば実つきのよいカリンがよいでしょう。

冬に古いつるをはさむとよい花をつける

ノウゼンカズラ

凌霄花／ノウゼンカズラ科

今年伸びた枝を全部切ってはダメ

7月～8月にオレンジ色の花を咲かせるノウゼンカズラ。つるのような枝を伸ばして花をつけます。支柱を立てて枝をはわせ、花を下垂させるポール仕立てにすると花が引き立ちます。

伸びすぎて困るほど勢いよく伸びるので、落葉期間中につるをはさんで短くします。ノウゼンカズラは今年伸びた枝から翌年出る新枝の先端に次の花が咲きますので、今年の枝をすべて落としてしまうと花が咲きません。また剪定しないと古い枝が伸び、枝葉が茂るわりに花数が少なくなります。

枝先からたどっていくと枝分かれしているところにぶつかりますが、そこが今年の枝の始まりです。枝元を10センチほど残してはさむようにすると、新芽の発生が促されて、元気のよい花をつけます。

樹液には毒があるので注意！

ノウゼンカズラを切ると、切り口から樹液が出ます。この樹液には毒があり、以前は「目に入ると目がつぶれる」などといわれたものです。キョウチクトウやアセビにも毒がありますので、剪定後はよく手を洗いましょう。

ヒコバエの除去を忘れない

とくに花芽分化期といったものはなく、世話のポイントもこれといってありません。しかし唯一注意してほしいのがヒコバエ。地ぎわから多くヒコバエの出る木です。それも地下茎を伸ばしているので、親株から離れた位置で見つかることがあります。

ヒコバエを放っておくとヒコバエに養分をとられて親株の樹勢が衰えてしまうので、見つけたらすぐに取り除きます。つぼみがあまり落ちるときは、多くは乾燥が原因です。株元に腐葉土などを敷き、乾燥を防ぎましょう。

古いつるを短くはさむと立派な花に
クレマチス

キンポウゲ科

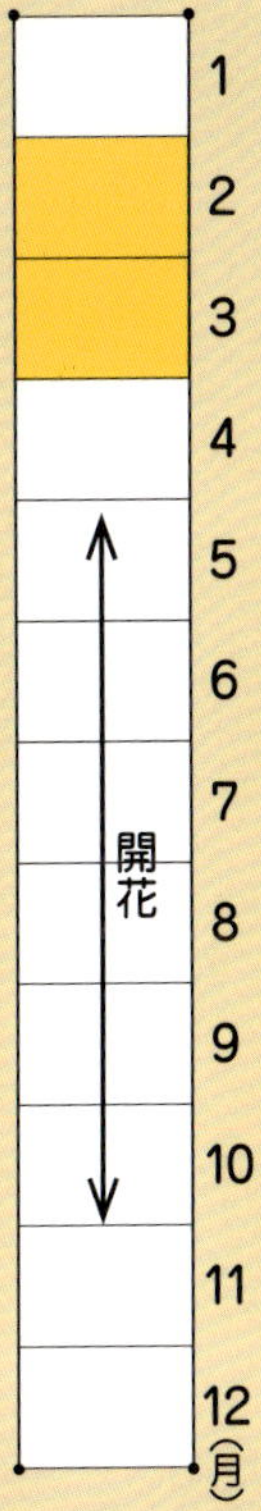
1
2
3
4
5
6
7
8
9
10
11
12
(月)
開花

クレマチス（四季咲き種）の花後の剪定

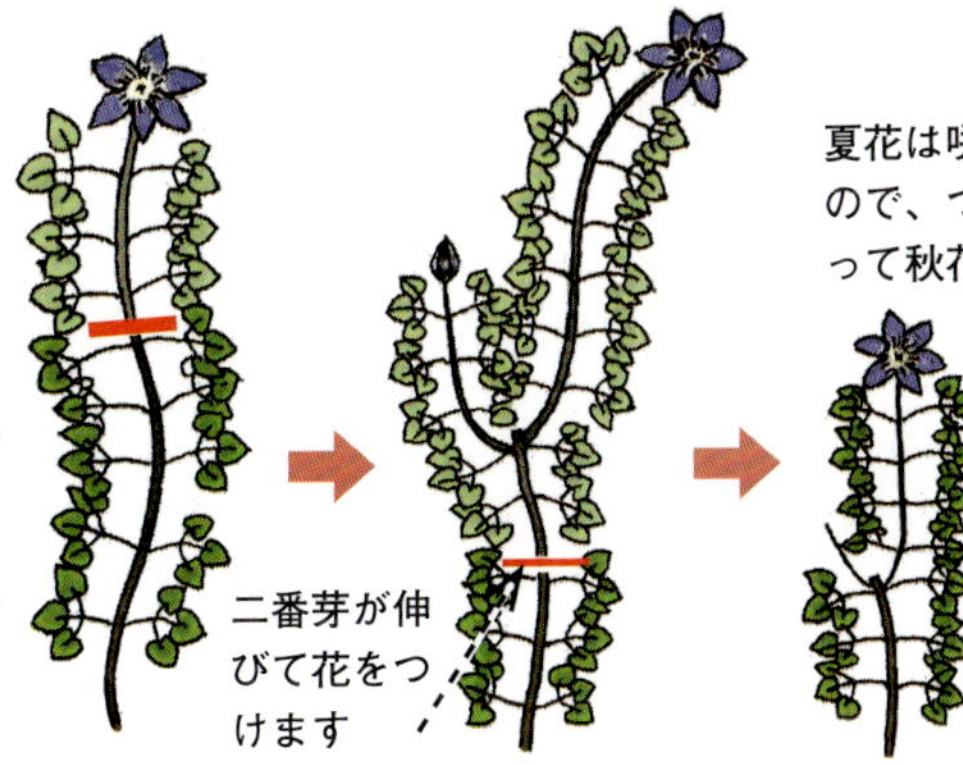
花が終わったら3分の1程度つるを切り戻しておきます
二番芽が伸びて花をつけます
夏花は咲いても貧弱なので、つぼみは摘み取って秋花を楽しみます

大きな花を楽しむなら短めにはさむ

クレマチスはフェンスなどにからませるとなかなか風情のある花です。毎年2月～3月に前年に伸びた古いつるをはさみ、垂れ下がらないよう斜めに誘引してあげることが重要です。

つるを長く伸ばすと新枝がたくさん伸び、花数はふえますが花は小さくなります。短くはさむと新枝の発生が少なく、花数は減りますが一花一花が非常に大きく見事に咲きます。クレマチスは大きく立派な花を咲かせたほうが見ごたえがありますので、できるだけ短めにはさみましょう。

夏花は咲かせずに秋に楽しむ

四季咲き種は花が咲き終えたら実を結ばないように、つるを3分の1ぐらい切り戻します。はさんだ後のつるの葉腋からは二番芽が伸びてきて、再びつぼみをつけますが、夏花は咲いても貧弱なのでつぼみはすべてかき取ってしまいましょう。8月ごろになって7～8節伸びたら3～4節を残して切り戻します。こうすると秋に立派な花を楽しむことができるのです。

よい花を楽しむには寒肥を施し、花後は有機質肥料を一株にひと握りほど根のあたりにすき込みましょう。

木の内部も忘れずに刈り込んで

レンギョウ

連翹／モクセイ科

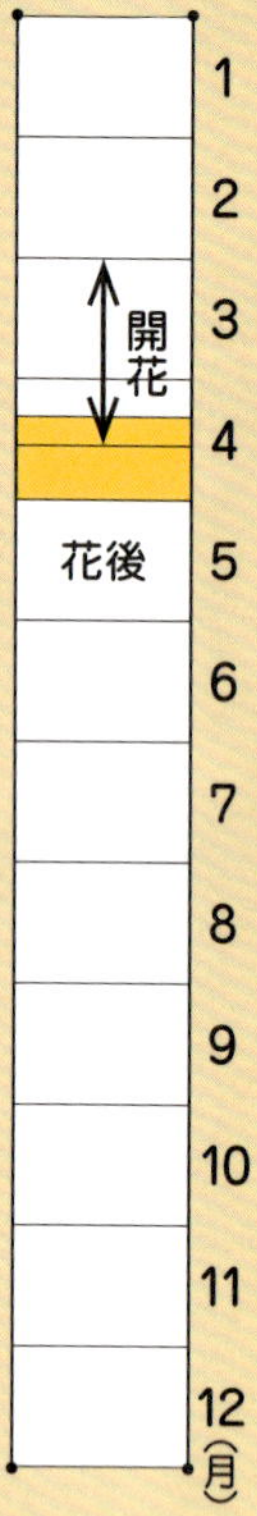

剪定は秋より前に行うのがベスト

レンギョウは細い枝をつる状に伸ばすツルレンギョウ、花が下向きに咲くシナレンギョウ、花が大きくて黄色の鮮やかなチョウセンレンギョウなど、いくつかの種類があります。花や葉が小さくて密なシナレンギョウは刈り込んで仕立てますが、ほかのレンギョウは刈り込まずに株そのものを生かした剪定をします。

花はだいたい3月から4月にかけて開花します。株立ち状になり、垂れ下がった枝に黄色い花が群がって咲く姿は壮観です。しかし放っておくと樹姿が乱れてまとまらなくなり、株全体が広がって大きくなるので剪定が必要です。

花芽は7月～8月ごろ春から伸びたすべての枝の側芽いっぱいにつきます。秋以降に剪定すると花を飛ばしてしまうことになるので、剪定は花後遅くとも入梅前までに行います。剪定はまず長く伸びすぎた枝や枯れ枝などを根元から間引きます。また株立ちになる木は樹勢が各幹枝に分散されるので、古株になるほど花つきが悪くなります。4～5年花を咲かせた枝は思い切って強剪定して、新枝の発生を促すようにするとよいでしょう。

秋になってからはさむと花を飛ばしてしまう

樹冠を整えるには刈り込みだけでは不足

枝ぶりの面白さを楽しむなら枝を選んで切りますが、簡単にできるのは刈り込みです。ただし刈り込みだけでは木の内部が込み合って、次第に枝枯れが目立つようになります。樹冠を保つためには3年に一度くらいは不要な枝を枝元から間引き、内部をすっきりさせてから刈り込みましょう。株立ち状になり、枝の垂れ下がった見事な美しさが持続します。

3年に一度くらい不要な枝を間引く

ライラック

実がなると翌年の花つきに悪影響が！

モクセイ科

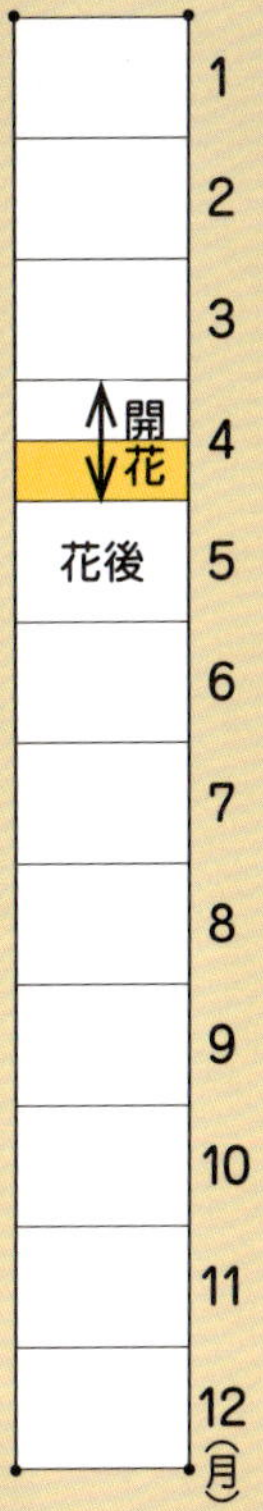
1
2
3
4
開花
5
花後
6
7
8
9
10
11
12
(月)

ライラックの剪定

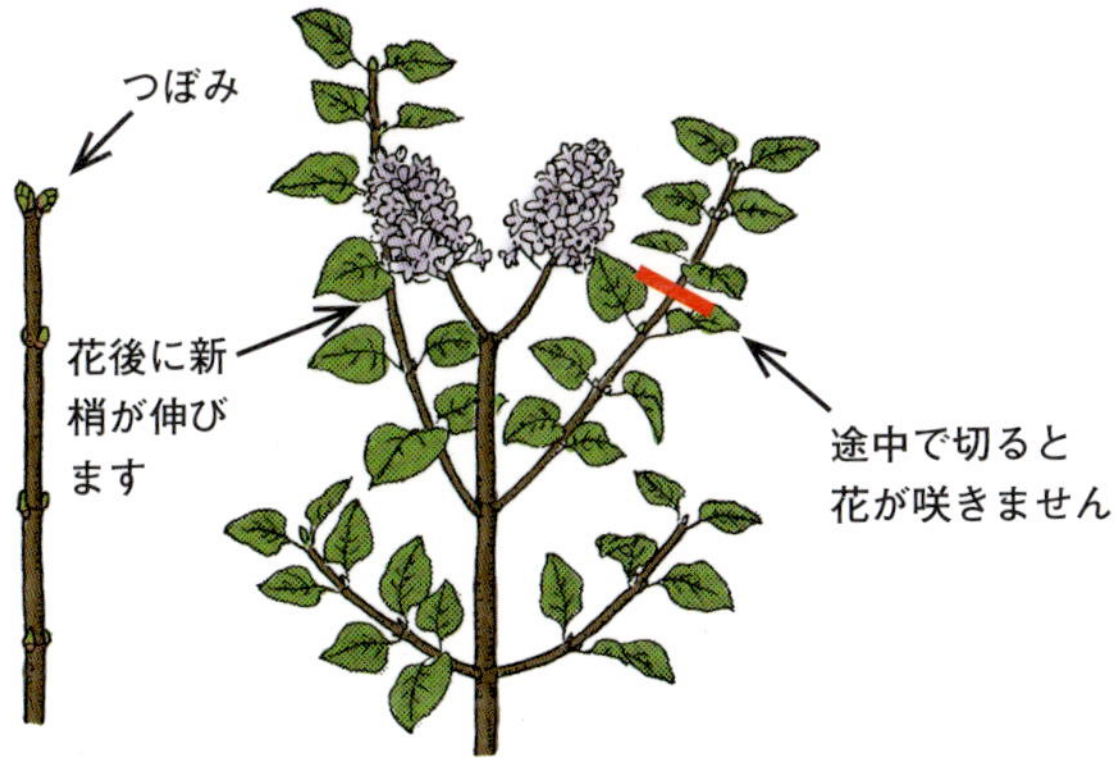
つぼみ
花後に新梢が伸びます
途中で切ると花が咲きません

暖かいところや狭い場所には向かない

ライラックは寒さや乾燥に強く、暖かいところでは花つきが悪くなるのが特徴です。また日の差す方向にどんどん枝を伸ばしますので、よくよく将来を見越して余裕のある場所に植えましょう。樹勢が強いので、放っておくと花の位置が上がってしまいます。そのため花後適宜な位置で樹芯をとめ、枝が横張りになるようにします。それでも高くなるようなら、2年に一度くらい樹芯をとめます。枝が横に張りすぎたら開花した枝を花後、必ず枝の付け根部分ではさんで小ぶりにします。

花がらを放置するのはタブー

剪定は花後すぐに行います。長く伸びすぎた枝や込み合った部分の枝を必ず枝分かれしたところで弱めに切り取ります。強く剪定すると翌年の花芽が分化しなくなりますので要注意です。

ライラックの花がらをそのままにしておくとやがて実ができます。実がなった翌年は養分が不足して花つきが悪く、花穂も小さくなりますので、花後に剪定した花がらは必ず摘み取りましょう。またテッポウムシがつくことがありますので注意しましょう。

その他の「花を楽しむ」樹種

カルミア

ツツジ科

キレイな花を咲かせるなら花がら摘みは必須

カルミアはそれほど生長がよくないので剪定、整枝はほとんどしなくても問題ありません。せいぜい徒長枝を切り戻したり、ふところでからんでいる枝を間引く程度で十分でしょう。

しかし花がら摘みだけは必ず行わなくてはなりません。カルミアは開花後、ほとんどの花が実を結んでタネをつくります。タネができると養分を吸い取られるので、新枝の伸びが悪くなったり、芽が出ないことも。すると翌年花を見られないこともあるので、花房は花が終わるか終わらないかのうちに早めに取り除いておきましょう。

エニシダ

金雀枝／マメ科

下向きの枝ばかり残さない

エニシダの花芽分化期は9月～10月ごろ。その年に伸びた枝の先に花芽がつき、冬を越して翌春開花します。

剪定は花後に行います。生長が早く、枝数が多くなりますので枯れ枝を取り除き、枝分かれしているところで、込み合った部分の枝を切り戻します。そのとき必ず上芽を残し、上向きに伸びた枝が垂れ下がるように整枝します。下向きの枝ばかり残すと、枯れてくるので注意しましょう。

寿命が短く、10年ほど経った枝から枯れてきます。適宜古い枝を枝元から切り取り、新しい枝に切り替えます。

オウバイ

黄梅／モクセイ科

枝は枝先を切り、枝元からはずさない

オウバイは前年に伸びた枝に花芽がつき、今年伸びた本年生枝にはつきません。翌年に咲く花芽は枝元の近くにつきますから、枝元からはずすことはありません。剪定をする時期は葉が落ちてから。今年伸びた枝を10センチほど残して枝先を切り詰めます。

花の時期は3月ごろ、花芽分化期は8月ごろです。若いうちは幹がつる状になるので支柱をあてがって垂直に伸ばします。乾燥と日陰を嫌います。そのため水やりに注意するほか、込みすぎた枝をちょくちょく間引き、株の内部にも日が当たるようにします。

キンシバイ

金糸梅／オトギリソウ科

春から伸びた枝は切らない

花の形がウメに似ているキンシバイ。春から伸びた枝の先に花芽をつけ、その年の初夏に咲きます。春以降に枝先を落とすと花芽がなくなりますから、剪定は花後に行います。樹高も低く、自然に形が整いますので、とくに整枝する必要はありません。むしろ手をかけすぎずに放任して育てたほうがキンシバイの持ち味が生かせます。

剪定はふところの枯れ枝や込み合った部分の枝を取り除き、株の内部の通風や日当たりをよくします。根元から新枝が伸びてくるので勢いのよいものを選んで残します。ときどき古い枝を地ぎわから間引き、新しい枝に更新しましょう。花後ならどこからでも切ることができます。

ブッドレア

フジウツギ科

花をつけるには枝先を切りすぎない

株立ち状になってやわらかく伸びた枝先に、7月～10月ごろ淡紫色の小花が咲きます。花に蜜があり、蝶の寄ってくる花としても知られています。手がかからないので放任して育てても構いませんが、株の大きさを一定にするには毎年剪定します。

ブッドレアは前年生枝から伸びた本年生枝の枝先に6月ごろ花芽が分化し、花穂がつきます。剪定は落葉期の11月～3月ごろに行います。若枝をすべて切り落としてしまうと、春に伸びる枝の先に花芽がつきません。そのため必ず前年生枝を残します。枝分かれした部分で枝元を少し残して切り戻すのがポイントです。また不要なヤゴはすぐにかき取りましょう。

マンサク

万作／マンサク科

花の終わりかけたころにはさむ

春の早い時期、まだ冬枯れの庭に華やかな黄色い花を咲かせるマンサク。花後に伸び出してきた新芽のうち、充実した短枝に翌年の花芽ができます。花芽分化期は7月ごろ。落葉期に枝をはさむと花芽を落としてしまうので、花が終わりかけたころに、花が咲いた枝（二年生枝）を半分から3分の2程度残すつもりではさみます。

この剪定をしておかないと、年ごとに花が枝先へ枝先へとつくようになり、花の位置が上がってしまいます。花をほどよい位置で眺めるためには、二年生枝を必ず切り戻しておきましょう。また威勢のよい徒長枝には花がつかないので、見つけたらはさんでおきます。

ベニバナトチノキ

紅花栃／トチノキ科

花後すぐに大きな芽の位置ではさむ

　桃色から朱色の華やかな花を咲かせるベニバナトチノキ。花が咲いた後すぐに新枝が伸びて、その先端に花芽ができます。新枝をはさむと翌年の花が見られなくなりますので、剪定は花後間をおかずに行います。

　ベニバナトチノキは芽吹きがあまりよくないので、しっかりした大きな芽のある位置ではさみます。小さな芽の上ではさむと新枝が伸びてこないことがあるからです。落葉期には枝ぶりがはっきりするので、込み合っている部分や忌み枝をはずします。若木のうちはとくに剪定する必要はありませんが、樹高をおさえたいときは樹芯を早い時期にとめましょう。

ムクゲ

木槿／アオイ科

花数をふやすなら新枝を伸ばす

　韓国の国花、ムクゲ。花色や咲き方の異なる、さまざまな種類がありま す。その年に伸びた新枝に6月ごろ花芽ができ、7月ごろ下枝から順次つぼみを開いて、夏中咲き続けます。

　花は各新枝につくので、落葉後に当年の枝を強く切り戻して、新枝の発生を促します。だいたい3〜4芽残して切り戻せばOK。新しい小枝を発生させれば、それだけ花の数もふえることになります。ムクゲはどこではさんでも新枝を伸ばすので、思い切ってはさんで構いません。また日当たりのよい場所を好むので、日陰には植えないようにしましょう。

庭師のことわざ

「日なたのヤマブキ、日陰のモミジ」

　ヤマブキは揺れる枝先に鮮やかな黄色い花をつけ、4月〜5月ごろの庭を華やかに彩ってくれます。庭木として単独で植えてもよいですし、生け垣にしたり、池の端に植えたり、また庭石や灯籠の前づけ、主木の添え木としてもよく合います。とにかく乾燥と日陰を嫌いますので、植える場所には注意しましょう。

　また新緑や紅葉だけでなく、のびのびとした樹形も魅力のモミジ。不動の人気を誇る木ですが、葉焼けをおこしやすいので、できるだけ日陰で育てたほうがよいといわれます。丈夫な木なので「日なたで堂々と育てたほうがよい」という意見もありますが、いずれの場合も西日の当たる場所だけは必ず避けましょう。

ヤマブキ

山吹／バラ科

風情を生かすため枝先は切らない

ヤマブキの開花は4月～5月ごろ。翌年の花芽が、その年に伸びた若枝に夏に分化します。自然な姿にヤマブキらしい風情があるので、剪定しないほうが花つきがいいようです。しかし株立ち状になってこんもり茂るので、庭に植えるには大きすぎる……というときは、冬の落葉期に短枝を残し、長い枝を抜いて小さく整枝します。

長く伸びた古枝は枝元から切り取ります。枯れ枝や込み合ったところの枝、花芽のつかない徒長枝などを枝元から切り落とし、間引き剪定を行います。このとき枝先を切りすぎて若芽をなくすと、翌年の花芽がつかなくなるので要注意。また冬の間に寒肥を施すと花つきがよくなります。

ヤマボウシ

山法師／ミズキ科

むやみに枝を切り戻さない

アメリカハナミズキとよく似たヤマボウシ。剪定を嫌いますが、樹高が高くなるので樹芯をとめ、小さく整える必要があります。結実しますが、勢いのいい木なので放置しても構いません。

花は6月ごろに開きます。花芽は8月ごろにその年伸びた枝の先に分化し、翌年開花します。剪定は花芽がふくらんで葉芽と区別できる11月以降に行うのがベストです。

徒長枝や込み合っているところの枝、枯れ枝などを枝分かれした部分で枝元から切り落とします。樹芯を切って高さをとめると自然に枝が広がって樹形が整います。剪定して逆に樹形を損ねないよう注意しましょう。

ロウバイ

蠟梅／ロウバイ科

樹高をおさえるための剪定を

1月～2月の早春に咲くロウバイは生長が遅く、それほど剪定を必要としない木です。しかし放任すると樹形が乱れ、枝が伸びて花芽が上がるので、樹高をおさえるために剪定を行います。

剪定すると花つきは多少悪くなります。ロウバイは春から伸びた枝に7月ごろ花芽が分化し、翌1月～2月に咲きます。剪定は花芽がふくらんでから、花後すぐがいいでしょう。勢いよく伸びた長い枝は枝元から切り落とし、花後の枝は5～6芽残して切り戻します。残した枝から伸びた短枝に花芽がよくつくからです。

またロウバイはヤゴの発生が多いので、樹勢が弱まらないように見つけたらすぐにかき取ります。

実なりを長く楽しめる

カンキツ類

柑橘類

月	
1	
2	
3	
4	
5	開花
6	開花
7	開花
8	
9	
10	
11	
12	

強く剪定すると花芽がつきにくい

カンキツ類の中で庭木としてオススメなのがユズ、キンカン、夏ミカン。ほかのカンキツ類に比べて寒さや虫に強く、実つきのよいのが特徴です。

剪定は花の咲いている時期に花を見ながら行います。樹形を整えるために花のない枝を切り落とすほか、長く伸びた元気のよすぎる枝を枝元から切り取ります。ふところの小枝は枝元から切り取って木の内部の通風や日当たりをよくします。

花がつきすぎるときは花の咲いている枝でも枝先を少し落としたり、枝元から間引くなどして整枝し、剪定と同時に花を落として実の数を調整します。あまりたくさん実がつくと、木が疲労して翌年の収穫が少なくなるからです。カンキツ類は強く剪定すると、徒長枝が伸びて花芽がつきにくくなります。

あまりたくさん実がつくと翌年の収穫が少なくなる

日陰や寒いところは避ける

ユズ、キンカンなど庭木としておなじみのカンキツ類。実の熟す時期は違ってもカンキツ類の花が咲く時期はほぼ同じで、だいたい5月〜7月ごろです。カンキツ類は暖かいところを好み、風の当たらない温暖なところで育ちます。木に勢いがつくので病害虫が少なく、美味しい実がたくさんなります。しかし日当たりが悪く、寒いところでは実が少なく、味も落ちます。

庭木用にオススメ BEST3

ユズ

キンカン

夏ミカン

ユズは苗木を選び北風を避ける

ユズはタネをまいてから実をつけるまでにたいそう時間のかかる木です。ユズの苗木を買うときは、実のついていないがっちりしたものを選びましょう。こういう木は実がなるまで待たされますが、一度なりだしたら長い間実を楽しむことができます。

またユズは気まぐれなので、相当古くなっても思うように実をつけないことが多い木です。この原因はおそらく冬場の過ごし方にあると思われます。ユズは暖かいところを好むので、北風がもろに当たって葉を落とすような場所にあると満足な実はつきません。北側にシイの木などの高い木があると風よけになりますので、実がつきやすくなることが多いようです。植えてから何年経っても実がならないときは、風の当たらないところに移し替えたほうがよいでしょう。

実がならないときは風の当たらないところに移植する

実をならせるには根切りをする

実をつける花木は、木が衰弱してくると実を結ぶようになります。そのため早く実をつけさせたいときは、木をいじめるのがベスト。とくにユズなど実がつきにくいものには効果があります。木をいじめる方法で手っとり早いのが根切りです。春先に木の根元にスコップを入れ、根を切ってあげると実がつきやすくなるでしょう。

庭師のことわざ

「カンキツの植えてある家は栄える」

カンキツ類は冬に北風が吹きつける庭ではうまく育たず、温暖な場所を好みます。「カンキツの植えてある家は栄える」という言い伝えがありますが、おそらく「冬に暖かい場所は健康によい」ので、そのようにいわれるのでしょう。

実をつけるカギは「根」にあり

カキ

柿／カキノキ科

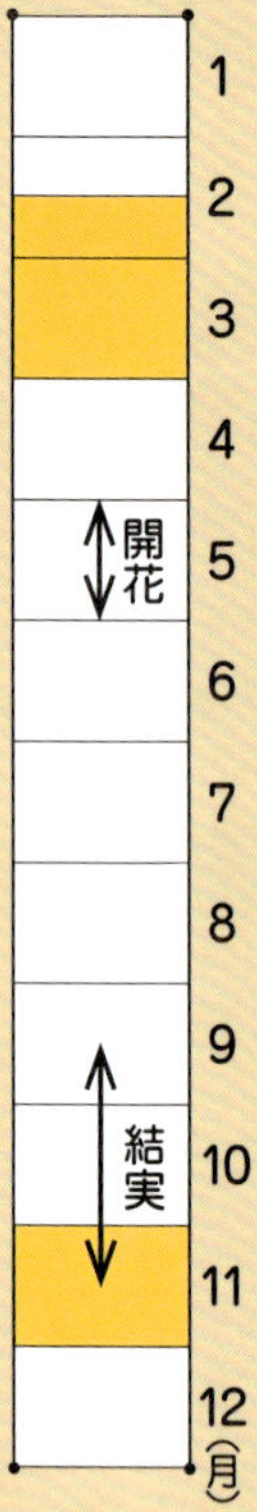

中くらいの枝に花芽がつく

カキに限らず果樹は、樹高が高くなりすぎると実を収穫するときに不便です。そのため樹芯をとめ、剪定して小ぶりにおさえます。充実した芽がはっきりする2月の終わりから3月にかけて剪定します。カキは前年に伸びた枝のうち、中くらいの長さの枝から出た枝に花芽がつきます。そこで中間の枝を残し、先端やふところの小枝を切り落とします。木が大きくなりすぎたときは直径10センチくらいの太さの枝を切り戻して小さくすると、春には発芽して2～3年すれば再び実をつけるようになります。

カキの収穫は10月～11月ごろ。実がたわわになる当たり年と、実つきの悪い違い年が交互に訪れます。カキは実のなった枝には翌年は花芽がつきません。収穫の際に実を枝ごと折り取ると不要な枝が除かれ、剪定の手間が省けます。

カキの実は枝ごと折るのがコツ

薬剤散布は実の小さいうちに

せっかく大きくなったカキの実が熟す前に落ちてしまうことがあります。この原因の多くはカキノヘタムシ。この虫は実が青いうちにヘタから侵入して実を食い荒らし、実を落とします。この虫を放っておくと収穫時にはほとんど実が残りません。カキノヘタムシは枝の分かれ目の部分や樹皮の下にマユをつくって越冬するので、マユを見つけ次第取り除きましょう。

カキの剪定

長く伸びた枝やふところの小枝は切り落とします。中くらいの長さの枝に翌年、実がつきます

ならぬカキは根をいじる

カキは上に伸びる性質が強く、そのため「モモ、クリ三年、カキ八年」といわれるほど結実の遅い樹種です。しかし生長する勢いを横へ分散すると、木が早く充実して実をつけます。

よく行われるのは植える際に掘った穴に瓦を敷いてからカキを植え、根が下へ生長するのをおさえる方法。根が横に広がるので、枝も同様に伸びて早く実がつきます。

しかしいったん植えたカキは移植が難しいので、結実しないときはナタで幹に2～3ヵ所切り込みを入れたり、根切りを行います。木が老化したのかと驚き、急いで子孫を残すため花芽をつけて、たくさんの実がなります。

カキに実をつけさせる秘訣

スコップを使って根を切ります。ナタで幹肌を傷つける方法も

根の底に瓦を敷くと根が横に広がり、枝も横張りして実をつけるようになります

果実を減らして木を守るのがコツ！

ブドウ

葡萄／ブドウ科

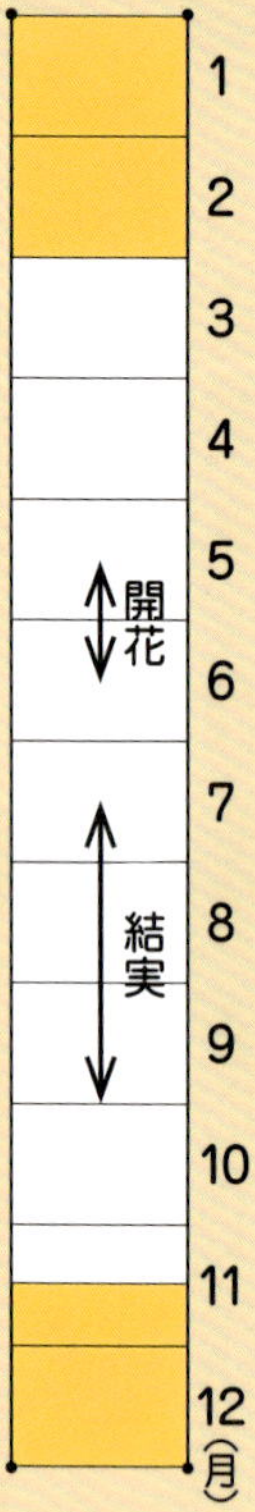

冬に枝を縮めて樹形を整える

　ブドウは前年に伸びた枝から春に新梢が出て、つる状にグングン伸びます。伸びすぎた枝を縮めて樹形を整えるため、冬に芽を見ながら剪定を行います。翌年の新芽が冬には枝の腋芽についています。細い枝は枝元から切り落とし、充実した元気のよい枝は枝元から3～5芽ほど残して切り戻します。そのとき残したい芽の1つ上の芽と一緒に切断するのが、ブドウの枝を切るときのコツ。これを「犠牲芽剪定」といって切り口から枝が枯れ込むのを防ぐやり方です。

　木が実をつけるには、枝葉を茂らせる以上のエネルギーを使います。実が大きくなるほど、個数がふえるほど木から得る養分はふえていきます。とくにブドウは花芽があれば必ずといってよいほど開花して実を結びますので、果実を減らして木を疲労から守ることが元気に育てるためのポイントです。

「犠牲芽剪定」で枯れ込みを減らす

庭師のことわざ

「鈴なりの実は木を枯らす」

　木が成熟すると、それまで生長に注いでいたエネルギーを種の保存に使うため、実がなります。しかし養分を実に取られた木の負担は大きく、勢いはだんだん衰えていきます。つまり実が多いほど木の衰弱は早くなるのです。

ブドウの仕立て方と剪定

垣根仕立て

主枝を枝分かれした部分で左右に広げ、ひもで結びつけます。実をつけた後の枝は枝元から３～５芽残して切ります

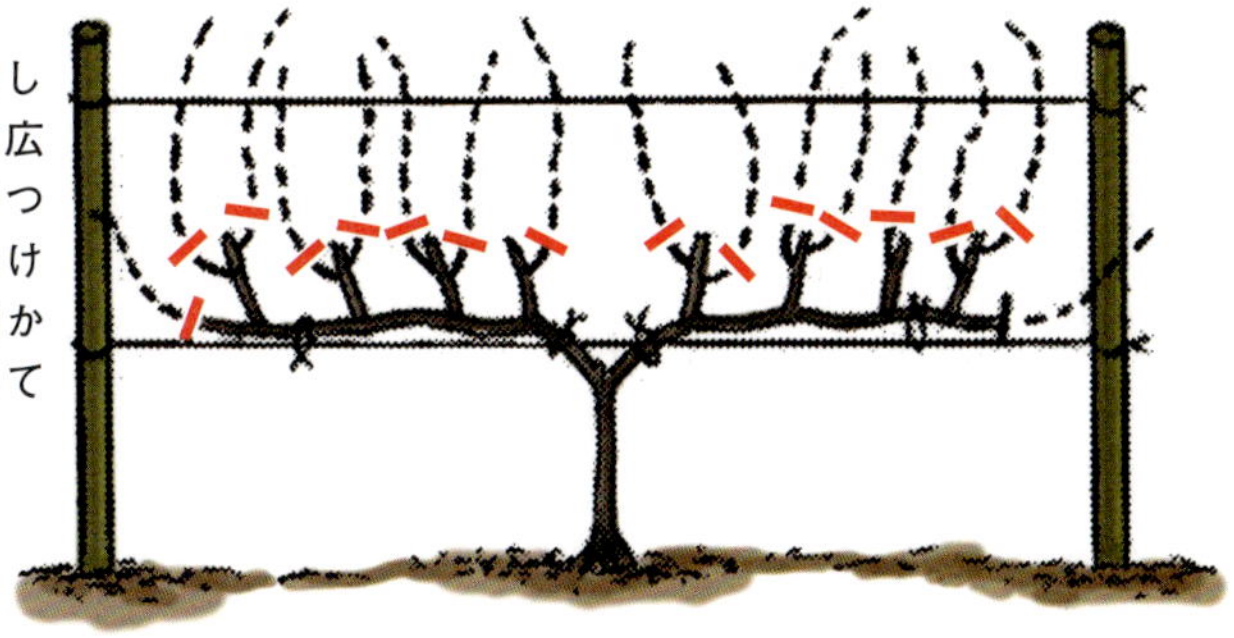

棚仕立て

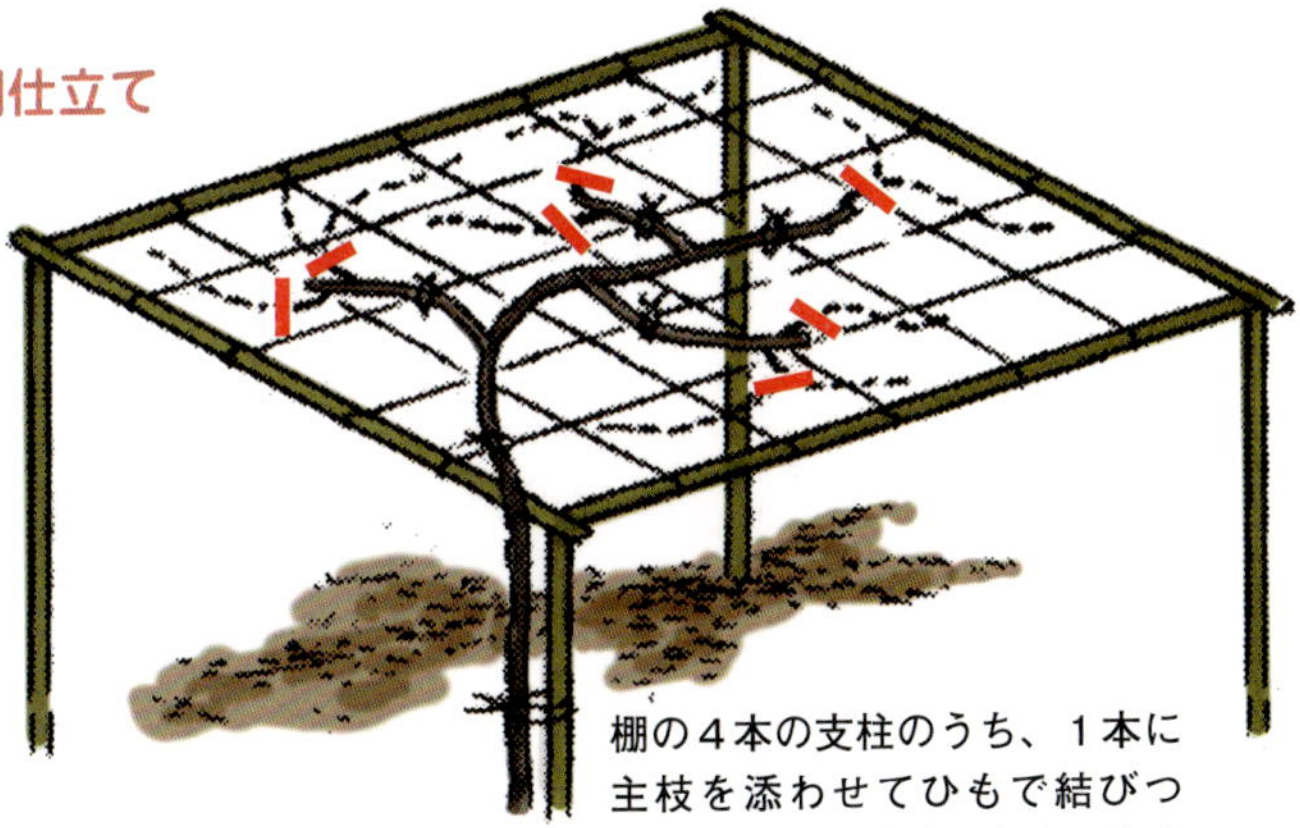

棚の４本の支柱のうち、１本に主枝を添わせてひもで結びつけ、棚の上に誘引します。実は棚の間から垂れ下がります。３～５芽残して切り戻します

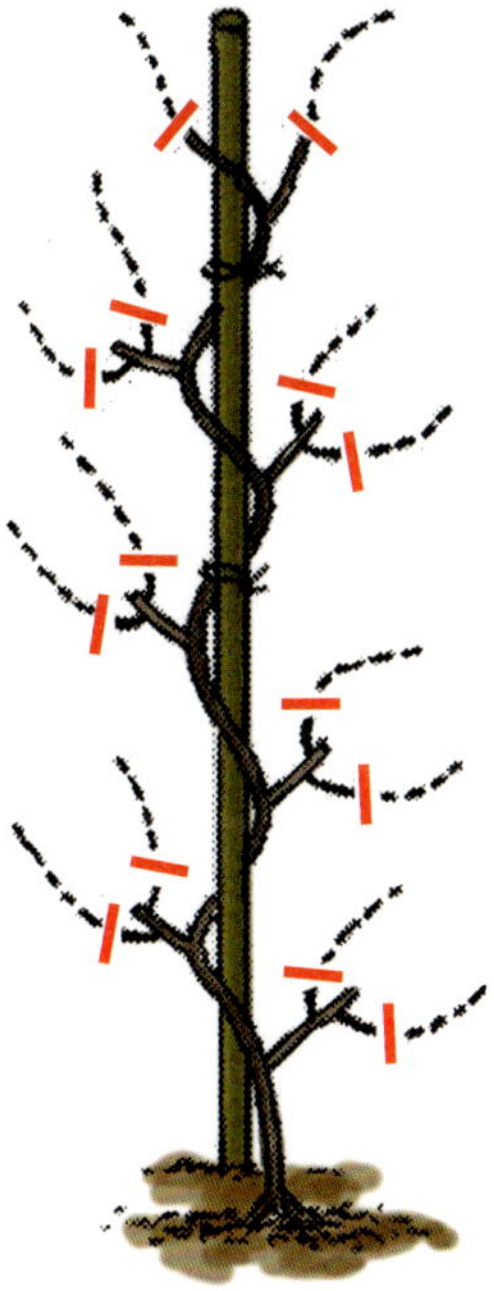

ポール仕立て

支柱を立てて主枝を巻きつけ、ひもで結びます。枝元に３～５芽残して剪定します

仕立て方は3種類 地面から離すのがコツ

ブドウは5月～6月ごろに花が咲き、8月～9月ごろに果実が熟します。品種によって紫色や紺色などの果実が房になってつる状の枝から垂れ下がります。枝はつる状に伸びるので、誘引が必要です。仕立て方には支柱を1本立ててそれに主枝を巻きつけるポール仕立て、枝をTの字形に両側に誘引して枝を発生させる垣根仕立て、ブドウ棚をつくって枝を広げる棚仕立てなど、主に3種類の方法があります。

　いずれの方法でも、一番下の枝は地面から少なくとも40～50センチほど高くして、雨水のはね返りなどが果実にかかって傷まないようにします。主枝を横に広げるほど、短枝の数がふえるので実つきはよくなります。日当たりと水はけがいいことも大切です。

主枝を広げると実つきがよくなる！

実をつけたければ、枝は切らないに限る

ザクロ

石榴／ザクロ科

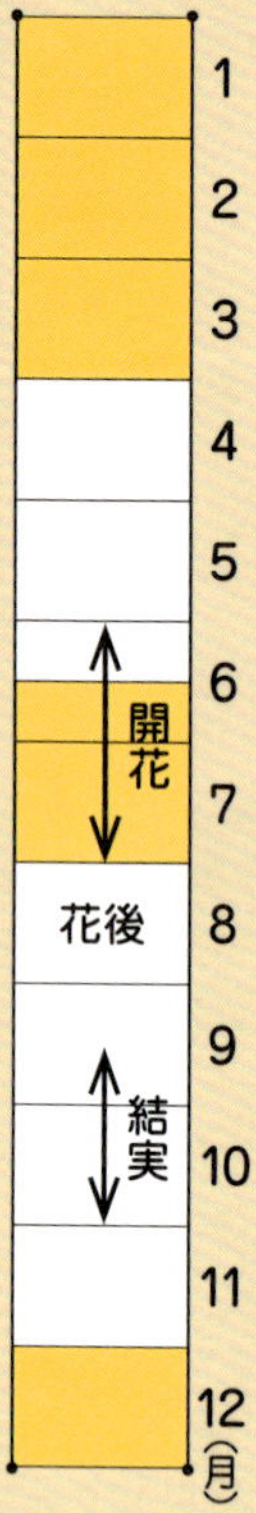

枝を切りすぎると花芽がつかない

6月の梅雨どきに燃えるような赤い花を咲かせるザクロ。8月ごろに本年生枝と勢いのある前年生枝の先端に翌年の花芽が分化します。

剪定は花後か12月～3月に行いますが、枝先や小枝を落としてしまうと花芽がつかなくなります。放任して育てるほど花つきがよいので、徒長枝や立ち枝、下向きの枝を間引きして内部の日当たりをよくするほかは、枝を切りすぎないようにします。

ヤゴはできるだけ早くかき取ろう

株立ち状になる樹種なので、ザクロはヤゴの発生が目立ちます。花つきに影響するので、できるだけ早くかき取りましょう。また幹から弱い枝が発生することもあるので、これも早めに付け根から取り除きます。ヤゴは木が疲れているときによく出るので、多いと感じたときは寒肥を施します。2月ごろ幹から少し離れた地面に堆肥などの有機質肥料を混ぜるとよいでしょう。

庭師のことわざ

「ザクロの実は多産の象徴」

ザクロの実は9月～10月ごろになると熟してひびが入って割れ、中から紅色の種子がたくさん出てきます。食べると甘酸っぱい種子ですが、これらの種子がたくさんあることからザクロは多産、子宝の象徴などといわれています。

ザクロの剪定

花がつかないときは根をいじめる

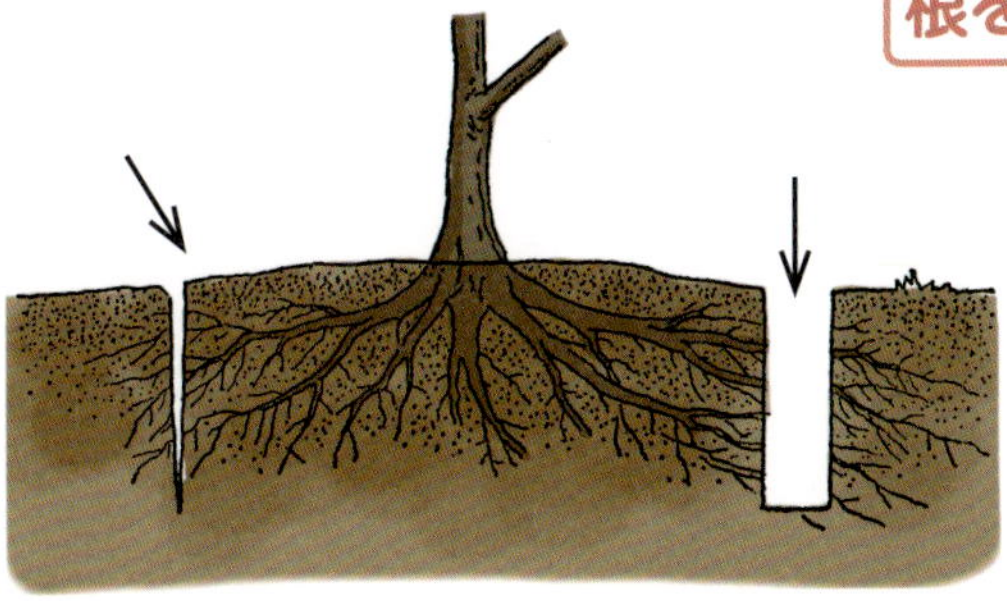

若い木はスコップで根切りをすると花をつけます

太い木は根回しの要領で、根を断ち切ります

横枝からは強い徒長枝が出ますが、翌年は実をつけないので元から切り取ります

鋭いトゲに注意する

ザクロは枝にトゲが密生しています。手入れに大変難儀するので「植木屋泣かせの木」といわれます。トゲが刺さると大変危険ですので、ザクロに触れる際は必ず手袋をはめ、できるだけ枝に接触する回数を少なくしましょう。

剪定の際にトゲにうっかり触れると飛び上がるほど痛い思いをしますので、切り取った枝の置き場には工夫が必要です。一ヵ所にまとめると片付けるのにラクですし、怪我も防げます。

少し切り口を残して切ると、切り口がコブになり、木に風格が出ます

枝抜きは太い枝から始める

剪定はまず木の全体を見て、込みすぎている部分を見定めます。次に大元の枝までたどって眺め、「この枝をそっくり抜いたらどうなるか？」とシミュレーションしてみましょう。つまり剪定は太い枝から始め、だんだん周囲の中枝、小枝に移っていくのがベスト。もし太枝を切ると少しスケスケになりすぎるな……と思ったときは中枝で切ります。この感覚はまさに「習うより慣れろ」。やりながらコツをつかむしかありません。

剪定に慣れていないと枝先の先端ばかりはさんでしまいがちですが、ザクロの若木にそれをやると絶対に花が咲きません。またザクロは切り口を少し残して切るようにすると、そこにコブができます。全部の切り口を残すと見苦しくなりますが、部分的に取り入れると木に風格が出て面白くなります。

切り口をちょっと残すと面白みが生じる！

花や実をふやすには枝数を多くする

カリン

花梨／バラ科

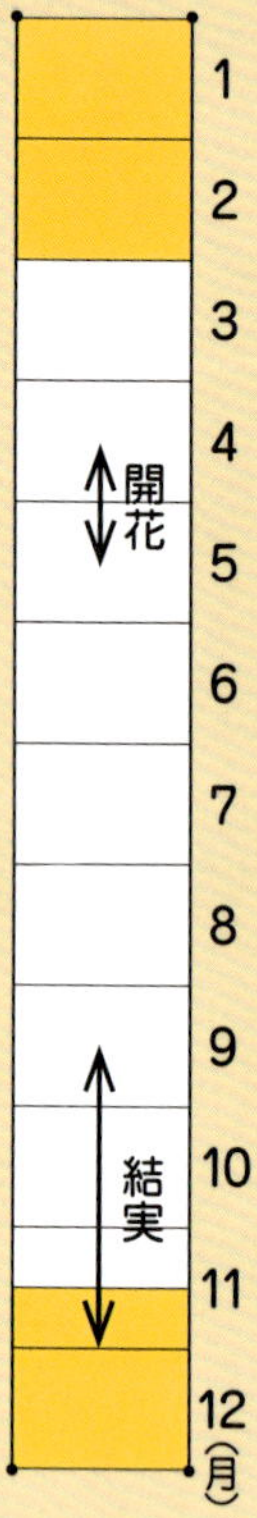

元気のよい枝には花芽がつかない！

カリンは樹高が高くなる木なので樹芯をとめ、枝を横に広げます。確かに樹高は高くなりますが、幅をとらないので庭でも育てやすいタイプの木。花や実だけでなく幹肌にも味があるので、見飽きることのない木です。

花は4月から5月ごろに春から伸びた新梢の先に開きます。カリンの花や実をふやすには、剪定して枝数を多くすることが必要。剪定を行うのは落葉期の冬がベストです。その年伸びた枝が長く立ち上がっているので、枝元から3〜5芽残してはさみます。カリンは短枝に花が咲き、元気のよい長い枝には花芽がつきません。そのため長い枝は枝元から切り取り、短枝をできるだけふやすように剪定するとたくさんの花芽をつけるようになるのです。また剪定の際はからみ枝や立ち枝などの不要な枝は枝元から切り落とし、樹形を整えます。

長く伸びた徒長枝は惜しがらずにはさむ！

庭師のことわざ

「短い枝に実」

芽がかたまらないうちに葉っぱになる葉芽か、翌年実をつける花芽かを見分けるのはなかなか難しいものです。選別のポイントは枝の長さ。すくすく伸びた長い枝は栄養分をつくる葉を茂らせるためにあるので、花芽は前年より少し伸びた短い枝につくのです。

カリンの剪定

落葉期に切り戻し剪定をします。長く伸びた徒長枝には花芽がつかないので、枝元からはずしましょう
枝元に短果枝ができて、花芽をつけるようになります
短果枝には翌年に花が咲き、実がつきます

落葉期に切り戻し剪定する

短い枝をつくるように心がける

実つきが悪いので摘果は不要

カリンは花つきが悪く、したがって実もあまりつきません。そのため肥料は少なめでOK。寒肥を施すくらいでよいでしょう。また摘果の必要はありません。花が咲いたら大事に育てましょう。カリンには雄花、雌花の違いはありませんが、子房の丸い花のほうが実を結びやすいようです。

シンクイムシやカイガラムシ、葉に赤い斑点がつく赤星病などの被害があるので、冬に石灰硫黄合剤を散布して予防します。

カリンの実は疲労回復やせきどめの薬効がありますが、かたくて渋みがあるので砂糖づけやカリン酒などに加工して利用します。カリンとよく似た果樹にマルメロがあります。剪定方法やせきどめ効果、砂糖づけなどに加工することも同じですが、こちらは果実をそのまま食べることができます。

肥料も少なめでOK!

枝がもろいので剪定には細心の注意を

ウメモドキ

梅擬／モチノキ科

月	
1	
2	
3	
4	
5	開花
6	開花
7	
8	
9	
10	
11	結実
12	結実

（月）

実をつけるなら剪定はしない

葉の落ちた後に、細い枝に散らばってつく小さな赤い実が目を引くウメモドキ。熟した実は見た目に美しいだけでなく、甘酸っぱくて美味しいのでしょう。野鳥がよくついばみにくる木としても知られています。ウメモドキの花が咲くのは5月～6月ごろ。春から伸びた新芽に花芽が分化し、開花します。実つきがよく、咲いた花はほとんど実を結んで11月ごろに熟します。

剪定は樹形を整える程度に

剪定は落葉期に行います。実をつけるにはできるだけ剪定をしないほうがよいので、樹形を整える程度におさえます。地ぎわから出たたくさんの枝のうち、3～5本くらいを選んで仕立て、他のヤゴはすべて小さいうちにかき取ります。徒長枝やからみ枝、込み合った枝を枝分かれした部分で切り戻し、小枝をふやします。小枝を切ると花つきが悪くなり、実も少なくなりますので注意しましょう。

幹数を5～7本にするとすっきり見える

株元から数本の幹が曲折しながら伸びる株立ちがウメモドキの自然形。自然形を維持しながら剪定、整姿することも大切です。幹数がふえすぎたり、樹高が伸びすぎたりしたときは、落葉期間中に剪定し、5～7本になるよう間引くとすっきりします。2年以上経った枝は折れやすいので、はさみを入れるときは他の枝に注意して必要な枝を折らないよう剪定しましょう。

ウメモドキの剪定

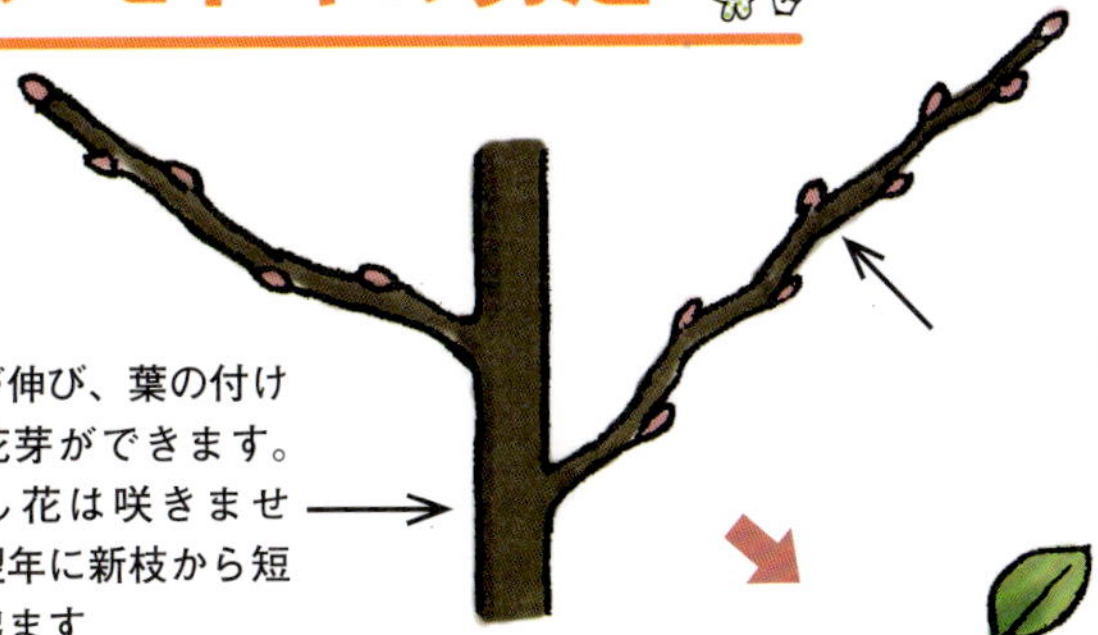
新枝が伸び、葉の付け根に花芽ができます。しかし花は咲きません。翌年に新枝から短枝が出ます

二年生枝の先端から下へ3～5本までの短枝に花がつきます

雌花・雄花の見分け方

雌花

雄花

花・樹形だけでは区別がしにくい！

雄株には実がならないので注意！

ウメモドキには雌株と雄株があります。花の形は非常によく似ていますが、雄株には実がつきません。実がなってこそのウメモドキですから、必ず雌株を確認して買いましょう。しかし花や樹形だけを見ただけでは、どちらかなかなか判断できません。実のなっている時期に苗木を購入するのがもっとも間違いがありません。

庭師のことわざ

「単植は実がつかない」

花には雄しべと雌しべをもつ「雌雄同株」と、どちらかしかもたない「雌雄異株」に分かれ、雌雄異株の場合は、雌雄それぞれの株がなければ交配できません。果樹を植える場合には、1本だけでは実がならないことがありますので、確実に実をつけるためには、2株以上植えることが大切です。

半日陰の場所で実をよくつける

センリョウ マンリョウ

千両 仙蓼／センリョウ科

万両 万蓼／ヤブコウジ科

上・センリョウ
下・マンリョウ

実をつけるには半日陰に植える

名前がめでたいことから縁起木とされ、正月の飾り花によく使われます。マンリョウは山地の自生地では木陰に生えていますので、強い直射日光が当たる場所では、花つきも実つきも悪くなります。実をよくつけさせるには、常緑樹の下や塀のわきなど、半日陰になるようなところに植えるとよいでしょう。寒さにも比較的弱いので、庭土が凍るような寒い場所も避けて。

センリョウは根を乾かさないことが大切

センリョウ、マンリョウはどちらも緑の葉と小さな赤い実のコントラストが冬の庭を美しく飾ります。名前は似ていますが仲間ではなく、センリョウはセンリョウ科、マンリョウはヤブコウジ科の植物です。

センリョウは大きな木の下の半日陰に植え、根を乾かさないことが大切。西日が当たって花が黄色く焼けると、弱って実つきが悪くなります。乾燥を防ぐためには、冬に株元に落ち葉を敷くと効果があります。

春から伸びた新枝の先に6月～7月ごろに花が咲き、12月ごろに実が赤く熟します。枝が株状に何本も出るので、新梢が伸びる前の2月ごろに株を更新して新しくします。背が高くなりすぎた枝は地ぎわから切り取り、新しい枝を育てます。株を大きくしたいときは葉のある位置で切り詰めると、そこから新梢が伸びます。

冬は株元に落ち葉を敷いてやるとよい

センリョウの剪定

文の高くなった枝を剪定します。株が大きいときは株元から、枝数が少ないときは途中の葉の上で切ります

株数が少ないとき
株が大きいとき

マンリョウの剪定

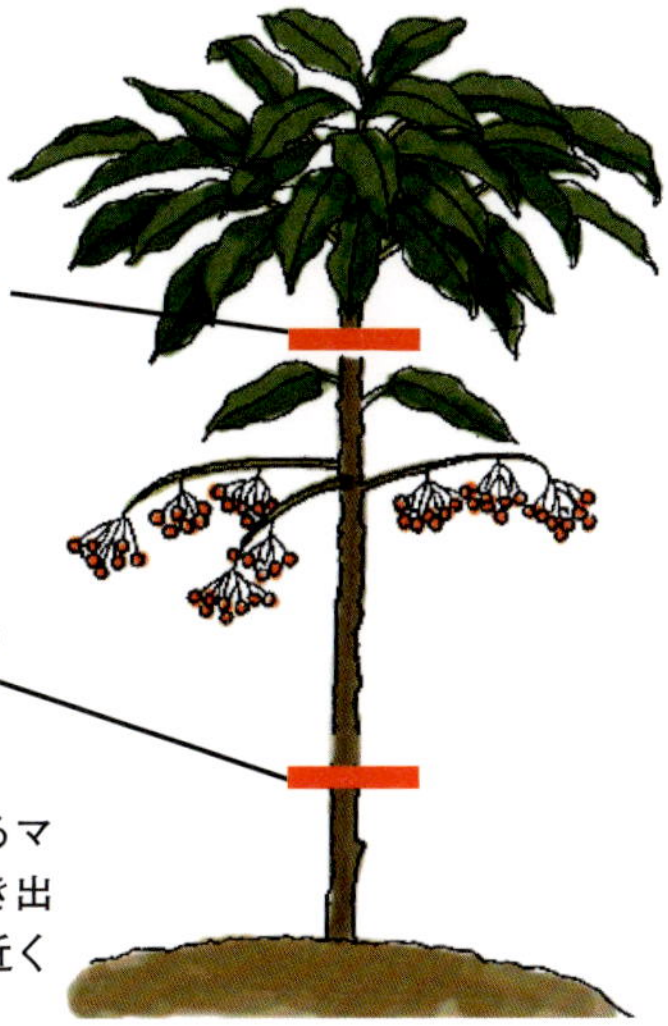
ふつうの場合
伸びすぎた場合

枝を落としながら上へ上へと伸びるマンリョウ。伸びすぎて幹の下のむき出しになった部分が長い場合は根元近くで、それ以外は中間で剪定します

上に伸びるマンリョウは4~5年に1回切る

マンリョウは幹が上に伸びるだけで枝分かれしないので、横には広がりません。葉がいつも幹の先端につき、実はその下になります。

葉は古くなると枯れて自然に落葉しますが、幹が自然に上へ上へと伸びるため次第に下枝が枯れていきます。下枝が枯れると下部がスカスカになって木のバランスが崩れるので、手を入れる必要があります。伸びすぎた枝は4~5年に一度、好みの位置で幹の途中をスパッと切り戻しましょう。時期は4月~6月ごろがベスト。幹がとりわけ長い場合は、葉や実のある部分をすべてはさんでしまっても構いません。

また不定芽が出やすい木なので、葉のない部分ではさんでも新芽が吹いてきます。はさんだ後の1年間は実がつきませんが、翌年には花が咲いて実を結ぶようになります。

幹の途中をスパッと切断する

実を楽しむなら剪定は12月に！

アンズ

杏子／バラ科

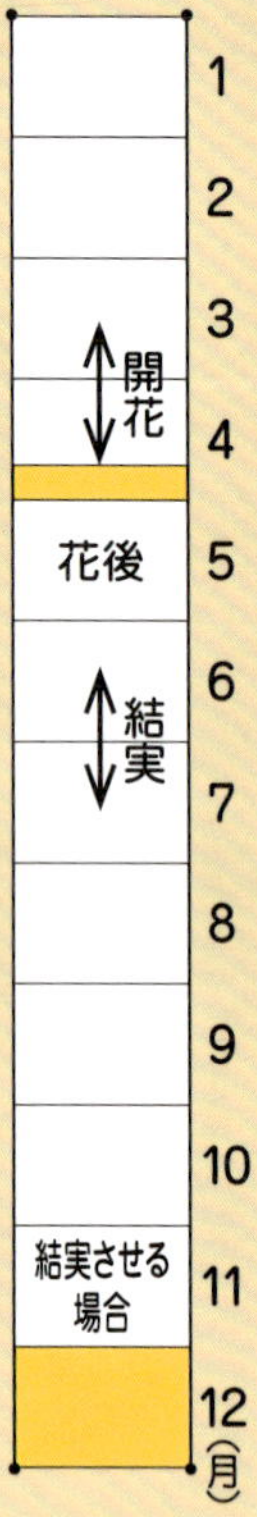

花を愛でるか、それとも実を楽しむか!?

アンズは古くから家庭果樹として親しまれています。果実も簡単につきますから、花と実の両方を楽しむことができるでしょう。しかしきれいな花を見たいなら、たくさんの実をつけることはあきらめなくてはいけません。これは果実に木の養分がとられると翌年の花つきが悪くなるためです。

アンズは4月ごろ花が咲き、実は6月～7月ごろに収穫できます。花が散って新しい葉が出てしばらくすると、葉の付け根に次の花芽ができますので、剪定は花後すぐに行います。花後とは満開を過ぎてまだ花が残っている状態のこと。花が散り終わると新しい芽が出始めているので、剪定には遅すぎてしまうのです。花後すぐに剪定すると、今年咲いた花をかなり落とすことになります。果実は受粉した雌しべの子房が生長したもの。花を落とせば実は少なくなりますが、木の養分を翌年のために蓄えることができます。

サクラと同じで10年、15年経つと幹が太って自然と枝葉が多くなり、徒長枝も出なくなります。すると自然と樹形が整いますので、よい姿で花を観賞できます。

実をつけるには長い枝を残さない

枝先ばかり切らない

アンズの剪定は枯れ枝や長い徒長枝を取り除き、込み合った部分やからみ枝を間引いて樹木の内部をすっきりさせるのがコツ。アンズは生長が早くてすぐに大きくなるので、枝先ばかり切っているとすぐに伸びてしまいます。不要な枝はすべて枝元から切り落としましょう。もう少し大きくしたいときは、外に向かって伸びている枝を枝分かれしている部分で切り戻して調整します。またケムシが発生しやすいので、1月～2月ごろに石灰硫黄合剤を散布して予防します。

あまり大きくならないので剪定は最小限でOK

ブルーベリー

ツツジ科

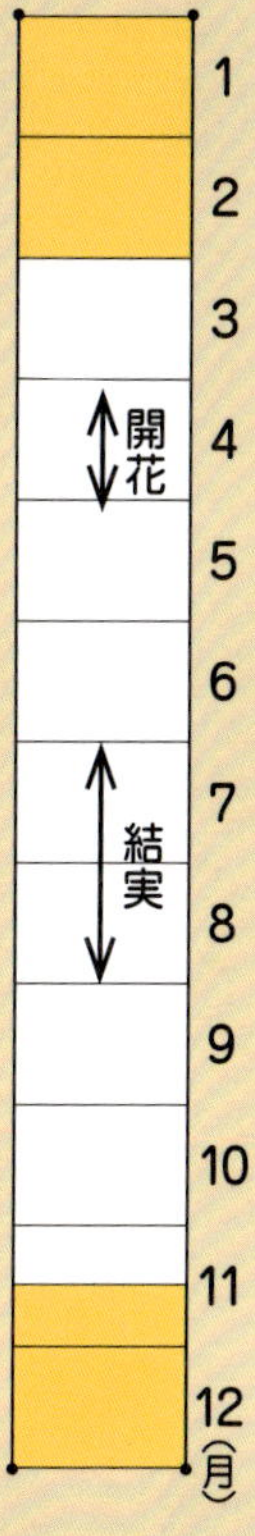

剪定は冬に行い、樹形を整える

紫色の小さな丸い果実を群がるようにつけるブルーベリー。よく結実するので、人気のある家庭果樹のひとつです。ラビットアイ系とハイブッシュ系という2つの種類がありますが、ハイブッシュはどちらかというと寒冷地向けなので、暖かいところではあまりよく育ちません。苗木市などで買うときは、事前にどちらの種類かを確かめたほうがよいでしょう。

剪定は冬に行います。生長しても木はあまり大きくならずこぢんまりとしています。そのため長い枝を枝元から切り取り、枯れ枝や垂れ下がった枝などを落として樹形を整えれば十分です。枝のやわらかさを生かすには、枝先を切り戻さないほうがよいでしょう。

花芽は春から伸びた新梢の先のほうに夏ごろ分化し、翌年の4月〜5月ごろに開花します。冬には花芽がはっきりわかりますから、確認しながら枝抜きをします。ブルーベリーは地ぎわから何本も幹が出て株立ち状になりますが、幹が太くならないと実を結びません。ヤゴをかき取って幹を育てますが、勢いのよいものを残して古い枝を切り取り、株を更新していきます。

徒長枝には実をつけないので枝元からはさむ

肥料に石灰をやってはいけない

花も実も楽しめるブルーベリー。ツツジ科ですので、ツツジと同じように酸性の土を好みます。植えるときは酸性のピートモスを土に混ぜると生長がよくなります。くれぐれも石灰やワラ灰などアルカリ性の肥料を混ぜないように注意しましょう。

またブルーベリーは自家受粉が難しいタイプの樹種です。花が咲くのに実つきがあまりよくないときは、別の品種を近くに植えると受粉をしやすくなり、たくさんの実をつけるようになるでしょう。

その他の「実を楽しむ」樹種

グミ

茱萸／グミ科

実つきをよくするには 小枝を落とさない

グミというと赤い実が連想されますが意外に種類が多く、中には実のつきにくい品種や観賞用で食べられないものもあります。実を楽しむなら、実つきのよいナツグミを選びましょう。

　ナツグミの剪定は、冬の落葉期に行います。徒長枝は枝元から切り落とし、木の内部の込み合った部分の枝を取り除いてすっきりさせます。グミの実は小枝につくので長い枝を落とし、短い小枝はなるべく残しましょう。またヤゴが頻繁に発生しますので、放置すると幹より長くなることも。見つけたらすぐにかき取ります。

クリ

栗／ブナ科

花を咲かせるためには 枝先を切り戻さない

秋の実を代表するクリ。品種によって実の熟す時期は異なりますが、8月下旬から10月下旬がシーズンです。

　クリの剪定は落葉期に行います。クリに限ったことではありませんが、果樹は樹高が高くなると収穫しにくくなります。そのため低い位置で樹芯をとめて枝を横に広げる作業が必要です。クリはもともと枝数が少ないので、枝を切りすぎると花芽が減って実つきが悪くなります。そのため細かい剪定はしません。枝先を切り戻すと枝の伸びる勢いがついて花芽がつかなくなるので注意しましょう。

庭師のことわざ

「実を見て木を知る」

実を見ると、木の勢いや状態を見分けることができます。たとえば実にしわが寄っていたり、ツヤがないときは根が十分に水分を吸収できずに水切れをおこしていることが考えられます。そのほか実がたくさんなりすぎているときは木が疲れており、反対に実がまったくつかないときは木が若すぎるか、年をとりすぎているのかもしれません。また日当たりが悪い、風通しがよくないなど、木の環境が悪いことも考えられます。

　このように実を見て木を判断することで確実に木の状態がわかります。果樹を購入するときは実にそれなりの大きさがあり、色ツヤもよく、しわや傷がない実のなっている木を選びましょう。

スモモ

李／バラ科

短い枝は切り落とさない

スモモやアンズはウメと同じバラ科。よく見ると実のつき方や木の性質が非常に似ています。

スモモの花は3月から4月ごろ咲き、実が熟すのは7月~8月ごろ。剪定は11月から1月ごろに花芽を確認しながら行います。多くの花芽は2年以上経った古枝から伸びた、短枝の側芽につきます。そのため短い枝は切り落とさないようにしましょう。剪定の際は樹芯をとめて樹高をおさえ、長く伸びた枝を枝元からはずして樹形を整えます。同時に込み合った部分の枝を枝元から切り取り、内部の通風や日当たりをよくします。日当たりが悪いと実つきが悪くなりますので、枝のバランスを常に確認しましょう。

ヒメリンゴ

姫林檎／バラ科

冬の落葉期に剪定すること

ヒメリンゴは大きさを一定に保ち、樹形を整えるために冬の落葉期に剪定します。ヒメリンゴはカイドウの仲間なので、カイドウと同じように短枝に花がつき、長い枝には枝元にしか花がつきません。花芽を確認しながら、長い枝を枝分かれしている部分で切り戻します。花芽が多いときは樹形に合わせて花芽のついた枝も落としますが、短枝はなるべく残します。

大きくなりすぎて樹形を小ぶりにしたいときは枝を強く切り戻します。切った年には花が咲きませんが、2年目からは花芽がつきます。果実は水分が多く、酸味と渋みがあります。そのためそのまま食べるよりも、果実酒などで楽しむのがよいでしょう。

庭師のことわざ

「雨クリ日ガキ」

クリやカキの実がなるためには、天候が大きく関係します。開花期に雨の日が多いとクリの実が育つので、「クリの花盛りは雨が降る」という言葉もあります。また日照りが続くとカキの実がよく育ちます。

また一年おきにしか実がつかないということもおこります。たとえばカキは5月ごろに花をつけ、実がなるのは9月から10月と、花から実になる期間が長いのが特徴です。すると木は結実させるほうにエネルギーを使うため、来年のなり枝を伸ばすところにまでエネルギーが回りません。毎年確実に実をならせたいときは小さい実ができたら一枝に2~3個になるよう、ほかの実を摘みましょう。

ピラカンサ

バラ科

トゲを切ってはいけない

ピラカンサは5月~6月ごろに白い花が咲いて、数日後には小さい実をつけ、秋に赤く熟します。実は甘くりんごのような味がするので、ヒヨドリなどの野鳥が多く集まります。

花芽はトゲのような短枝に11月ごろできます。翌年の5月ごろにはそこから伸びた枝に花が咲きます。剪定する時期は夏がオススメです。剪定の際は徒長枝には花が咲かないので、短枝を残して枝元から切り取ります。込み合った部分の枝は枝元から抜き、全体がすっきりするよう樹形を整えます。

形を整えるためにトゲのような小枝をすべて切ってしまうと、実も翌年の花芽もすべてなくなってしまいますので、気をつけましょう。

ビワ

枇杷／バラ科

剪定は開花期を逃さないこと

ビワは11月~2月ごろに小さな花をつけ、6月~7月ごろ実をつけます。

剪定は花の咲いている時期に行います。ビワはその年伸びた枝の先に夏に花芽がつきます。車枝状に枝が伸び、ビワの花芽はその中央にある短い枝の先に多くつきます。四方に出ている枝のうち、中央の短枝と方向のよい短めの枝を合わせて3本ほど残し、あとの長い枝は切り取ります。

生長がよいビワの木はグングン樹高が高くなります。大きくなりすぎるのを防ぐには、生長してから枝を切るよりも、伸びる前に小枝を調整したほうがラクにできます。大きくなりすぎた場合は強剪定で小さくできますが、切った枝には3年ほど実がつきません。

マユミ

真弓／ニシキギ科

枝先を切り詰めない

マユミは雌雄異株で、雌株は秋になると直径1センチほどの実をつけます。実は淡紅色に熟して皮が裂け、中から鮮やかなタネが現れます。このタネの様子がマユミの見所なので、必ず雌木を買い求めましょう。ただし雄株も同時に植えておくと、ますます実なりがよくなります。

樹形が乱れない木なので自然のままで育てるのが一番美しく、手間もかかりません。しかし年々株は大きくなりますので冬に剪定を行います。花は短枝につき、長い徒長枝にはつかないので、長い枝を枝元から切り落として短枝を残します。同時に勢いのない枝や樹冠内の枯れ枝を付け根からはさみ、風通しや日当たりをよくします。

ムラサキシキブ

紫式部／クマツヅラ科

枝先を強くはさまない

細い枝を四方に伸ばすムラサキシキブ。葉の付け根に淡紅色の花を咲かせ、秋には紫色に熟した実がなります。実が美しく優雅なことから「ムラサキシキブ」の名がついたといわれます。

樹高はおよそ3〜4メートル。花芽は春から伸びた新枝の葉腋にできるので、春以降に枝先をはさむと、花芽を飛ばしてしまいます。剪定は必ず冬の間に行いましょう。

まず徒長枝を枝元からはずし、枯れ枝や込み合っている部分の小枝を枝元からはずします。枝が伸びているからといって強くはさむと花芽がつきにくくなるので、枝のやわらかさを生かすためには、枝先ははさまないほうがいいでしょう。

ユスラウメ

山桜桃／バラ科

ヒコバエを放置してはいけない

白い5弁のウメに似た花をつけ、初夏には甘くて美味しい実がなるユスラウメ。花も実も楽しめるうえ、狭い場所でもよく育つので、庭づくりにはぜひ用いたい木です。

株立ちになる木ですが、幹は多くても3本立て。1本の幹を育ててもよいでしょう。また地ぎわに細かいヒコバエが発生したら、見つけ次第かき取ります。幹が細いままだといつまで経っても実を結ばないため、ヒコバエの発生には注意しましょう。

剪定はふくらんだ花芽がわかる晩秋ごろに行うと、花を飛ばさなくてすみます。実つきがよいので、咲いた花には必ずといってよいほど実をつけるでしょう。

庭師のことわざ

「雨に当たると実を結ばない」

花にとって雨は大敵。長雨の季節は雨に当たった花びらが灰色かびによって変色したり、早くに枯れてしまうこともあります。しかも花が雨に濡れると花粉が雨水を吸収し、花粉は風に舞うことも、昆虫の足につくこともできなくなります。また花の時期には雌しべの先にある柱頭が粘つく液を出して花粉を吸い付かせます。雨水に当たるとそれも流れてしまいます。そのため受粉ができずに実がならなくなってしまうのです。

花の時期はできるだけ雨に当てないことが大切です。鉢植えの花木は雨が降ったら中に入れましょう。また雨の降る前に花粉を採取しておき、雨がやんでから乾いた筆に花粉をとって雌しべの柱頭につけると受粉しやすくなります。

手間をかけるほど樹形がよくなる

マツ

松／マツ科

月	作業
1	
2	
3	
4	
5	■
6	ミドリ摘み
7	
8	
9	
10	■
11	■
12	もみあげ

(月)

ミドリ摘みは5月上旬までに終わらせる

マツの新芽を「ミドリ」といいます。毎春、マツの枝先には数本のミドリが発生します。ミドリが芽吹いて長さが10センチくらいになったころに、元気のよすぎるミドリと元気のないミドリを指で折り取って根元から間引き、一枝2～3本にします。これは「ミドリ摘み」といってマツの剪定に欠かせない作業です。

残した芽のうち勢いのよい芽は多めに、そのほかは半分程度を芽摘みし、長く伸ばす枝はそのままにします。ミドリが伸びて新枝になったときに葉の先がそろうように摘むのがコツです。

またミドリ摘みはなんといっても時期がポイント。早すぎると芽が後から伸びて摘んだ意味がなくなってしまいますし、遅れると芽がかたくなってはさみが必要になります。ベストな時期は5月のはじめ、サクラが散って2～3週間後ぐらいです。

ミドリ摘みは早すぎても遅すぎてもダメ

庭師のことわざ

マツの王様「アカマツ」

マツの種類はいろいろありますが、日本庭園にアカマツにかなう木はありません。気品や優美さを備えたアカマツは、まさに庭木の王様。とくに幹の美しさは天下一品です。手入れするとそれに応えてくれるので、まめに手入れをするほど美しい木になります。

春の手入れ

マツの剪定（ミドリ摘みのいろいろ）

ミドリの発生が多すぎるときは不要なミドリを元から摘み取る

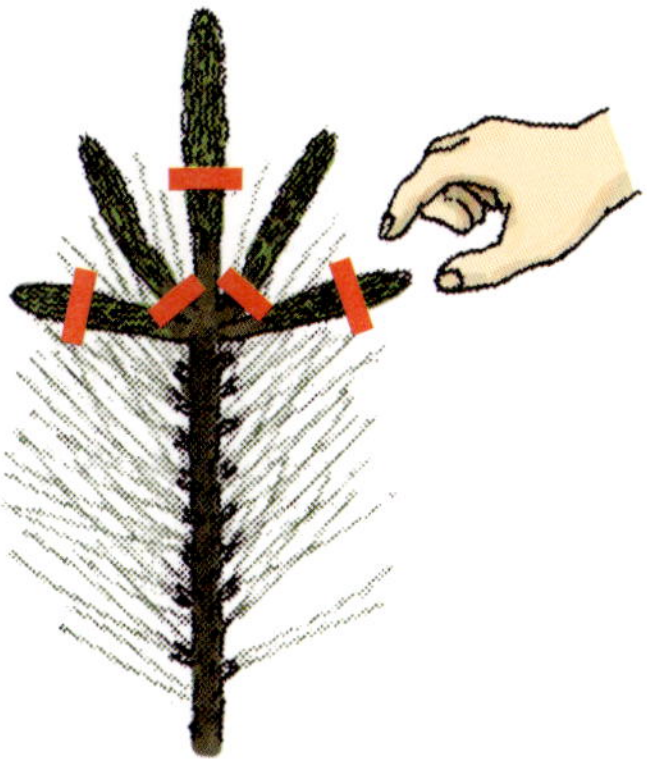

５本の芽のうち、２本は根元から摘み取ります。残したミドリの先も３分の１～２分の１程度摘みます

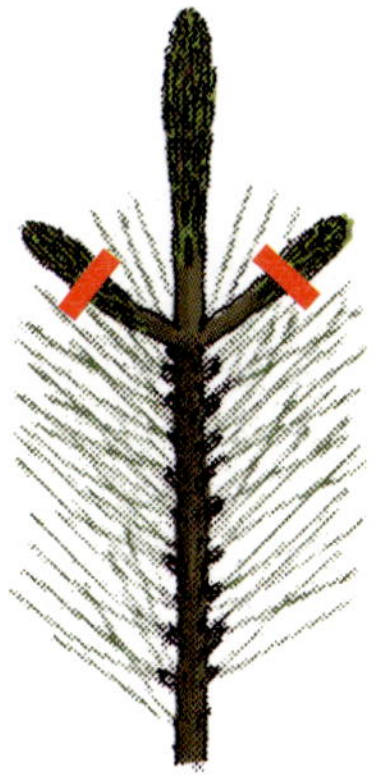

アカマツやゴヨウマツなど樹勢の弱いものは弱めに、４分の１～３分の１ほど摘み取ります

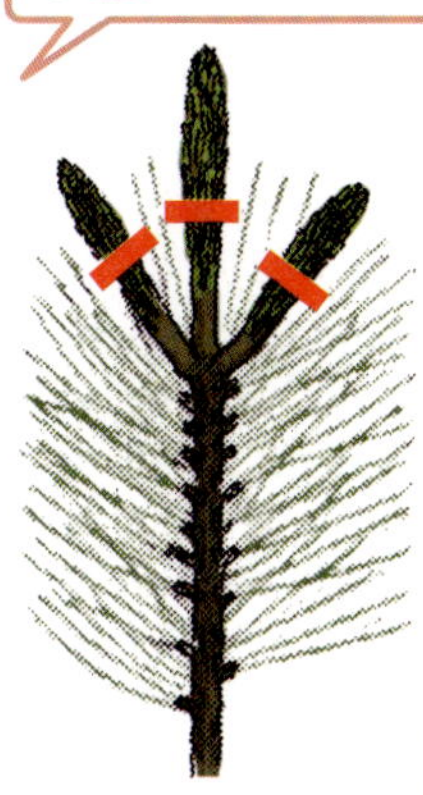

樹勢の強いクロマツは強めに剪定を。多く摘み取ると、枝葉のかたまりが密になります

秋の手入れ

マツのもみあげ

昨年の葉をしごき落とします

手でしごき上げて取り除きます

枝先の葉を７センチほど残します

10月～11月にはもみあげが必須

「もみあげ」とはマツの葉を手でしごき落として整枝すること。春にミドリ摘みをしなかった場合はとくに姿が乱れていますから、必ずこのもみあげを行います。枝葉が伸びて生い茂ると見栄えが悪くなるばかりでなく、下枝まで日光が届かなくなるので、木が枯れ込んできます。

もみあげを行う時期は、10月～11月がベスト。勢いを強めたい枝の葉は少なく、おさえたい枝は多く落とすなど、臨機応変に対応します。

霜よけ&虫とり効果のこも巻きは10月～11月に

マツケムシは幹の下の粗皮の下に隠れて越冬します。こも巻きは、枝葉にひそんでいたマツケムシをこもの中に引き入れる作業なので、10月～11月に行うことが大事。こもは粗い皮とやわらかい皮の境目に巻きましょう。1月には冬ごもりのため、ほとんどのマツケムシがこもの間に隠れるので、それをはずして燃やします。

3月や4月までこもをつけたままだと、せっかくおびき寄せた虫がまたはいだして木の上に登り、葉を食べてしまいます。霜よけのつもりでこもを巻くとつい外しそびれてしまうので、こも巻きはくれぐれも「虫除けのため」に行うと覚えておきましょう。

また10月ごろに太枝をたわしでこすり、粗皮をはぎ取ってしまうのも効果的。潜伏する場所がなくなるので、虫の数が激減します。

粗い皮とやわらかい皮の境目に巻く！

植えるのは夕方がベスト たっぷりの水を忘れずに

昔、マツを植えるときには棒などでマツの根元を突いて、細根の間に土を入り込ませる「土ぎめ」というやり方が一般的でした。しかし失敗も多かったので、現在は水を使って植える「水ぎめ」の方法がとられています。

マツに限らず、どの木も植えるときは水ぎめを行うのが大切。植え穴をできるかぎり深く掘り、岩盤がある場合はスコップなどで突き崩しましょう。そのままにしておくと水がたまり、根腐れをおこして木がダメになってしまいます。とくにマツの木はたまり水に弱いので要注意。

水ぎめを行うときは、根の真下にまで水がしっかり行き渡るようにしましょう。たいていの木は根の真下、芯の部分が凹字形にへこんでいる通称「おんどめ」に十分に水が入るようにすることが大切。そのためには植え穴に山形に土を盛り、おんどめがその上に密着するように据えます。そして半分くらい土を埋め戻したところで水をたっぷりやると、水がしっかり回ります。ただしかなりの量の水が必要なので、水まきは手を抜かずに行いましょう。

また松を植えるなら日中はできるだけ避けましょう。根は夜間から朝方にかけて活発に動くので、できれば夕方に植えるのがベスト。昼間に植えつけてしまうと飲みたくない水を無理やり飲まされているような状態になります。

マツは土ぎめより水ぎめ！

庭師のことわざ

「弱ったマツには漢方が効く!?」

マツの木に漢方薬の「川芎《せんきゅう》」を煮出してかけると元気になるといわれます。京都の名園ではこれを実践しているとか。ほかに「タケには枯れたタケ」「ソテツに釘」などの言い伝えがありますが、どれも根拠ははっきりしません。

マツのこも巻き

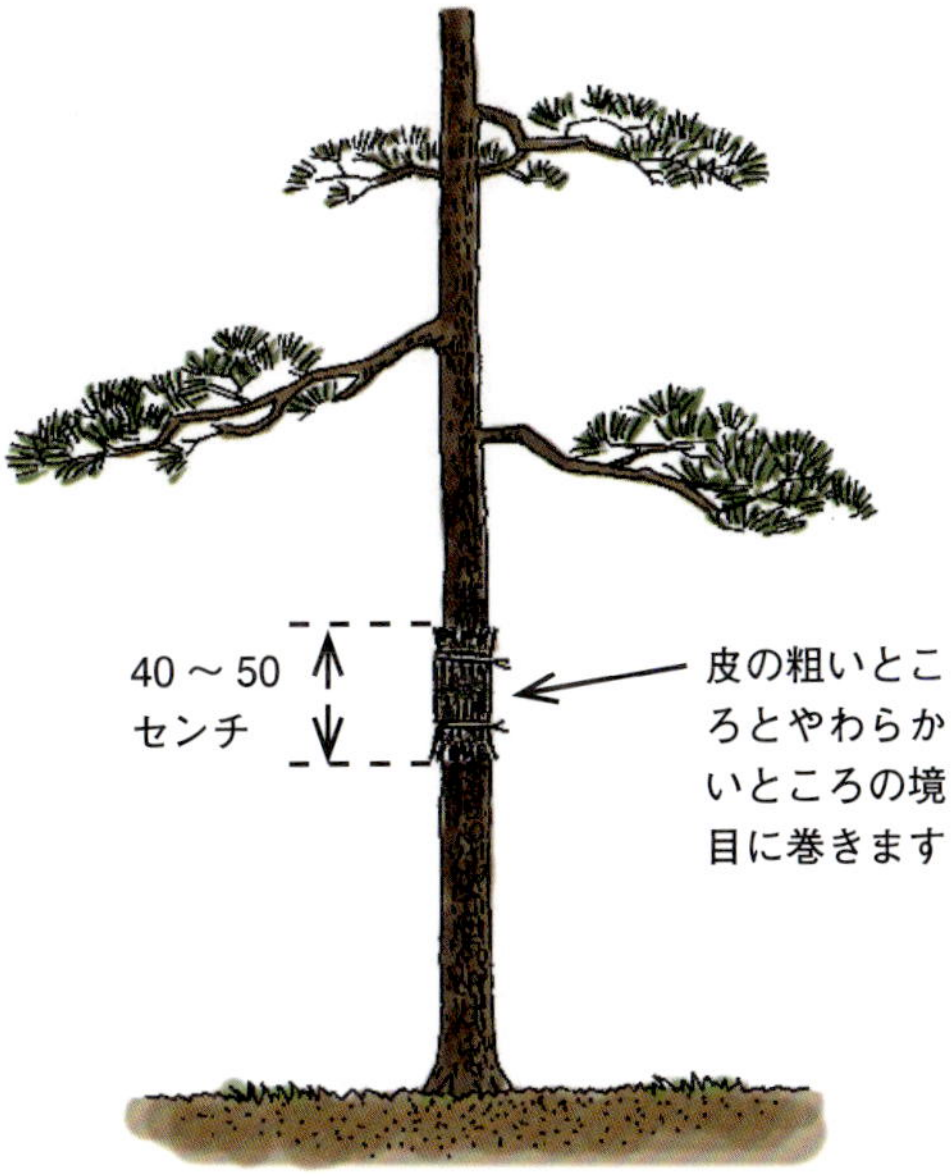
40 ～ 50
センチ
皮の粗いところとやわらかいところの境目に巻きます

マツのづく

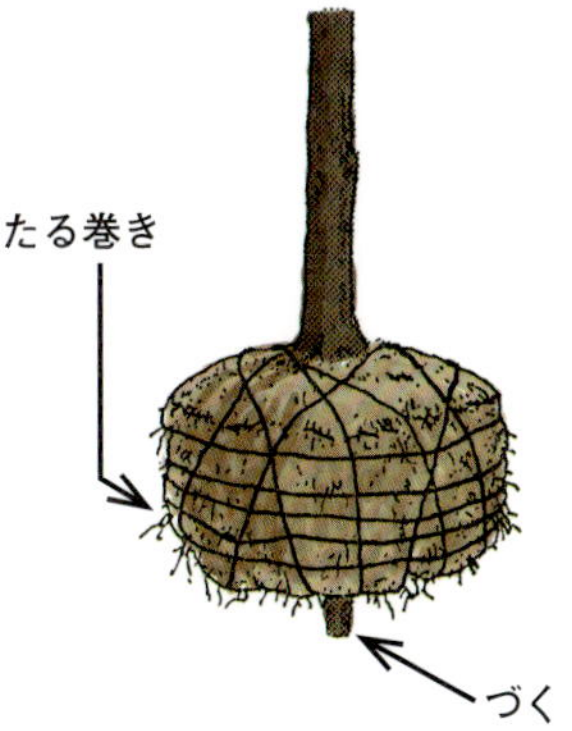
たる巻き
づく

づくを残しておくと、立てて入れるときにコマの要領で軽く回せます

掘り取り時には「づく」を残すのがコツ

マツの根の真下に伸びる元気のいい直根を「づく」といいます。植えつけのときにはこのづくが非常に大切です。

づくを残しておくと、マツを植え穴におさめたときにここが芯棒になり、コマの要領で軽く回せるので非常に植えやすくなります。最近はクレーンで作業することも多くなりましたが、手作業で行う場合はこのづくを知らないと大変です。覚えておいて損はないでしょう。

キレイな色を出すには寒肥を忘れずに！

マツの新芽の緑色を鮮やかに出すためには、寒肥が重要です。寒肥は樹冠より少し内側に溝を掘り、堆肥に油かすを混ぜた有機質肥料を埋めます。すると根を張る範囲が縮まり、木に効果的に栄養が回るのです。また「グリーンパイル」という棒状の肥料も効果的。

自然な樹形が魅力。剪定はやわらかに！

カエデ 楓／モミジ 紅葉

カエデ科

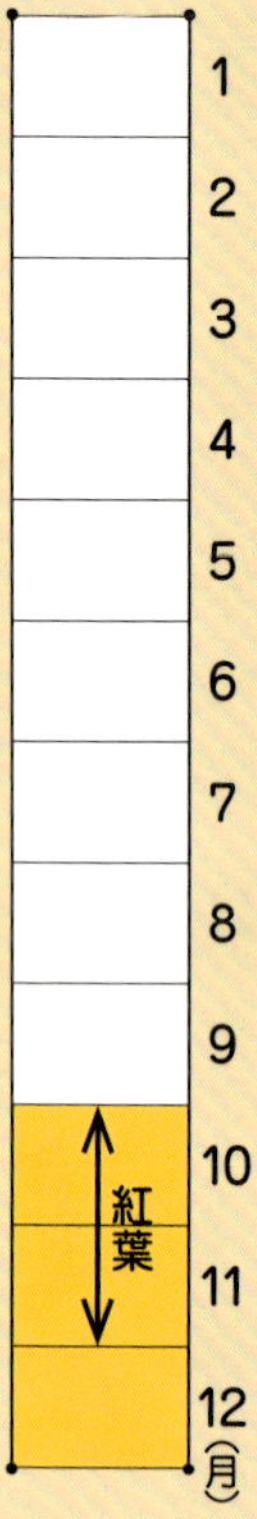

早寝早起きの木なので12月までには終わらせて

たいていの落葉樹は、葉を落としている間は休眠期間中なので、いつはさんでも木を傷めませんが、カエデとモミジは例外です。

カエデやモミジは「早寝早起きの木」といわれ、葉を落として眠りについてもあっという間に目を覚まし、正月明けにはすでに樹液の流動が始まっています。このときに枝を切ると切り口から水を吹き出し、また切り口が腐りやすいので木が極端に衰弱してしまうのです。

またモミジの細い枝先を自然な樹形に整えるには、はさみを使わずに手で折るのが効果的。手で折ると木のもつやわらかさを保てるだけでなく、勢いのよい徒長枝が出にくくなります。紙巻き煙草ほどの太さの枝なら指先で簡単に折れます。しかし、もし簡単に折れないようなら、時期が早いかもしくは遅すぎているというサインです。

無理に形をつくらないほうが美しい

植えつけるときは葉をすべてむしり取る

植えつけは剪定と同じく落葉直後がベスト。しかし、この時期は根が水分を吸収する力がありません。そこでカエデやモミジの場合は、葉を全部むしり取り、裸にしてから植えます。葉をむしり取られると木は落葉したと勘違いして、懸命に根を張り出して水を吸い上げようとします。また幹や太枝を日焼けから防ぐため、緑化テープを巻いておきましょう。

カエデ・モミジの折り込み

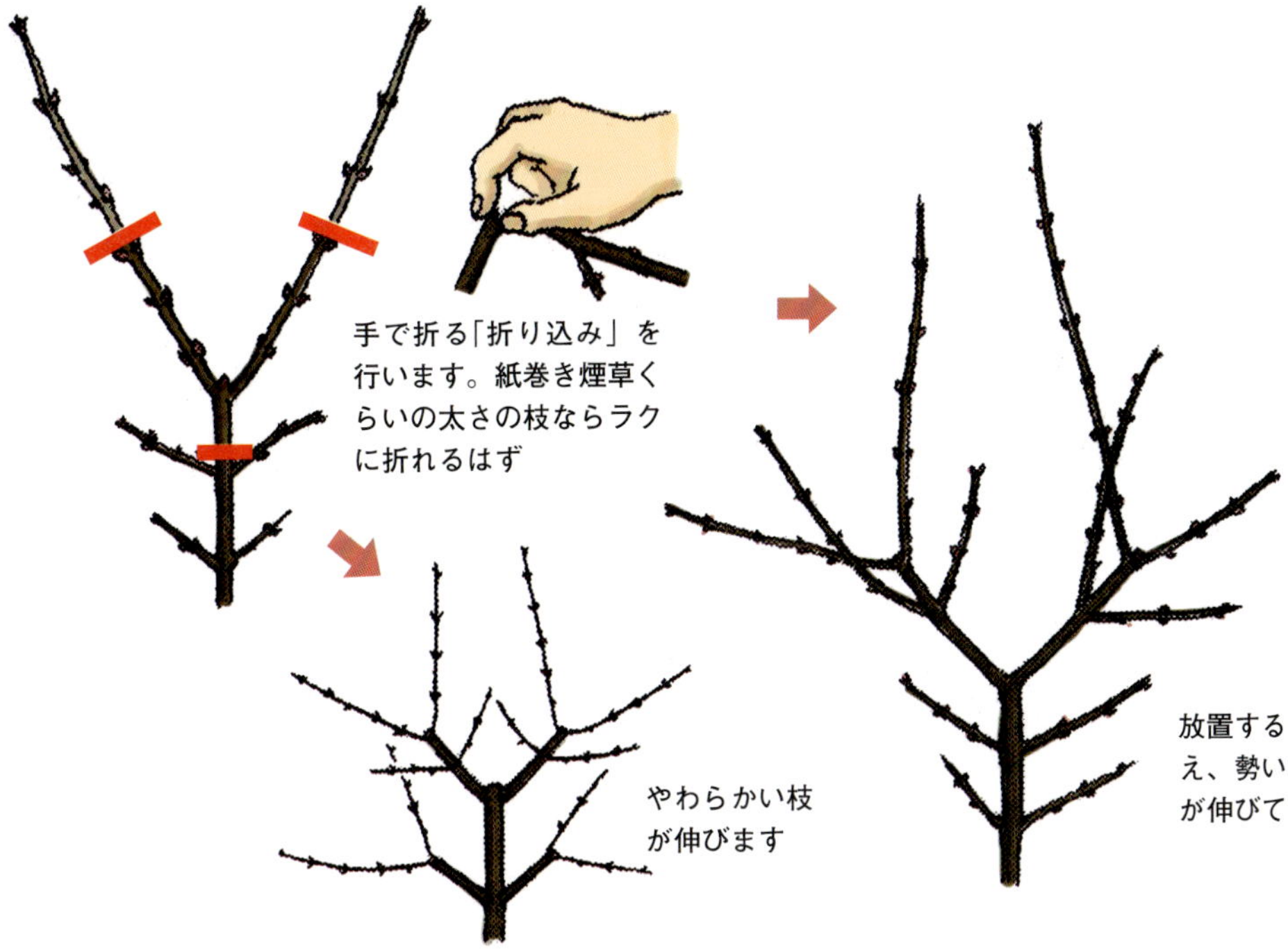

手で折る「折り込み」を行います。紙巻き煙草くらいの太さの枝ならラクに折れるはず

やわらかい枝が伸びます

放置すると枝分かれがふえ、勢いのよい上向き枝が伸びてしまいます

カエデ・モミジの根切り

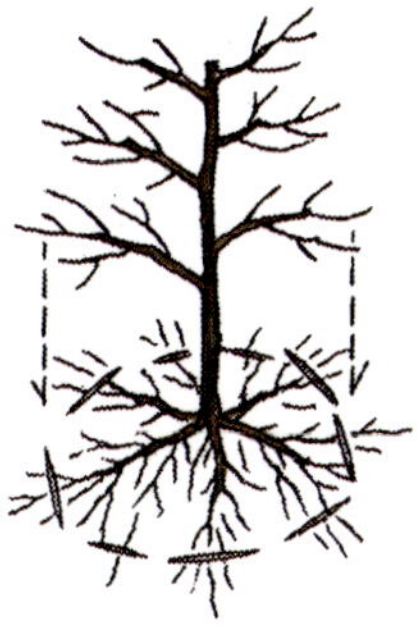

スコップを土に突きさして根をいじめる、「根切り」を行います。するとうろの発生を防げるので、アリが巣くうことがなくなります。

アブラムシ対策には「うろ」を防ぐのがコツ

剪定して葉と根のバランスが崩れると、蒸散できない水が樹内にたまってうろ（空洞）ができます。このうろには、しばしばアリが巣くい、そこにアブラムシが集まるようになるのです。アリを見つけたら穴を探し出し、スミチオン乳剤などの殺虫剤を注入しましょう。

日陰を好むので家の北側に最適

アオキ

青木／ミズキ科

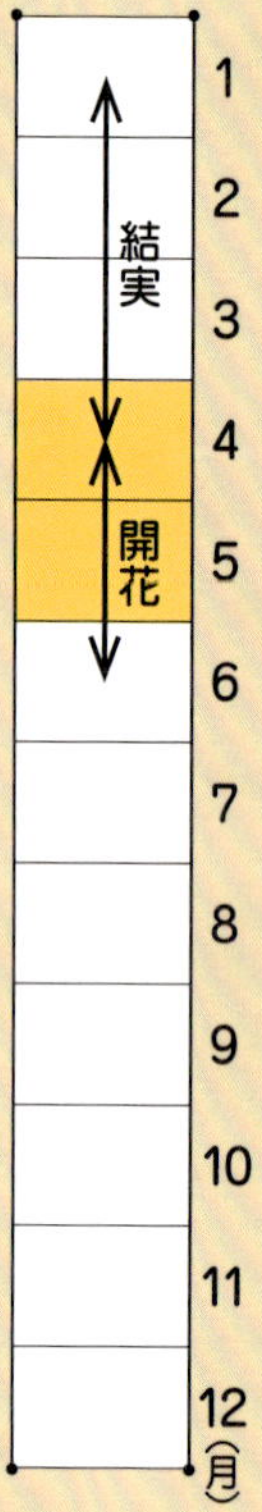

日の当たりすぎはタブー

日陰を好むので、日当たりのよいところに植えてはダメ。せっかくの葉の光沢が薄れてしまいます。日の当たらない北側や高い木の陰など、他の樹種には向かないところに植えます。

葉に斑の入ったアオキは多くの人に好まれますが、よく「斑入りのアオキを植えたのに斑がキレイに出ない」という声を聞きます。これはほとんどが日の当たりすぎが原因です。

剪定は4月～5月がベスト

濃緑色のつややかな葉が美しいアオキ。樹高はそれほど高くなりませんが、株立ち状になって広がるので、狭い場所では小さく整枝します。

葉が茂ると樹冠の内部が込み合って風通しが悪くなりますので、内部の枯れ枝を切り取ることも必要です。翌年の花芽が6月ごろにできるので、剪定を行うのは4月～5月ごろが最適でしょう。

切り戻し剪定はしないこと！

大株になると葉がうっそうとしてうるさくなるので、そんなときは枯れ込んでいる古い枝を枝元からはさんで取り除きましょう。狭い場所に植えたときはとくに大きくしたくないので、この古枝抜きは欠かせません。はさむときは切り戻し剪定はせず、必ず不要な枝を枝元からはさみましょう。茂りすぎている枝の何本かを枝元から間引くと、さっぱりした樹形になります。

実のなるアオキ、ならないアオキの見分け方

実のなる雌木は花が目立ちません

花がたくさんつき、花穂が長く伸びた立派な木は雄木。実はなりません

雄木には実がつかない

アオキには赤くてキレイな実がつきます。もし実が見たくて植えたのにいつまで経っても実がつかない……という場合は、実のつかない木を植えた可能性が大。実のつかない木を「バカ」と呼びますが、アオキには雌木と雄木があるので、バカを植えたのではいつまで経っても実はつきません。

実を見たい場合は雌木を植えるしかありません。慣れないうちは実がなっている時期に苗木を買うと、失敗がないでしょう。しかし、アオキの苗の多くは花のころに出回ります。花つきの苗を求めるときは、花のつき方をよく観察するのがコツ。花がたくさんついて花穂が長く伸び、垂れ下がっているようなら、おそらくそれはバカの木。実のなる木には花が目立たないように咲いていています。また新芽が人さし指ほど太くなる木もたいていバカの木です。

実を楽しみたい場合は雌木を！

病気の枝は放置してはダメ

一年中青々とした姿を楽しめるアオキ。アオキは日陰に植えるとますます美しい葉色が楽しめます。比較的丈夫な樹種ですが、日光や乾燥、寒さが苦手。真夏の暑さや冬の寒さで樹勢が衰えると、枝や幹の一部がくぼんで褐色になる「胴枯れ病」が発生することがあります。こうした枝を見つけたら、病気の枝を枝元から切り取って焼却します。そして切り口には必ずトップジンMペーストなどの殺菌剤を塗っておきます。

アオキの葉は乾燥すると黒くなりますが、ほかに長雨が続くと斑入りの葉が黒くなることがあります。これは炭《たん》疽《そ》病です。トップジンM水和剤などの殺菌剤を散布します。

切り口には必ず殺菌剤を

手をかけた分だけ応えてくれる

ヒバ類

檜葉類

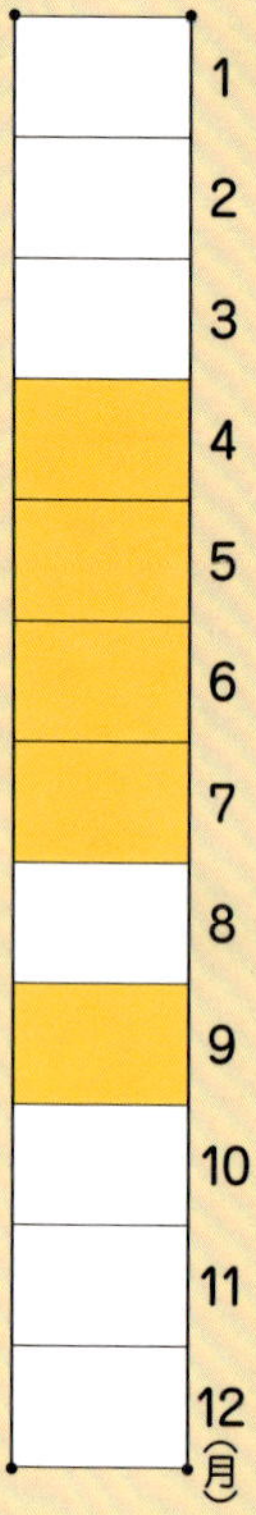

刈り込みはこまめに行うのがポイント

ヒバ類は古い枝からは芽を出さないので、剪定の際には葉のついている枝先だけを落とします。小さく仕立てたいときは、毎年新芽を刈って、形を崩さないように維持していくしかありません。

小さな木は手や糸切りばさみで刈ります。大きな木は刈り込みばさみを使っても構いませんが、必ず葉を残して浅く刈るように注意して。古枝のきわで刈ると、後々芽を吹きません。

葉のないところではさむのはタブー

葉のないところでは絶対に切ってはいけません。ヒバ類は葉のない枝の途中からは芽を吹かないので、誤って枝を切ると元には戻りません。たまに部分的に枯れ込んだイトヒバを目にしますが、あれは深く切り込んだためです。剪定は5月～6月と10月～11月の2回行うと美しく仕上がります。枝先でそろえるときは面倒でもできるだけはさみを使わず、手で摘み取りましょう。

日当たりが大切なので、間引きも忘れずに

ヒバ類は日陰では育ちません。そのため整枝は間引きを中心に行うことが大切。すると内部まで風が通り、日がまんべんなく当たるようになります。

枯れ枝や立ち枝を枝元からはさんで整理し、長く伸びすぎている枝や込みすぎる部分の枝を間引きます。冬を除いた時期には伸びたら刈る、伸びたら刈るの要領で手を入れると、形が維持できます。

イトヒバの手入れ

込みすぎた部分や伸びすぎた枝、立ち枝を抜いたあと短い枝をそろえると、すっきりします

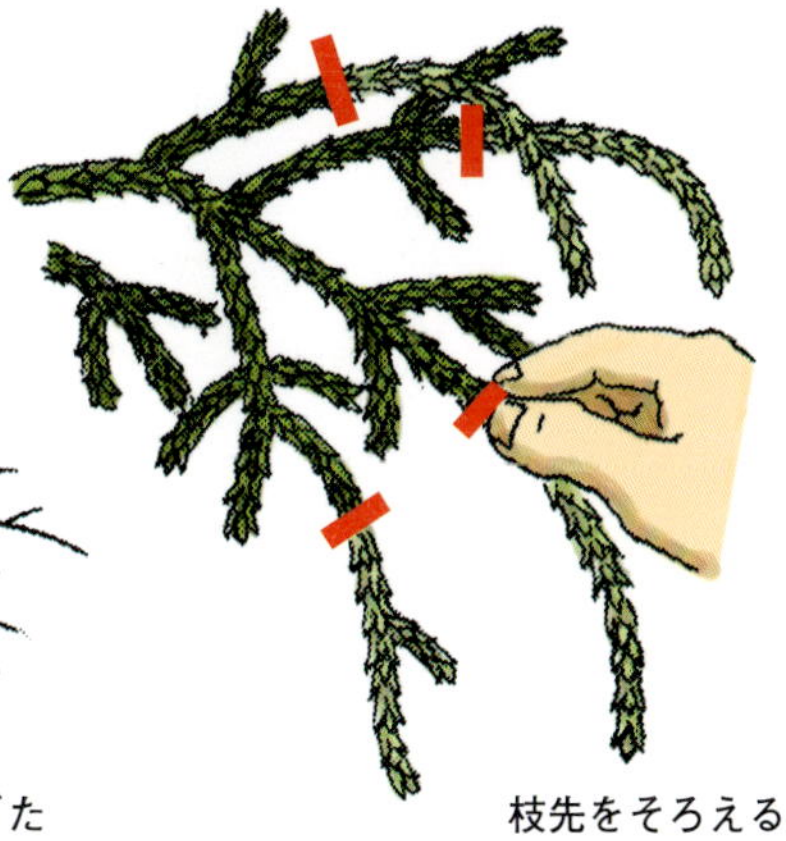

枝先をそろえるときははさみを使わず、できるだけ手でつまみます

チャボヒバの手入れ

葉を摘んで全体をイチョウの葉の形に仕上げます

伸びすぎた枝や込みすぎた枝を糸切りばさみで切り縮めます

芽先を爪でかくのが一番

ていねいな仕事は手で行います

一度に強く刈り込まないこと。３～４年以上の茶色くなっている古い枝からは葉が出ません

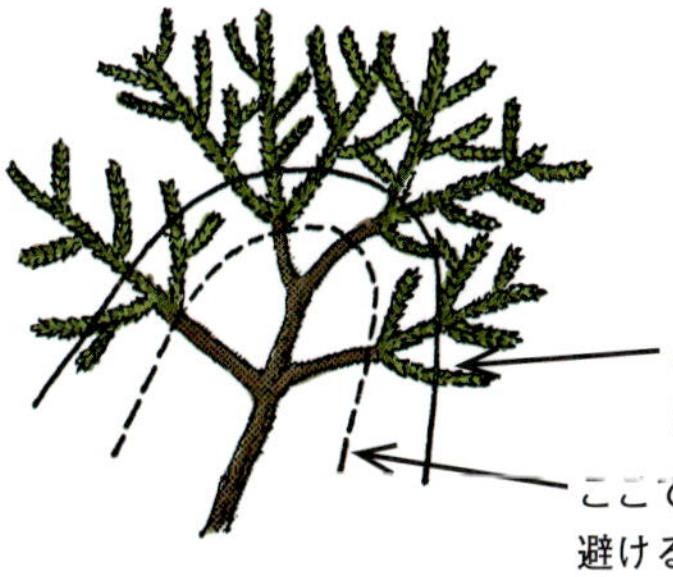

必ず緑を残して芽をつまむ

ここで刈るのは避ける

慎重に扱わないと大きなダメージが！

タケ 竹 ／ササ 笹 ／イネ科

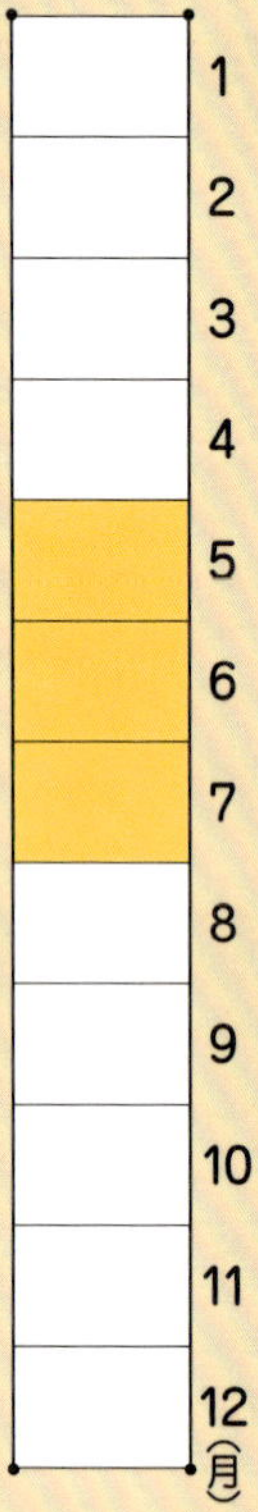

1
2
3
4
5
6
7
8
9
10
11
12
(月)

タケを植えるのは秋がベスト

タケを植えるのは秋が最適。よく「タケを植えつけるには端午の節句前後がよい」という声を聞きますが、それは迷信です。

タケは根と稈《かん》が一体になっていて、タケノコから直に根が生えています。モウソウチクなどを山採りする場合はタケノコが十分に生育し、根が落ち着いた8月に掘りましょう。掘ったタケはいったん植えだめに仮植えし、10月になってから庭に植えます。新芽（タケノコ）がしっかり伸びていないと、芽が枯れてしまって掘れないのです。

「タケはいただき」とよくいわれます。これはタケは「いただきます」というくらいていねいな気持ちで植えろということ。植える際には根鉢は大切に抱えて持ち、根の底に手をあてがって運ばなくてはいけません。乱暴に下に置いたりすると、地下茎がいっぺんに切れてしまいます。

タケはできるだけていねいに扱うこと！

ササは5月の芯抜きが美しく仕上げるコツ

ササはだらしなく丈が伸びると見苦しいので、そんなときは芯抜きを行いましょう。5月の初めごろに芯葉を指でひとつひとつ引き抜いていきます。少し面倒でもこの作業を行うと生育をストップさせることができるので、前年と同じ高さで茂らせることができます。芯抜きを何度も繰り返していると、葉も小型化してこぢんまりとしたササになります。

上・モウソウチク
下・ササ

タケの植えつけ

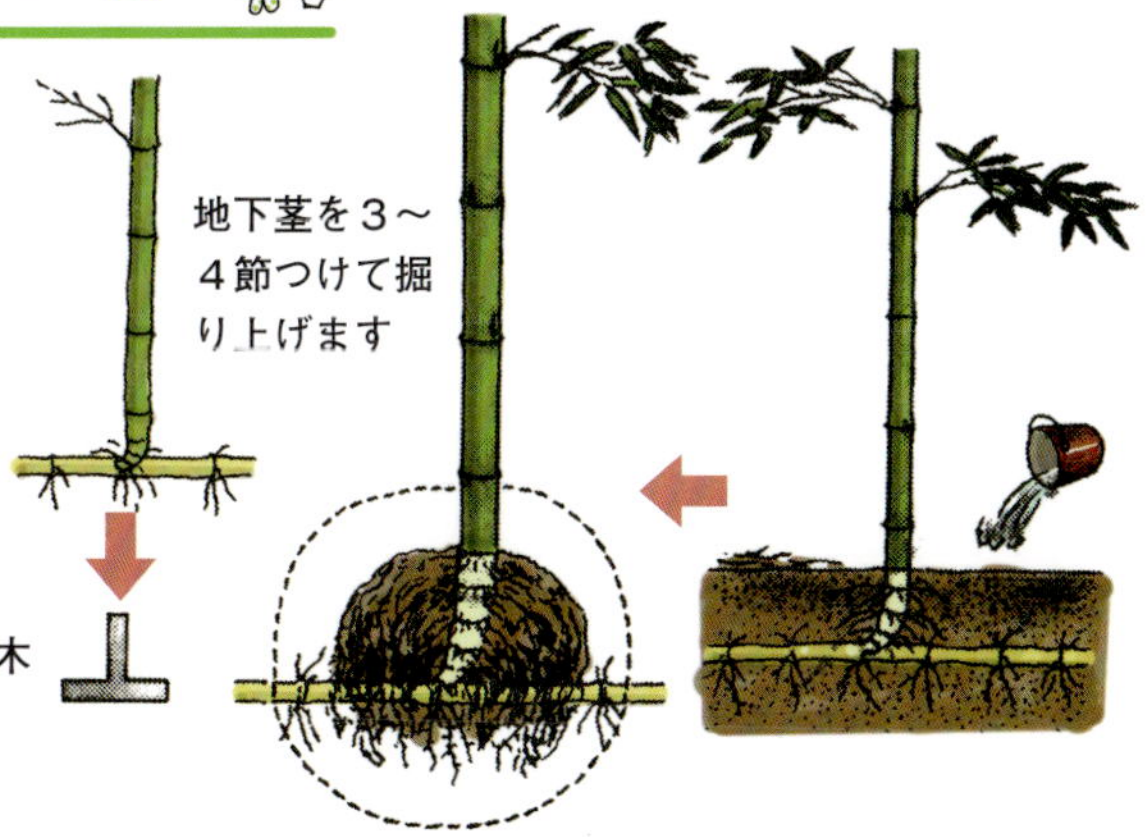
地下茎を３～４節つけて掘り上げます
この形を鐘木と呼びます
根を乾かしてしまうと根からの水の吸い上げが悪くなるので、掘り取りは水をかけながら行います

タケの三節どめ

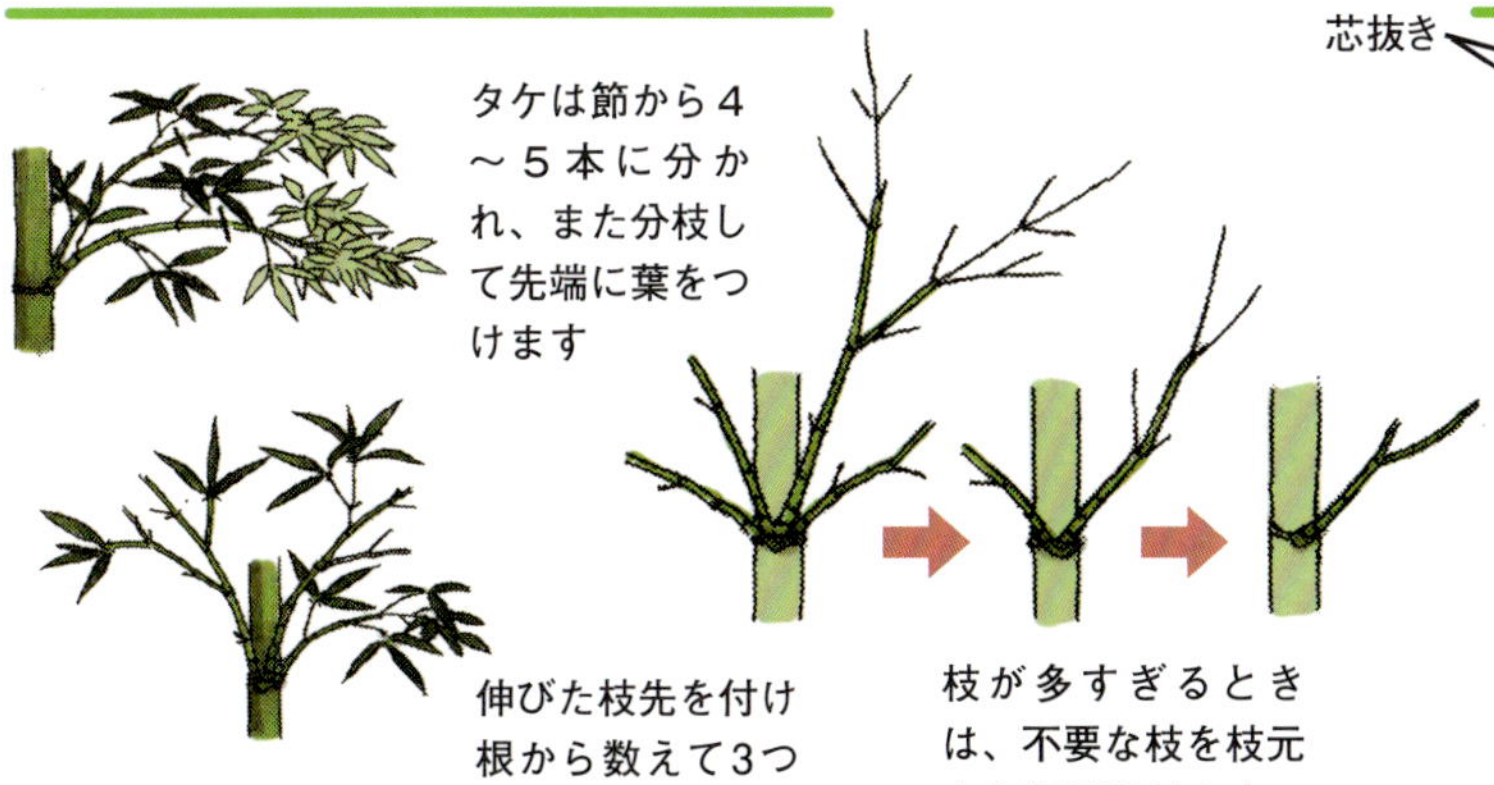
タケは節から４～５本に分かれ、また分枝して先端に葉をつけます
伸びた枝先を付け根から数えて3つめの節でとめます
枝が多すぎるときは、不要な枝を枝元から切り取ります

ササの手入れ

芯抜き
芯を抜くと生育がストップするので、キレイにそろいます

剪定は三節どめが基本

タケの剪定は「三節《みふし》どめ」で行います。三節どめとは伸びた枝先を、付け根から数えて3つめの節でとめる（切る）というやり方。タケは一つの節から4～5本の枝が出ていて、それぞれに枝分かれしているので、その枝先を3節ではさめばいいわけです。節から出ている枝が古かったり、太すぎてやわらかさに欠けるときは、枝元からはさんでしまいます。こうやって枝先を詰めてやると葉が多くなり、美しい姿になるのです。

それからタケの剪定では時期も大切。タケは地下茎でふえてスクスク生長するたくましい植物ですが、寿命はせいぜい10年と短めです。寿命が短いうえに冬場に植えたり、枝を切ったりすると葉が真っ白になる「白髪」という状態になって枯れてしまいます。剪定は春の5月～6月に行いましょう。

冬にいじると枯れてしまう。5月～6月に！

春・夏・秋にそれぞれ手をかけて

キャラボク

伽羅木／イチイ科

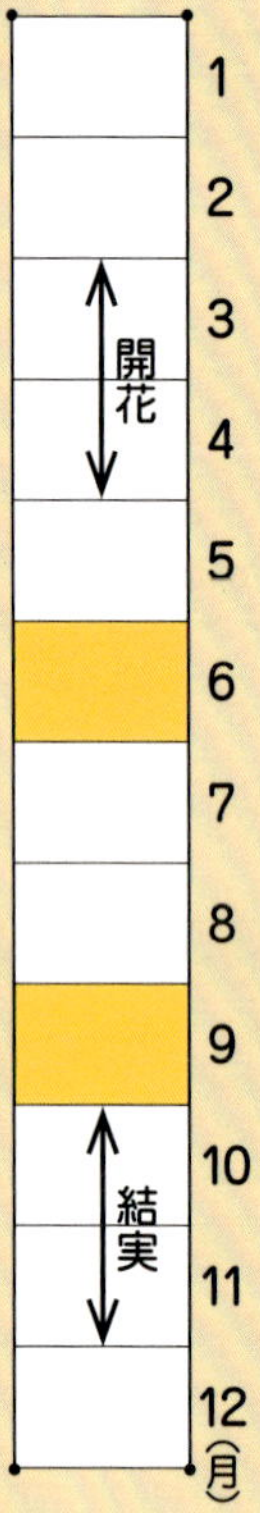

年に3回、手をかけるのがコツ

密に生える葉が枝葉全体を覆って、丹精な樹形をつくりやすいキャラボク。イチイの変種で、イチイは幹が直立するのに対して、キャラボクは枝が分かれて横張りになります。寒さに強く、半日陰でも日なたでもよく育ちます。

マツほど格式が高くないので、仕立てものが流行った30年ほど前には人気を集めました。最近の庭は雑木が主体なので、以前ほど注目は集めていませんが、年月を経るにしたがって風格のでるよい木です。

キャラボクは丸く刈り込んで、玉仕立てとして石に配したりします。大きくなった古木は主幹を1本立てて枝づくりをし、幹を曲げて散らし玉仕立てにすると、堂々たる主木になります。

きれいに維持するには、年3回の手入れが必要です。春の新芽がそろったころに爪引き、夏に弱剪定、秋に強剪定をして姿を整えます。爪引きとは指先で葉を引き抜くように摘み取ることで、春の新葉がかたくなる前に行います。遅れてしまった場合は刈り込むことになりますが、葉が刃物負けして赤茶色に焼けてしまうことがあります。夏は刈り込みばさみを使わずに、必要以上に伸びている土用芽をはさむ程度にします。秋は11月ごろに本格的な刈り込みを行います。秋にしっかり刈り込んでおかないと春先に小枝が発生しないので、葉が密生しません。11月になれば芽も動きをとめているので、多少強く刈り込んでも刃物焼けをおこしません。

春、夏、秋に芽先をそろえる手入れを！

キャラボクの爪引き

土用芽が伸びてきたら随時芽先を摘みます。一番芽が伸びて芽先を摘むと、次の芽がそろって出てくるようになります

春先から初夏にかけては、切ったあとすぐに芽が出てきます

春の手入れは刃物を使わないようにしたい

古枝は刈り込まないこと

生長は遅いですが日陰にも強く、比較的扱いやすい木です。刈り込みの時期は新芽がかたまった6月と、土用芽の伸びきった9月がよいでしょう。

刈り込むときに注意したいのは、古枝を強く刈り込まないこと。古枝は芽吹きが悪いので、新芽の出る若い枝のあたりを刈り込んでいきます。またキャラボクは金《かな》けを嫌いますので、剪定ばさみを使うといっときは茶色くなります。しかしまもなく葉が伸びて気にならなくなりますので、あまり神経質にならなくてもOK。

乾燥に気をつけること

幹や枝が乾くと肌がささくれて、葉にハダニが発生します。ハダニは発生初期の葉が白っぽくなる時期なら、水圧の強いシャワーを毎日葉にかけ続けてあげると、そのうちいなくなります。シャワーで退治できないときは殺ダニ剤を散布することになります。しかしその状態になると根も弱っているので、土中にホースをさし込んで、たっぷり水を与えましょう。

また、上根が盛んに水を吸う木なので、浅く植えて上根が見え隠れするようでは、乾燥して枯れてしまいます。そのうえ水はけが悪くても枯れてしまいます。根が弱く成木の移植は難しいので、場所をよく考えて植えましょう。

たくさん実をつけさせない

キャラボクは雌雄異株で、雌木には秋になると真っ赤な実がなります。この実は熟すと甘くて大変美味しいのですが、実をつけると木の勢いは衰えてしまいます。そのため実が多すぎるときは、実が赤くなる前に摘んでしまいましょう。木のダメージが少なくなります。

実が多すぎるときは摘果して木を守る！

刃物を嫌うので剪定は手で行って

カイヅカイブキ

貝塚伊吹／ヒノキ科

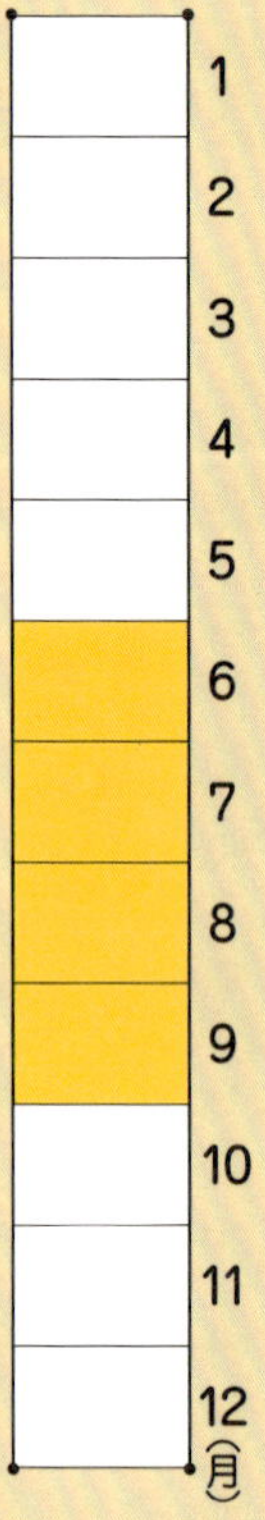

とにかくこまめな手入れが必要！

新芽が美しいので、境界や生け垣によく使われます。また横張りをしないので、狭い庭にでも植えられると人気を集めています。しかし、よく見ると植えっぱなしで、手入れを怠っている家も多いようです。

カイヅカイブキで大切なのは、なんといってもこまめな手入れ。飛び出した枝先には常に気を配り、気づいたらつまむようにしましょう。そうすれば少しずつ大きくはなりますが、最初のころの樹形を維持できます。

伸びだした直後の枝先はやわらかく、枝が節になっているので、指で簡単に折ることができます。土用芽のかたまる10月か11月から寒が明けるころまでは飛び出し枝の発生は目立ちませんが、初夏になると春に発生した新芽が飛び出してきます。おっくうがらずにせめて2週間に一度は、飛び出した芽をつまみましょう。

2週間に一度は飛び出した枝をつまむ！

小透かしを必ず行う

カイヅカイブキを刈り込む際は、小透かしが必須。小透かしをせずにただ刈り込むと、ふところが蒸れて次第に木が衰弱してしまいます。

木のふところを一度じっくりのぞいて見ましょう。光が入らず、呼吸ができずに枯れている枝がたくさんあると思います。刈り込むよりも、こういったところに小透かしをていねいに行うだけで、木は見違えるように美しくなります。

カイヅカイブキの芽摘みと小透かし

芽摘み

徒長枝は切ります。輪郭線から出ている枝(芽)を手でつまんでやると、やわらかくキレイに仕上がります

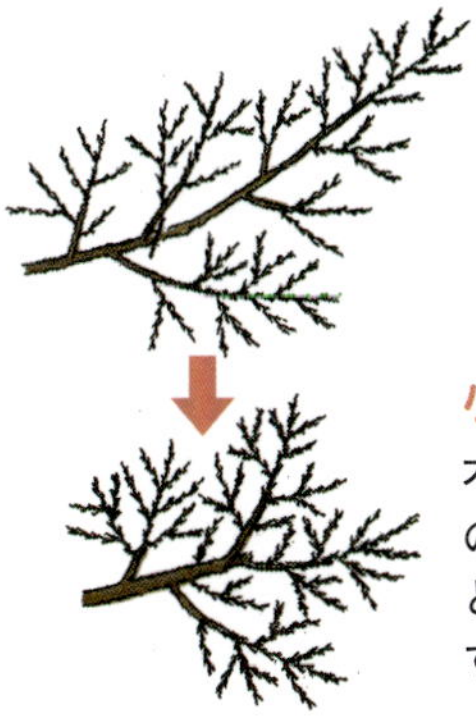

小透かし

不要に伸びた徒長枝は、上向きの枝の付け根で切ります。すると切り口から新枝が伸びてきます

こまめな芽摘みを欠かさずに

輪郭を変えずに毎年同じ大きさで樹形を維持していくためには、前年に刈り込んで新たに吹いた新芽の少し下ではさむのがコツです。新芽が伸びたらその新芽をなるべく残すようにしたほうが、自然な樹形になります。最近は庭が狭いのでなかなか難しいのですが、どんな木でも少しずつ大きくしてあげたほうが、木のためにも姿を美しくまとめるためにも好都合です。

カイヅカイブキの刈り込みをすると、やわらかな葉先が茶褐色になります。また刃物を嫌う木なので、昔は指先やタケべらで枝をつまんでいたもの。そうするとキレイに仕上がりますが、なにしろ手間がかかるので、最近は刈り込みばさみで切りそろえることが多くなりました。

カイヅカイブキは生育がよすぎて急に大きくなる木ではないので、大きくなるといってもたかがしれています。こまめに芽摘みをしてあげましょう。

スギっ葉は早めに元からはずす

カイヅカイブキを何年か育てていると、針のようにとがったスギっ葉が発生することがあります。強剪定をした後や日当たりの悪い部分に発生する傾向があるようですが、はっきりした原因などはわかりません。

このスギっ葉は非常に勢いがあり、また触れるととても痛いのが特徴です。また一度スギっ葉になると元に戻らないことが多く、古くなるほどその傾向が強まるようです。見つけたらできるだけ早く枝元から抜きましょう。

また、もうひとつ注意してほしいのが、ナシの木の近くに植えないことです。春から夏にかけてよくかかる病気に「赤さび病」というものがありますが、これはナシのかかる赤星病と同じ菌の病気です。赤星病の菌はカイヅカイブキに移動して冬を越し、春になるとナシに戻って赤星病を発生させるのです。そのためナシの産地など、地域によってはカイヅカイブキの植栽が禁止されている場所もあります。

刈り込むほどに茂るので、仕立てものに最適！

イヌツゲ

犬黄楊／モチノキ科

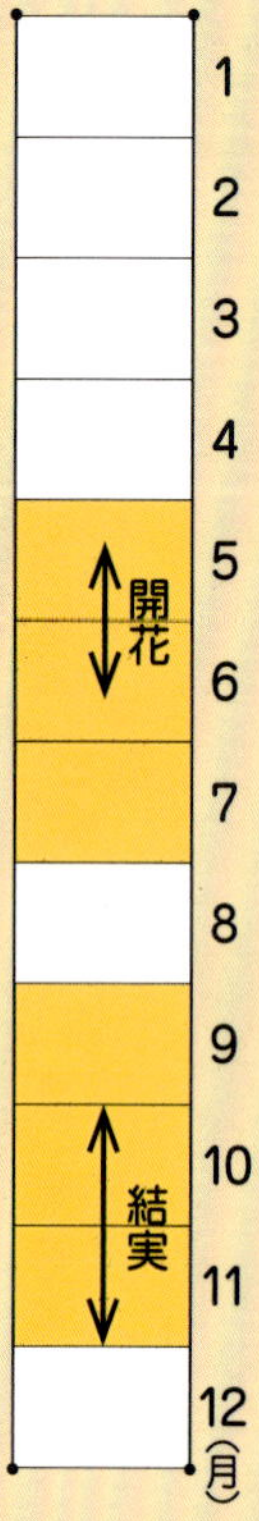

こまめな刈り込みがポイント

一年に最低2回は刈り込みを行って、いつもキレイな樹姿を確保しておきたい木です。1回目の刈り込みは、新芽が伸びをとめる少し前の5月～6月ごろ。余裕があれば梅雨明けのころに再度小枝を刈ります。2回目は土用芽がかたまった秋口。こうして年に2度刈り込むと、茂りが密になって美しくなります。

刈り込みはわきから上に〝上を強く下を弱く〟行う

刈り込んで高さや幅の調整ができ、しかも日陰にも強い木です。またマツほど手入れに時間がかからず、キャラボクほど価格が高くないので人気を集めています。

刈り込むほど枝葉が密になって茂るので、散らし玉仕立てや玉仕立てなど、人工樹形に仕立てるには最適です。ただし、根が少ないので、移植は慎重に行いましょう。

玉の刈り込みは、わきから天端《てんぱ》（上）に向かって刈り込みばさみを入れていきます。刈り込むときに天端から行う方が多いようですが、それは間違い。刈り込みは必ずわきから行いましょう。天端から入れると枝が密集しているためにはさみが入れにくく、また厚さも決めにくいものです。また天端を深く刈り込んでしまうと、わきの葉の薄い部分は手の施しようがなくなってしまいます。わきから刈り込みを始めてまず厚さを決め、その厚さにそろえながら天端へ刈り込んでいくとキレイに仕上がります。

イヌツゲの刈り込み

刈り込む線は下で決めて(厚みを決めて)、上に向かって同じ厚さになるように刈り込んでいく。1回目は梅雨明けごろ

2回目は土用芽の伸びがとまった11月ごろに刈り込む

イヌツゲの曲づけ

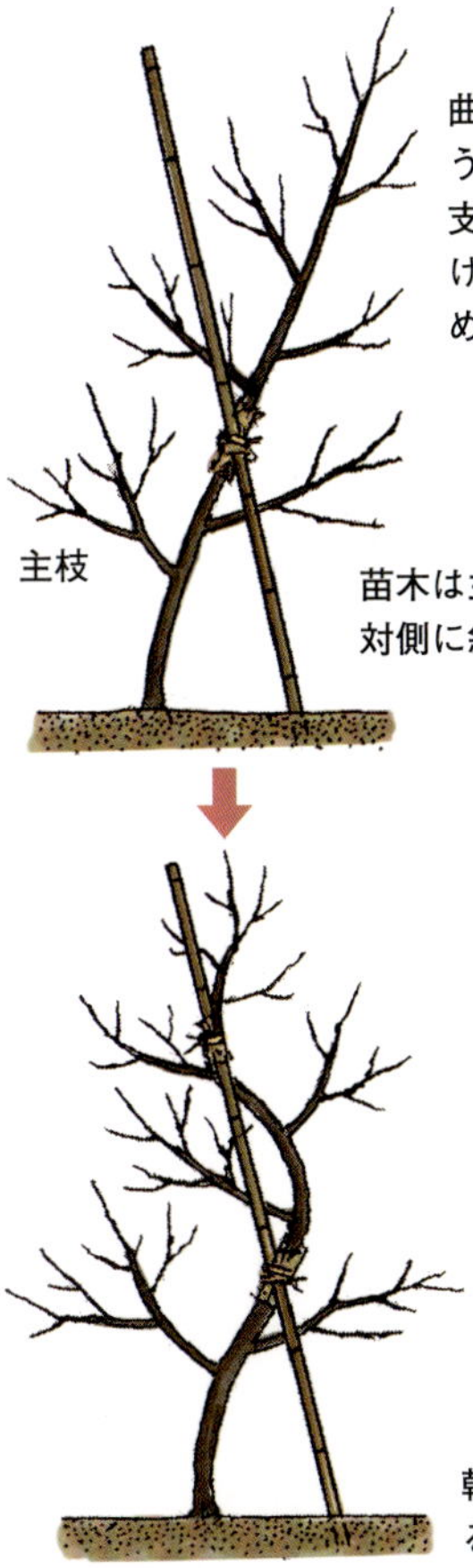

曲づけは苗木のうちから行い、支柱はできるだけ土中深くに埋めます

苗木は主枝にする枝の反対側に斜めに植えます

幹の上部ほど曲《きょく》の間隔を小さくすると、安定した格好になります

イヌツゲの主枝の誘引

下枝の玉を大きくして安定感を出します

太くなった枝は、細ダケを添えて誘引します

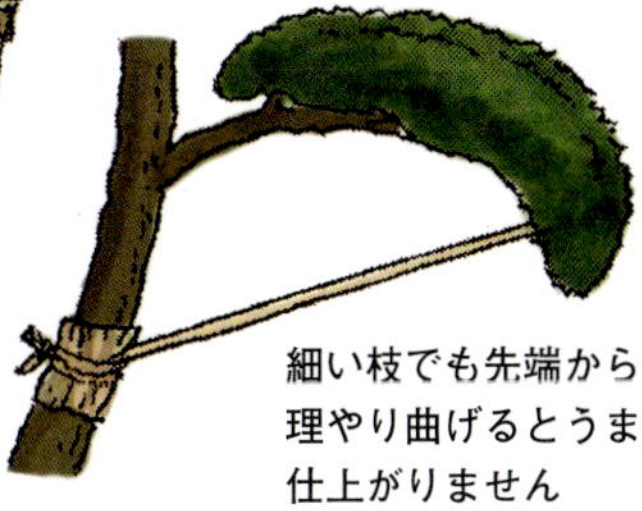

細い枝でも先端から無理やり曲げるとうまく仕上がりません

主幹と主枝を7～8年かけて誘引する

古葉は面倒でも1枚ずつ引き抜く

マキ

槇／マキ科

月	作業
1	
2	
3	
4	
5	■
6	■
7	■
8	古っ葉引き
9	
10	
11	
12(月)	

枝は横になるよう上手に誘引して！

枝は自然にしていると上に伸びますので、仕立てたい場合は横になるよう誘引する必要があります。これはマキ以外の木でも同じこと。不自然にならないように数年かけて縄で引っ張りながら少しずつ誘引していきましょう。強い力で鋭角に曲げてしまうと、いかにもぎこちなくなります。形が整いすぎると他の庭木とも調和がとれないで、景観を乱してしまうので要注意。

寒がりなので、移植は春になってから

マキは寒がりの木なので、植えつけはどんなに早くても立春が過ぎてから。立春近くは新芽の動く時期が近づいているので、木がもっとも力を溜めています。そのうえ芽吹くまでの時間が短いので、それだけ早く活着します。

冬に移植せざるをえないときは、根元が冷えないように注意します。また腐葉土をたっぷり根元に敷き、緑化テープで幹巻きを行いましょう。

古っ葉引きは一本一本ていねいに

古《ふる》っ葉《ば》をむしり取り、伸びた芽をつまむ古っ葉引きを行うと、マキは見違えるように美しくなります。しかし、これがなかなかの大仕事。マキは葉と葉の間が遠いので一度に1枚しか葉がつかめません。また軸が細いので乱暴にやると皮がむけて、そこから枯れてしまいます。また注意してほしいのが行う時期。寒い時期は絶対に避けて、6月か7月までには終えましょう。

マキの枝づくり

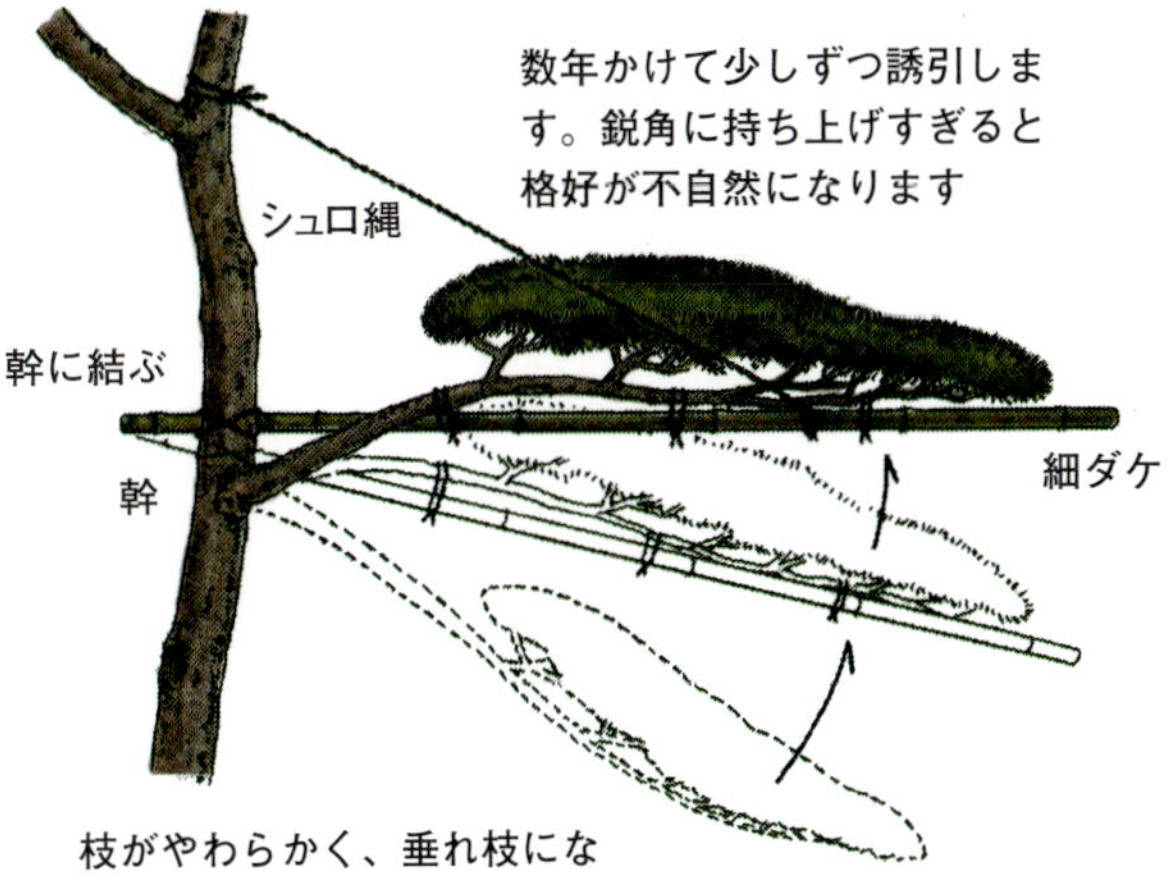
数年かけて少しずつ誘引します。鋭角に持ち上げすぎると格好が不自然になります
シュロ縄
幹に結ぶ
幹
細ダケ
枝がやわらかく、垂れ枝になりやすいので要注意

マキの古っ葉引き

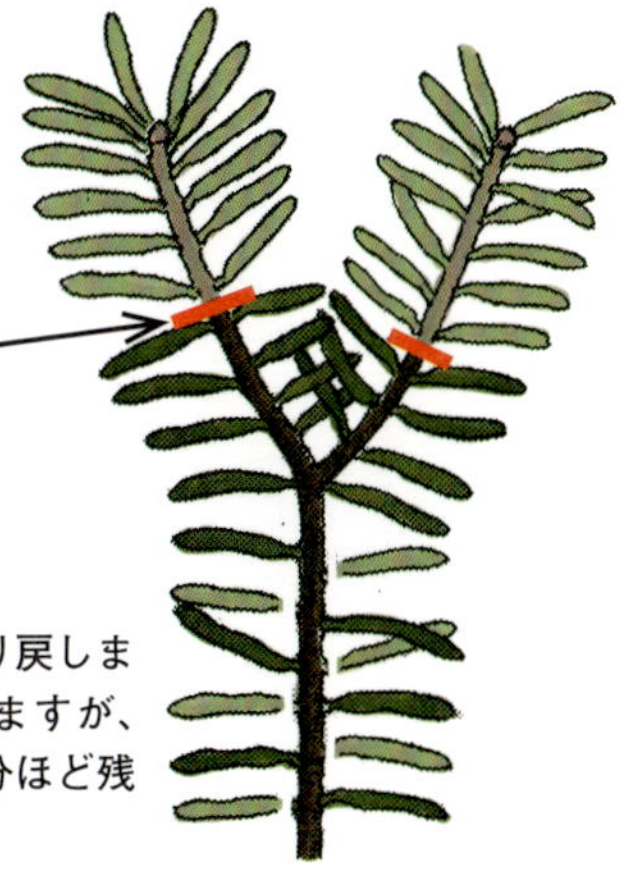
切る
伸びすぎた新梢は切り戻します。昨年の葉は取りますが、9月に行うときは半分ほど残します

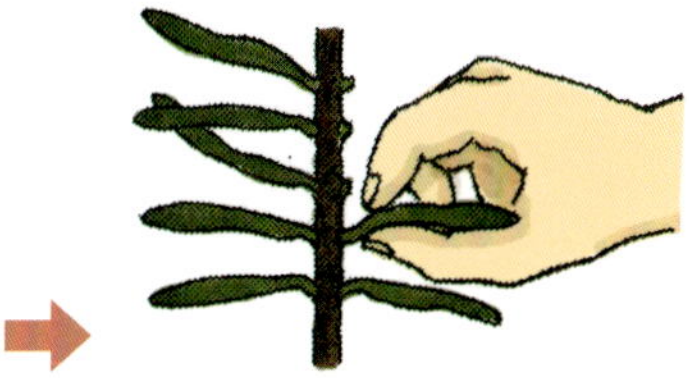
コウヤマキは1枚ずつ古っ葉を上に引き抜きます。しごき落とすと皮がはがれて木が弱るので注意

雌《し》雄《よう》異《い》株《しゆ》で雌株には秋に実がなります

虫がつきやすいので殺虫剤も忘れずに

マキにはハマキムシやアブラムシなど害虫がつきやすいので、ときどき殺虫剤をかけて退治します。昔に比べて薬の効きめが弱くなった分だけ、最近は病害虫の数がふえ、木をダメにするまでとことん住みつくようになっています。

農薬というと神経質になる人が多いようです。しかし、今はかなり規制され、毒性の強いものは売られていませんので、安心して使いましょう。濃度を守って使えば、薬が原因で木が枯れることはありません。それよりも農薬に神経質になりすぎて虫を野放図にしたほうが、木にとっては負担が大きくなります。

農薬は濃度を守って使いましょう！

手間はかかるがコツをつかめば手入れは簡単

シイ 椎／ブナ科
カシ 樫／ブナ科
モッコク 木斛／ツバキ科

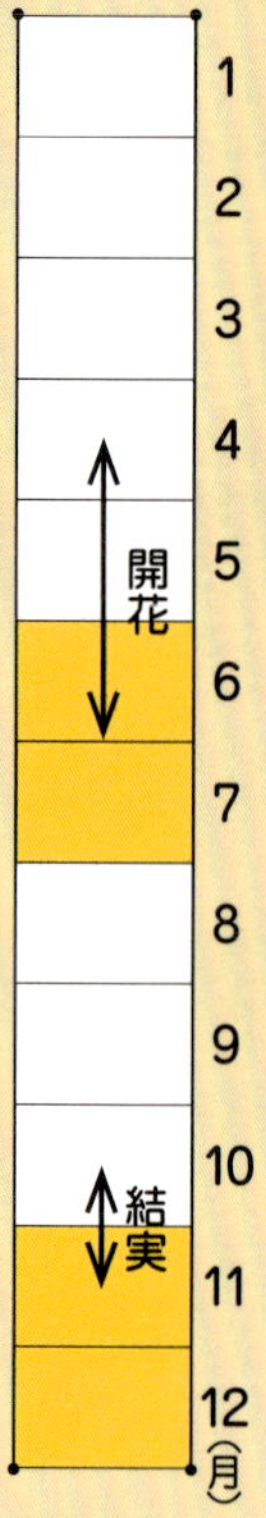

上・モッコク
下・シラカシ

シイのヒコバエは残さないこと！

スダジイとツブラジイをあわせて「シイ」と呼びます。どちらも樹高は10メートル以上になりますから、適当な長さで芯をとめて枝を横に広げます。剪定は伸びた枝を枝元から切り取るか、枝先を強剪定します。強剪定後は根切りも忘れずに。ヒコバエが多く発生するので残さずかき取ります。6月ごろに樹形を整え、9月ごろ枯れ枝を切り取って徒長枝を切り戻します。

カシの枝先の整え方

骨格がしっかりした木なので、枝先を整えないと見苦しくなります。若枝がつんつんと伸びて暴れてしまい、どうにもならなくなります。毎年必要に応じて枝を透かし、小枝の数を減らさなくてはいけません。

剪定は梅雨の明けたころがベスト。春から伸びた若枝を必要なだけ残して他を間引き、残した枝は枝先から2～3芽残してはさみます。

モッコクは枝元からはさむのがコツ

6月～7月のモッコクの新枝は、3～5本が車枝状に出ます。上向きや下向き、勢いの強すぎる枝など将来不要になる枝を見きわめたら枝元からはさみ、よい方向の枝を2本くらいにします。

この方法を3本あるうちの1本を間引くという意味で「三つを割る」といいます。樹勢が強すぎてさらに小さく仕立てたいときは数枚の葉を残し、残した枝の途中ではさみます。

シイ類の剪定

剪定前
実線の位置ではさみます。若木のうちは円錐形や楕円形などの狭い形に仕立てます。仕立てる前に枝抜きを行って枝数を調整しましょう
剪定後
二っ葉透かし、三っ葉透かしは、葉を2～3枚残して小枝の先を切り戻し、枝先をそろえる方法です

モッコクの枝先の手入れ

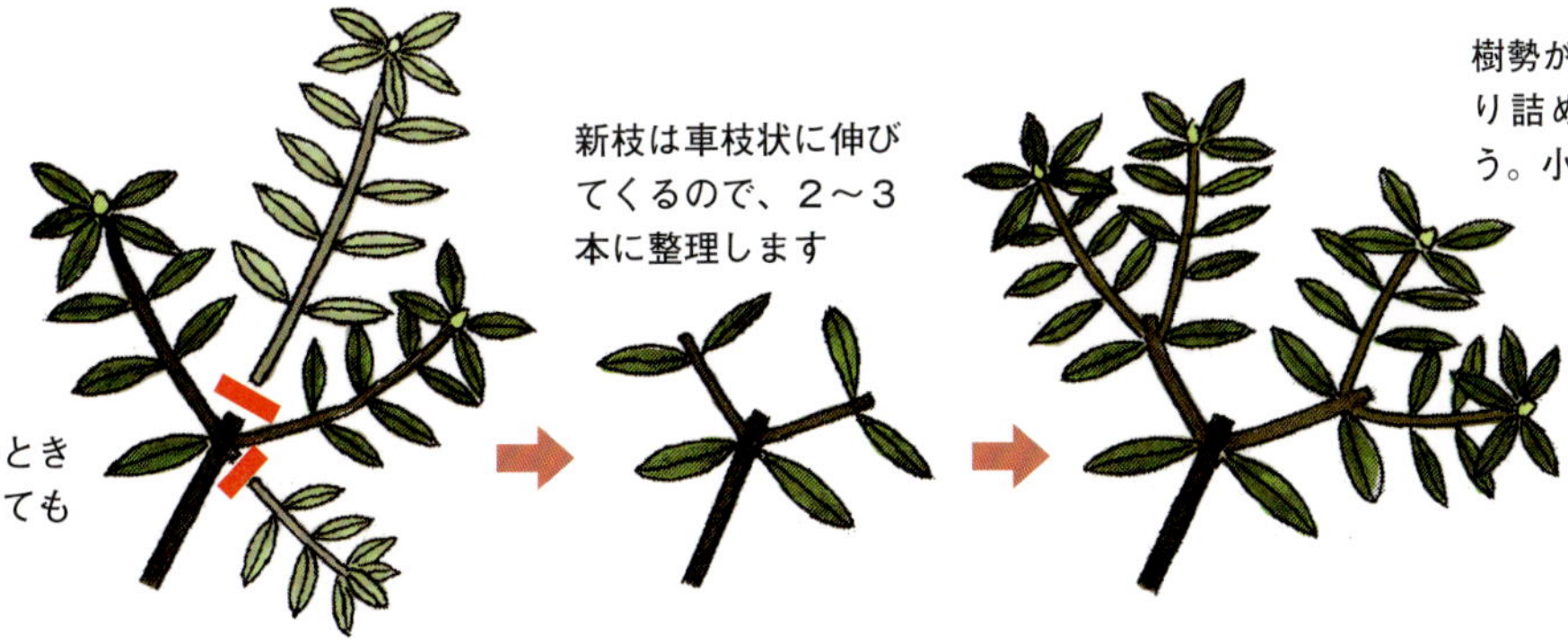
樹勢が強いときは切り詰めてもOK
新枝は車枝状に伸びてくるので、2～3本に整理します
樹勢が弱いときには切り詰めは避けましょう。小枝がふえます

モッコクは葉を切ってはいけない

庭木の代表格であるモッコク。光沢のある葉と端正な樹形をつくるため、日本庭園にはなくてはならない木です。とくに樹齢を重ねるほど風格のある木になるので、今でも需要の多い木です。

生長が遅くて小枝がふえる傾向があります。そのため初夏に整理、秋には枝抜きして整枝し、自然な枝先に生かして仕立てます。またモッコクは枝が立ち上がる性質が強いのも特徴。立ち枝を枝元からはずし、できるだけ枝が横に張るように注意して仕上げます。

葉を途中で切ると、切り口が茶色く変色し、汚くなります。はさむときは葉の根元の小枝を切って、葉の表面をなめらかにそろえるのがコツ。古枝は枝元から切り取って枝抜きし、新しい枝に切り替えたら枝ぶりを整えて、全体をすっきりさせておきます。

またハマキムシやカイガラムシが多く発生します。枝抜きや間引きを行って、風通しをよくしておきましょう。

シイ・モッコクの大木の仕立て直し

大きくなりすぎた木は芽が吹く直前に強剪定し、枝先を詰めます

肌焼けを防止するため、緑化テープを厚めに巻きます。また強剪定したときは根切りも忘れずに

ヒコバエを見つけたら早めに取り除きます

大木を仕立て直すときは根切りが必須

大きな木を移植するときは、1年前に根回ししてから掘り起こします。これは掘り取る1～2年前にめぐり（根ぎわの太さ）の1・5倍くらいの位置に溝を掘り、細い根を切り飛ばして太い根の皮をむいておく作業です。根回しをしておくと、傷をつけた部分から細かいケバ根をたくさん出すので、いきなり掘り取るよりも根がつきやすくなります。しかし、根を傷つける作業なので、くれぐれも慎重に。乱暴に行うと木にダメージを与えます。

芽吹く直前は木に一番勢いがある時期なので、この時期に根回しができれば最高です。もともと常緑広葉樹は寒がりの傾向があるので、植えつけは十分に寒さが和らいだ時期でなければいけません。しかし、もし時期を逃したときは1年に半分ずつなど、2年がかりで行うこともあります。

肌焼けを防ぐために緑化テープを巻くこと

カナメモチ

日光不足が大敵！

要黐／バラ科

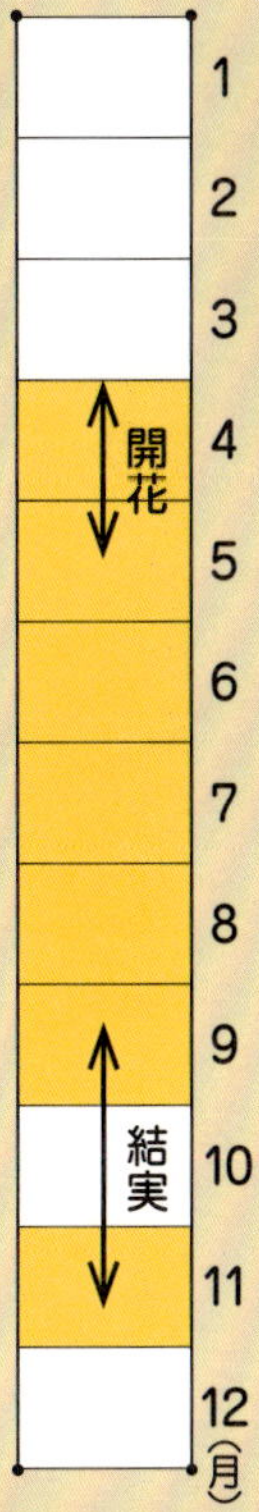

カナメモチの剪定

刈り込みは
上を強く
下を弱く

樹幹の大きさを維持しながら剪定するには、軽剪定を繰り返します

ゴマ色斑点病にかかった葉は、葉柄を残した位置で切ります

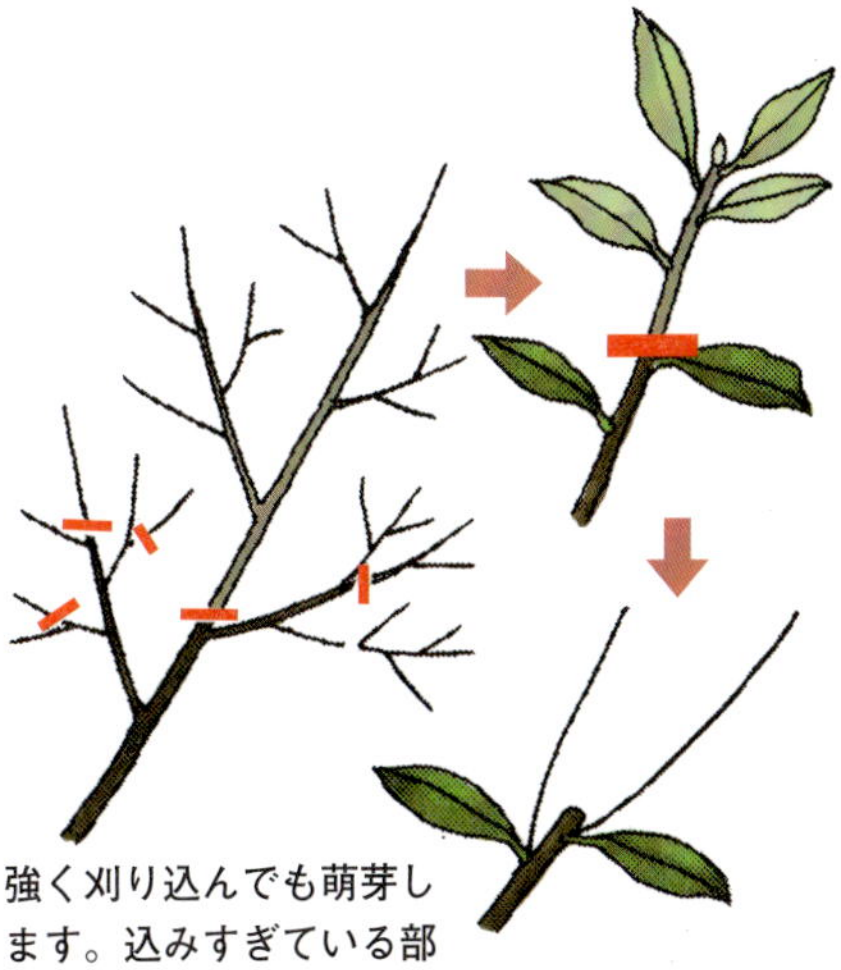

強く刈り込んでも萌芽します。込みすぎている部分を間引きましょう

日当たりと通風を確保しよう

新芽が赤いのがカナメモチの特徴。中でもベニカナメモチの美しさは際立っています。しかしその葉に黒い斑点ができ、新芽が枯れる「ゴマ色斑点病」がふえています。予防には通風と日当たりが大切。枯れ枝をまめに取り除き、日陰に植えてあるときは、日当たりのよいところに植え替えましょう。

刈り込みは一年に3回のペースで

生け垣にうってつけのカナメモチは、植えたらこまめに刈り込まないと、そのよさが半減してしまいます。

刈り込みは最低でも4月の若芽の時期、芽の伸びがとまった6月か7月、土用芽を刈り込む11月の年3回は必ず行いましょう。

ヤツデ

日陰に強く、家の裏側でもOK

八手／ウコギ科

1
2
3
4
5
6
7
8
9
10
11
12
(月)
開花

生長がよいので早めにはさむのがコツ

大きな手のひら状の葉をしたヤツデは日陰に強く、家の裏側など日当たりのよくない場所に重宝します。

先端には若葉がつきますが、生長がよいので手入れをしないと下葉が枯れて、すぐに樹姿を乱します。梅雨のころに芽のある部分ではさみ、樹高をおさえます。古い幹からは芽吹いてこないので、まだ木が若いうちに早めにはさむことが大切です。梅雨のころなら芽を吹きやすいので、思い切って植える場所にあった大きさに、はさんでしまいましょう。

大きくなりすぎた葉は葉切りで整える

大きな葉はヤツデの持ち味ですが、あまり大きくなりすぎるとうっとうしくなります。そんなときに行うのが「葉切り」。12月ごろに頂芽に近い部分の葉を2～3枚残し、下の大きな葉を半分ぐらいに切り取ります。こうすると生長が抑制されるので、翌春に出る新葉は小さくなります。ただしこの葉切りは若い株に向いているので、古株にはあまり効果がありません。

ヤツデの葉切り

新葉は小さくなります
葉は３枚ほど残しておき、下の大きな葉を切り取ります

その他の「葉・姿を楽しむ」樹種

カクレミノ

隠蓑／ウコギ科

樹高を高くしすぎないのがコツ

夏に淡黄緑色の花が咲き、秋には実もなるカクレミノ。光沢のある緑の葉は、新枝だけにつきます。放置すると樹高が高くなる木なので、生長するにつれて葉が上に上がり、枝元近くに葉がなくなってしまいます。そのため樹芯をとめて枝を横に広げさせ、枝を切り戻して枝数をふやすのがコツ。すると下までまんべんなく葉がつくようになります。剪定は4月から6月ごろの暖かい時期がベスト。からみ枝や内部の枯れ枝などは枝元からはずします。しかしあまり太い枝を切ると新芽が出ずに枯れてしまうので要注意。

ゲッケイジュ

月桂樹／クスノキ科

剪定は暖かい季節に終わらせる

オリンピックの勝利の栄冠として広く知られるゲッケイジュ。葉や枝を傷つけるとよい香りがしますので、それを生かして葉を乾燥させたものがローリエと呼ばれ、香辛料としてさまざまな国で愛用されています。

自然樹形で美しい木ですが、生長がよく10メートル以上になることもあるので、樹芯をとめて刈り込んでもよいでしょう。萌芽力が強いので強く剪定しても大丈夫です。時期は4月から10月ごろの暖かい時期に。日陰だとカイガラムシが発生しやすくなるので、日当たりのよい場所に植えましょう。

シラカンバ

白樺／カバノキ科

伸びすぎた枝を切り、軽い剪定にとどめて

さわやかな高原のイメージがぴったりなシラカンバ。都会の暖かい空気の中でも予想外に生長がよく、樹高もグングン高くなります。他の樹種なら樹芯をとめて生長をおさえるところですが、シラカンバは風で揺れる枝先のやわらかさが持ち味。そのよさを生かして短い樹芯を残して長いものを切り取り、芯を切り替えて樹高を低くおさえます。

自然樹形を大事にしたい木なので、剪定は伸びすぎた枝を枝元から切り落とし、枯れ枝を払う程度に軽く整枝します。下向きの枝を残すと樹勢が衰えるので気をつけましょう。

コニファー

マツ、ヒノキ、マキ科

内部の枯れ枝を放置しないこと！

コニファーとは外国種の針葉樹の総称です。黄色の「ゴールドクレスト」、緑色の「エメラルド」、青い「ブルーヘブン」などたくさんの種類があり、生長しても樹形が変化しないのが特徴です。洋風の庭にも和風の庭にもよく合うので、近年重宝されています。

コニファーは飛び出した枝を切り戻すなどして整枝するか、萌芽力が強いので生長がよい種類は刈り込むのもよいでしょう。また、どの種類でも数年で枝葉が茂ってきて、放置すると樹冠内部が蒸れてやがて枯れてしまいます。それを防ぐには枯れ枝は枝元から間引いてすっきりさせ、通風をよくすることが大切。剪定は4月～6月、または9月がオススメです。

サンゴジュ

珊瑚樹／スイカズラ科

芽のかたまる6月が刈り込みに最適

10月から11月にかけて、サンゴのような小さく赤い実がなるサンゴジュ。庭木として鑑賞するほか、生け垣や防火樹としても重宝されています。とても丈夫で生長が早いため、すぐに枝が伸びて樹形が乱れます。年に2～3回は刈り込みましょう。

また寒さにとても弱いので、刈り込むのは4月から9月ごろがシーズン。ただし4月は芽が一番伸びる時期なので、刈り込んでもすぐに大きくなります。芽のかたまる6月に強く刈り込み、9月に伸びた分の枝を切りそろえて形を整えるのが◎。春から7月にはサンゴジュハムシが多く発生するので、穴のあいた葉を見つけたら、オルトラン液剤などの殺虫剤を散布します。

モチノキ

黐木／モチノキ科

6月以降に枝元から切り落とす

かわいい赤い実がなるモチノキですが、樹形や葉の美しさが身上なので、花芽にこだわらずに剪定します。新芽のかたまった6月以降に細かい枝を枝元から切り落とします。残った枝は枝元の葉を2～3枚残して先端を切り詰め、古い葉を落としてすっきりさせる、いわゆる「二つ葉透かし」「三つ葉透かし」を行います。刈り込んで整えることもできますが、その場合は2～3年に一度枝抜きをします。

大きくなりすぎたときは、強く剪定すると小さくすることができます。樹芯を切ってとめ、枝を太い部分で切り戻します。同時にスコップを根に差し込んで根切りし、幹にワラを巻いて木肌が焼けるのを防ぎます。

Part3

名人庭師
とっておきの知恵袋

「植える」コツ、「育てる」コツ、「手入れ」のコツ
……植物と暮らすうえで必要な知識と、
つまずきがちなポイントをプロが伝授。
これで、庭に出るのが楽しくなる！

「植える」コツ

まめな人は一年草、多忙な人は宿根草

園芸を楽しみたいけれど時間に余裕がない、こまめに草花の手入れができないという場合は、管理がしやすい宿根草や球根を選ぶとよいでしょう。

宿根草は、種子、株分け、さし木などでふえ、一度植えると、根や地下茎の一部が地下で生き続け、毎年、季節がくると、また芽を出して、花を咲かせます。オダマキ、ガーベラ、キク、スズラン、ゼラニウム、セントポーリア、シンビジウムなどが宿根草です。4～5年に一度くらい株分けと植え替えをします。

アネモネ、アマリリス、グラジオラス、スイセンなどの球根草花も手入れは簡単です。花を楽しんだあとに追肥をやって冬を越させるか、球根を掘りあげて翌年にまた植えればよいので、比較的簡単に楽しめます。ただし、だんだん球根はやせるので、限度はあります。

逆に、時間的に余裕があってまめに草花の手入れができるような人は、一年草のように、種子から育て、移植したり、定植したり、種子をとって、翌年にまくような、管理が必要な草花もよいでしょう。

一種子、二肥《こえ》、三手入れ

「一苗、……」ともいいます。木や草花を育てるには、なによりも種子や苗の選定が大事です。

種子はつやがあり、傷がなく、水に浮かせたときに沈むのがよいといわれます。園芸店が販売する種子はほぼ合格点のものを選定していますが、それでも芽が出るのは気温が20℃のときで、約70パーセントといわれます。種子をまくときに、チェックしてみましょう。

一方、球根は大きくてかたくしまっていて、表皮につやがあり、傷やしわがないものがよいのです。手にとってみたときに、大きさのわりにずしりと重みがあるものを選びましょう。

苗は、根がしっかり張っているもの、主根がしっかりしていて、ひげ根が多いものがよく、また枝葉に虫が食った跡や病気がなく、葉がつまっているもの、節と節のあいだがつまっているものが一番です。ただし、根については、実際には、土がついていて見えないので、信用のある店で「根はしっかりしていますか」と確認してから購入するとよいでしょう。

植木は根で買う

「落葉期に雑木を選ぶな」ともいいます。葉が落ちている木は、葉がどんな色つやをしているか、枝に勢いがあるかどうかわからないからです。

しかし、実際には、購入するときに色つやがよく勢いのよい植木を選んでも、育った環境とは違う庭に植える

●一年草・二年草、宿根草、球根植物

一年草・二年草	●一年草というのは、春に種子をまき、夏に花を咲かせ、その年のうちに枯れるものをいう。 ●二年草というのは、秋に種子をまき、冬を越して、翌年の春に花を咲かせるものをいう。 アサガオ、インパチェンス、エキザカム、オジギソウ、カーネーション、ガザニア、クリサンセマム、ケイトウ、コスモス、コリウス、サルビア、シネラリア、スイートピー、ストック、ゼラニウム、ダイアンサス、ディモルホセカ、デルフィニウム、トルコギキョウ、トレニア、ナスタチウム、ニチニチソウ、バーベナ、パンジー、プリムラ、ペチュニア、マリーゴールド、ロベリア、ワスレナグサ
宿根草	●宿根草というのは、一度種子をまくと、その根や地下茎が地中に残って、毎年花を咲かせるものをいう。種子でふやすほか、株分け、さし木でふやすことができる。多年草ともいう。 ●地上部が枯れていても、地下では根や地下茎が生きているので、冬でも水やりをする必要がある。 ●草花の中には同じ仲間の草花でも、一年草・二年草のものと、宿根草のものとがある。 アナナス、アメリカンブルー、アンスリウム、インパチェンス、エビネ、オダマキ、オトメギキョウ、カトレア、ガーベラ、カランコエ、カンパニュラ、キキョウ、キク、クリスマスローズ、クジャクサボテン、クンシラン、コチョウラン、シンビジウム、シャコバサボテン、シュウメイギク、スイレン、スズラン、スミレ、スパティフィラム、ゼラニウム、セントポーリア、ダイアンサス、ディモルホセカ、デルフィニウム、ハナキリン、バーベナ、パンダイチゴ、フクシア、ブライダルベール、プリムラ、ブルーデージー、ブルー・ファンフラワー、ベゴニア、ペラルゴニウム、ヘリオトロープ、ホオズキ、ポットマム、ポーチェラカ、ホテイアオイ、ホトトギス、マーガレット、ラベンダー、ユウゼンギク、リンドウ
球根植物	●球根植物は、球根によってふえる植物をいう。 アネモネ、アマリリス、カラー、カラジウム、グラジオラス、クルクマ、グロキシニア、クロッカス、グロリオサ、サギソウ、シクラメン、スイセン、ダリア、チューリップ、ヒヤシンス、フリージア、ユリ、ラナンキュラス、ロードヒポキシス

と、急に元気がなくなってしまうことがあります。

むしろ植木は根を見て選ぶべきです。根がしっかりしていて、細かい根がはえているものを選びます。

根さえしっかりしていれば、どんなに環境が違ってもよく根づき、勢いのよい枝を伸ばし、色つやのよい葉をつけます。見栄えよりも実質です。実際、見かけは同じように見えても、根がしっかりしているものは、そうでないものより値段が高いはずです。

もっとも購入するときは根がむき出しになってはおらず、たいてい根鉢に植えられていたり、こもが巻いてあったりします。こういう場合は購入店に根の状態をよくたずねて選んでもらいましょう。

土はふるって植えよ

植木を購入したときには根の土をよく見ることが大事です。できるなら根鉢についている土と同じ土に植えるほうが、植木はよく根づき育ちます。

でも、そういうわけにいかないときには、根の土を落としてから植えるようにしましょう。

根の土が砂の場合は、「半ぶるいして植えよ」と昔からいわれています。根を傷つけないように、棒などで半分くらい落とします。

壁土の場合は、ほとんどの土を落としてから植えます。壁土がついているのは水分の確保のためで、一時的に植木の根を守るためです。このまま庭に埋めては、植木は育ちません。壁土は土の目が詰まっているので、水はけが悪く、通気性もないので、ほかの土となじまないからです。

草花で根鉢の土がはっきりせず、そのまま花壇に移し替えてよいものかどうかわからないときには、購入するときに、どんな配合土なのか、その点を確かめておきましょう。

市が立つ月は植えどき

「木七、タケ八、塀十郎」という言葉があり、かつては木は生長が一時停止する旧暦の7月（新暦の8月ごろ）、タケは8月（新暦の9月ごろ）に植えるのがよく、塀は気候が穏やかな10月（新暦の11月ごろ）に塗るのがよいといわれました。しかし、実際には寒い地方、暖かい地方など場所によって植えどきは多少違います。むしろ、春や秋に各地で植木市が開かれますから、その時期が植えるのに適していると考えてよいでしょう。

植物には植えるのに適した時期があります。というのも、発芽するには土の温度が関係するからです。春にまく種子や球根は、気温が15℃から20℃になるころ、つまり春も少し遅めのサクラの花が咲くころから5月の半ばごろまで、秋は種子の場合は少し早めの8月中旬から9月下旬が、球根は9月下旬から11月上旬が植えどきになります。

種子は袋の8割

種子から育てる場合は、苗づくりから始めます。苗をつくるときには、平らな広めの鉢や木箱を使います。苗づくりをして、その中からよい苗を選んで庭に移植します。

●種子をまく時期

胎生型	木になっているうちに根を出すので、種子をとったらすぐにまく。 イヌマキ、メヒルギなど
短期発芽型	木から落ちて10日くらいで発芽するので、種子をとったらすぐにまく。 ウバメガシ、タブ、ヤナギなど
一年型	秋に種子をとってまくと翌年の春に発芽する。 カシノキ、クスノキ、トチノキ、その他多数
二年型	秋に種子をまくと、翌年の春から、さらに次の年の春にかけて発芽していく。種子を乾燥させると、一年型が二年型になることがある。 サクラ、ハナミズキ、ヤマモモなど
多年型	秋に種子をまくと１年から４年くらいのあいだに発芽する。寒冷地、高山に見られる。 イチイ、カエデ、シナノキ、ナナカマド、マンサク、ミズキ、ニシキギなど
初期休眠型	秋に種をまくと翌年は発芽しないで2年目に発芽する。 ガマズミ、モチノキなど

●種子の貯蔵

乾燥させてよい	乾燥させてはいけない
アカマツ、カバノキ、カラマツ、クロマツ、スギ、ハンノキなど ●常温または５℃以下の低温貯蔵をする。低温にすることによって、発芽力をよくすることができる。	アオキ、イチイ、イチョウ、イヌマキ、カシノキ、カヤ、クリ、クルミ、ツバキ、トチノキ、ナンテンなど サクラ、ウメ、ブドウ、リンゴなどの種子は果肉に包まれているが、これは乾燥を防いでいるためでもある。 ●種子をとったら、その日のうちにまくか、それができないときは、ビニール袋に少し水を入れて、その中に種子を入れて、冷蔵庫で保管してなるべく早くまく。 ●果肉のついた種子は果肉をとって洗ってすぐにまく。

市販の種子を求めた場合、小さな種子がたくさん入っているときは、一袋すべてをまくのではなく、少なめに、だいたい7～8割くらいをまきます。

古いはがきなどを利用し、谷形に折って種子をのせ、種子が重ならないように、ばらまきするとよいでしょう。上から土はかぶせません。小さい種子は指先でもつぶれやすく、土をかぶせると発芽しにくくなります。

種子が大きい場合は、指先や棒先で一条の溝をつくり、種子をまいて、種子が隠れるくらいに土を軽くかぶせます。また、発芽後、移植しないでそのまま育てたいときは、鉢にじかに点まきするか、市販のピートポットにまくとそのまま花壇に移せます。一鉢にアサガオなら一株が適当です。

雨後の種子まき

畑や花壇に種子を直《じか》まきするときは、雨が降った翌日の晴れた日にすると順調に発芽します。地表は乾いていて手入れしやすいし、地下は適度な湿り気があって、種子のかたい皮をふやかし、発芽しやすくなるからです。

種子をまいたあとは、直接雨がかからないように、ビニールなどを張って、雨よけをつくってやるとよいでしょう。

天気を期待できないときや、まき床(鉢、木箱でもよい)にまく場合は、種子を一昼夜、水を浸した器に寝かせてからまくか、あるいはナイフで種子の表面に傷をつけてからまくようにすると、発芽がスムーズです。

また、樹木の場合は、さし木やとり木、接ぎ木したり、自生しているものをとってきたり、市販の接ぎ木苗を購入したりして育てますが、種子から育てることができるものもあります。このような樹木を実生《みしょう》といいます。イヌツゲ、モチノキ、ナナカマド、マキな

●種子のまき方

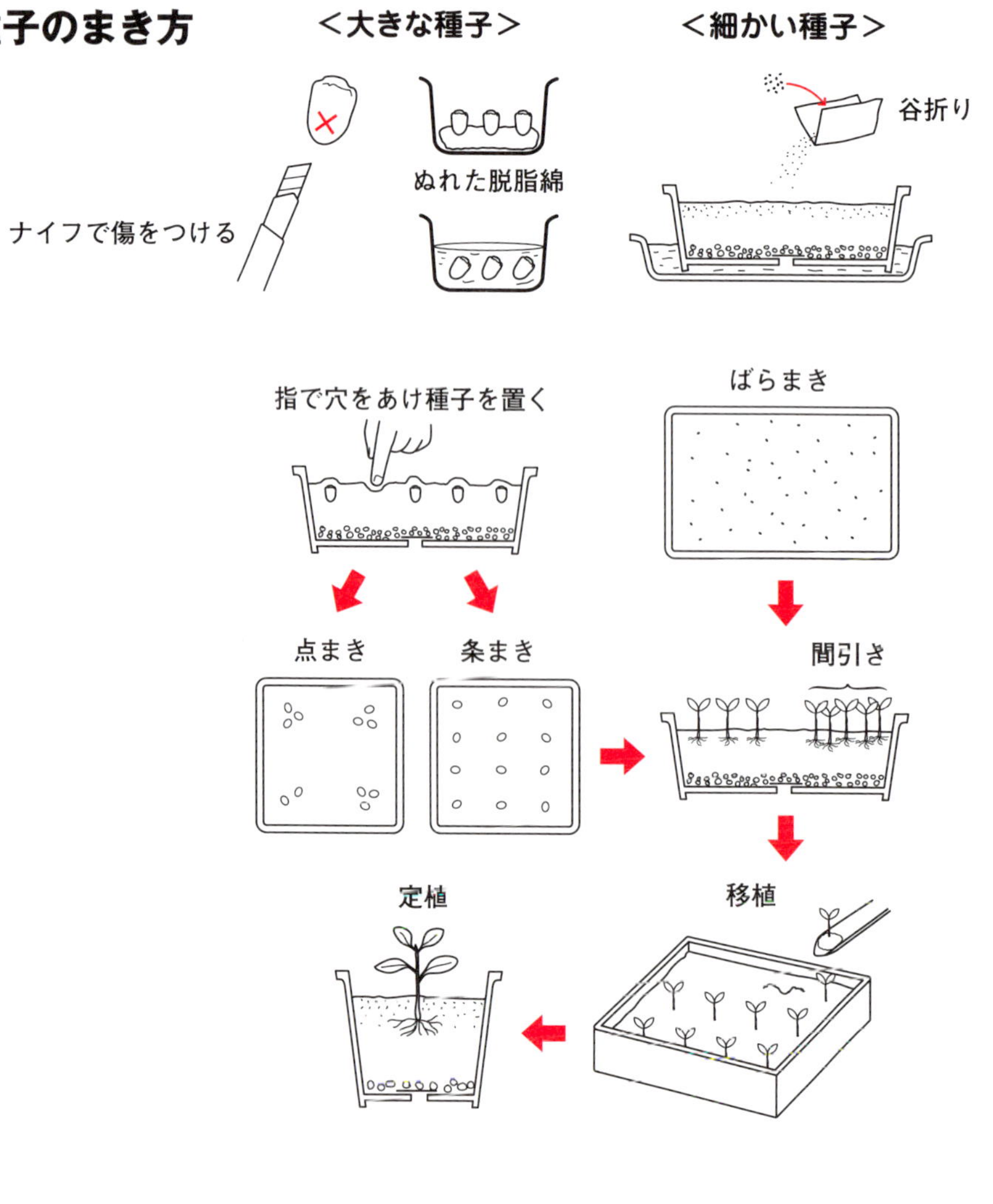

<大きな種子>
<細かい種子>
ナイフで傷をつける
ぬれた脱脂綿
谷折り
指で穴をあけ種子を置く
ばらまき
点まき
条まき
間引き
定植
移植

ど実生から育てられる植木はたくさんあります。ただし、実生は発芽しにくいといわれます。生長するのに時間もかかります。

発芽までは日陰

水を含んだ種子は胚《はい》の酵素が活性化して、種子に貯蔵している物質を分解し、これを利用しながら芽が伸びてきます。これが発芽です。

発芽には適度な温度（15〜20℃）、水分（土の量の20〜30パーセント）、酵素、光が必要ですが、この間、直射日光に当てると土が乾き水分が不足し、かえって発芽を遅らせます。発芽までは日陰で育てます。

そのかわり、発芽したらすぐに風通しのよい日なたに移し、芽が込んでいるところは間引きをします。日なたに移さないと、もやしのように足の長い芽になります。また早めに間引きしないと、十分な水分、酸素、光、栄養が回らず、がっしりした苗になりません。

間引きのコツは、1回だけでなく、様子を見て2〜3回行うことです。生長の悪いもの、色つやの悪いものなどを抜いて、草木の大きさに合わせて数センチから10センチくらいの間隔をあけます。このとき市販の液体肥料を用途に合わせて与えましょう。その後、移植してさらに苗を育て、ついで草木を楽しみたい場所である庭や鉢などに定植します。

間引きは早め、移植は遅め

発芽したときに込み合っていると養分が十分に回らず、丈夫な苗に育ちません。植物の大きさに合わせて、適度な間隔をあけるように間引きをします。間引きは早めにしないと苗の生長に影響を与えます。

ついで、ある程度育ったら苗床に移植します。移植は根があまり伸びすぎないうちにするほうが根を傷めません。本葉が2〜3枚になったときに移植するとよいでしょう。

移植するときは、曇りの日を選ぶか日陰で行います。日ざしが強いと、芽や根が乾燥して植物が弱ってしまうことがあります。

また、根を傷つけないように、移植用のスコップでていねいに行い、その後、水をやります。

さらに花壇や鉢に定植します。

このとき鉢を使うなら素焼きに限ります。素焼きは、通気性、通水性にすぐれています。水やりをした場合、その50パーセントは素焼きの表面から蒸発するといわれます。そうした鉢の表面の気化熱を奪って、鉢の中の温度が高くなるのを防ぎます。

ただし、鉢の置き場所が、マンションなどのベランダの場合、コンクリートの床のために、鉢の温度が上がります。すると、素焼きの通水性がマイナスに作用して水切れをおこすことがあります。

それを防ぐためには、夏、水をたっぷり与えると同時に、鉢カバーをしたり、水切れをおこしにくい化粧鉢にするとよいでしょう。

土は盛り上げて植えよ

鉢に配合土を入れるときは、八分目ぐらいにしましょう。鉢いっぱいに配合土を入れると、水やりをしたときに、水と一緒に土がもれ出してしまいます。それが気になって十分な水やりができないかもしれません。空間をつくって、水やりをする場合のウォータースペースを見込んでおくわけです。

庭に植えるときは、根元部分の土を盛り上げて苗を植えましょう。これは、根が十分に張れるようにしてやるためであり、また水やりをしたときに、水が根元周辺にたまらないようにするためです。水がたまると、茎や根を傷めることがあります。

さし木は梅雨どき

梅雨どきは、①夏に向けて温度は高くなり、湿気は十分である、②植木の芽はかたまってくる時期である、ということから、さし木をするのに適していいます。この時期のさし木は成功しやすいでしょう。

ただし、この時期をはずしたら、さし木はできないというわけではありません。水分が蒸発して植物がしおれやすい真夏、温度が低くて栄養がまわらず植物の生長が鈍る晩秋から真冬は育てにくいのですが、この時期を除けば生長期にある植物は根づくでしょう。たとえば落葉樹の場合は芽が出る前の2月ごろから栄養が十分な秋口にかけて、常緑樹なら芽が伸びる前の3月ごろから秋口にかけてです。

さし木をするときは、かたまらない新芽部分や、かたまりすぎた枝は根が出にくいので、その部分を除いた枝を用います。

一、二年草でも、ペチュニアなどは「さし芽」という方法でふやすことができます。配合土を箱に入れて、そこに新芽の部分を切ってさせばよいのです。場合によってはコップの水にさしておくだけで根が出ます。

ツバキのさし木は土用3日目

ツバキのさし木は、土用の3日目（7月の末）に行うとよくつくといわれます。さし木をするときは、南面にはえている元気のよい新しい梢を15センチくらい切り取り、これをさし穂とします。ついで一芽一葉（芽と葉の数が同じ）になるように葉を整理し、改めて一番下の葉より下2～3センチくらいのところで、斜めに安全カミソリでスパッと切ります。10センチくらいの大きさになります。これを一晩水につけて水あげします。

安全カミソリでスパッと切れないところからは根が出ません。その部分が老化しているからです。また斜めに切るのは、切断面が大きいほど発根しやすくなるからです。

さし床は、切断面からばい菌が入らないように消毒した土で、排水性、通

●さし木のやり方

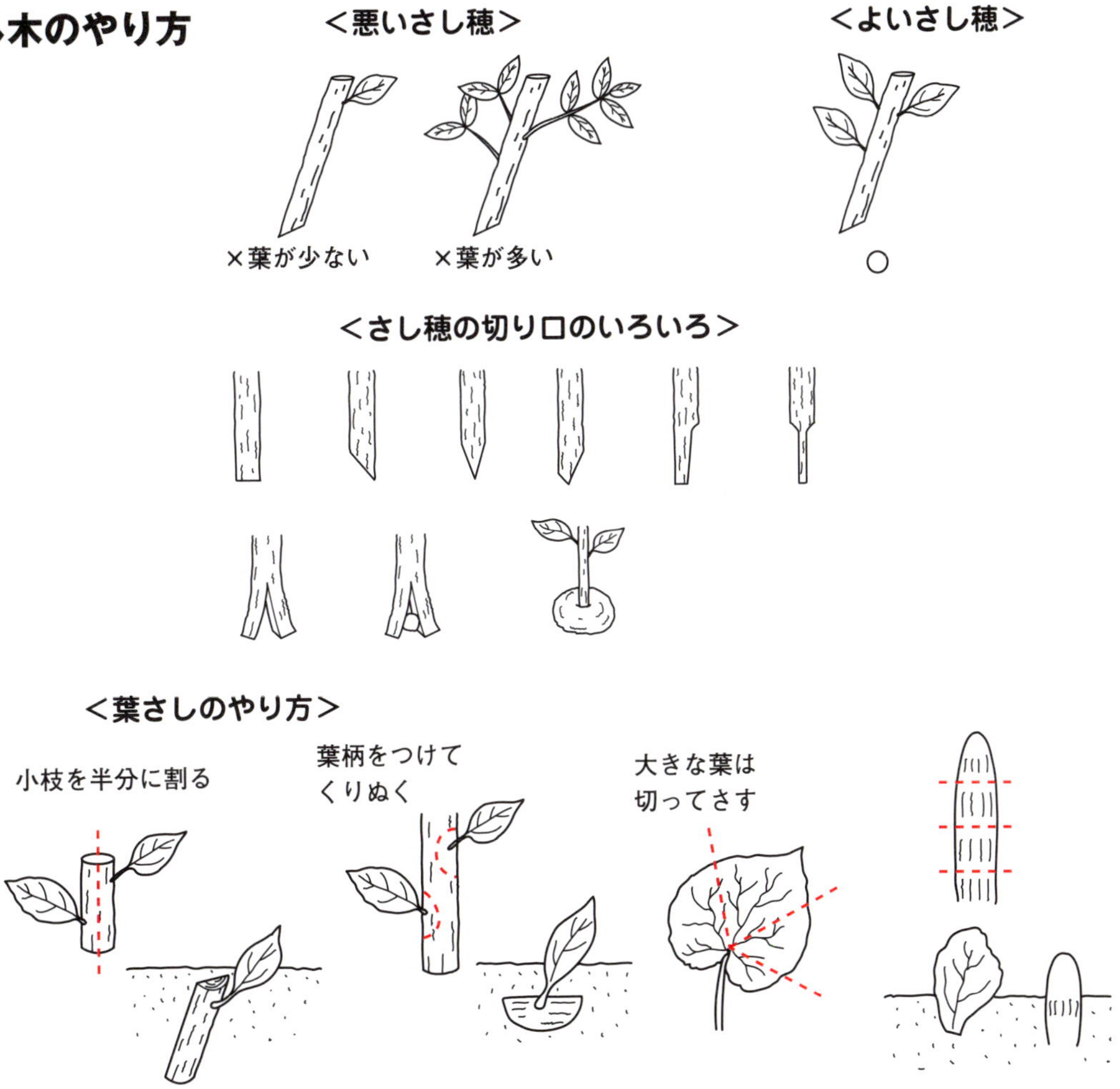
＜悪いさし穂＞
×葉が少ない
×葉が多い
＜よいさし穂＞
○
＜さし穂の切り口のいろいろ＞
＜葉さしのやり方＞
小枝を半分に割る
葉柄をつけて
くりぬく
大きな葉は
切ってさす

2~3
cm
キレイに
切れま
せん…
老化してやがんな
根は出ねーぞ

風性があるものが適しています。一般的には市販の鹿沼土を水でといて丸め、だんごにしたものにさし穂をさします。これを普通の土に穴を掘って埋めればよいでしょう。発根するまでは日よけをして水分を調整します。毎日の水やり（汲みおきの水がよい）を忘れないようにしましょう。

株分けは春か秋

宿根草は根株を植えると毎年花を咲かせます。でも、長いあいだには株がふえ、まんべんなく光や風が当たらなくなるために、新しい芽や根の発育を妨げるようになります。少なくとも4年か5年に一度は株分けや植え替えをしてやりましょう。

3月も下旬ごろになると、気温が上がり、根の発育がさかんになってきます。その前に株分け、植え替えをします。この時期に行うのは、夏または秋に花を咲かせる宿根草が対象です。これには、ガーベラ、根茎ベゴニア、ホトトギスなどがあります。

一方、春に花を咲かせるキンセンカ、カスミソウ、スイートピー、ナデシコ、ヒナゲシ、ヤグルマソウなどは秋口の9月上旬から10月上旬に行います。

そのほか変則的ですが、早春に花をつけるアルメリア、クリスマスローズ、シバザクラは9月ごろに、晩春に花を咲かせるアヤメ、ハナショウブ、ジャーマンアイリスは花が咲き終わった5月下旬から6月上旬に、初夏に花を咲かせるシャクヤクは9月下旬から10月上旬に株分けをします。

●株分けのやり方

①小枝が横に広がる草花

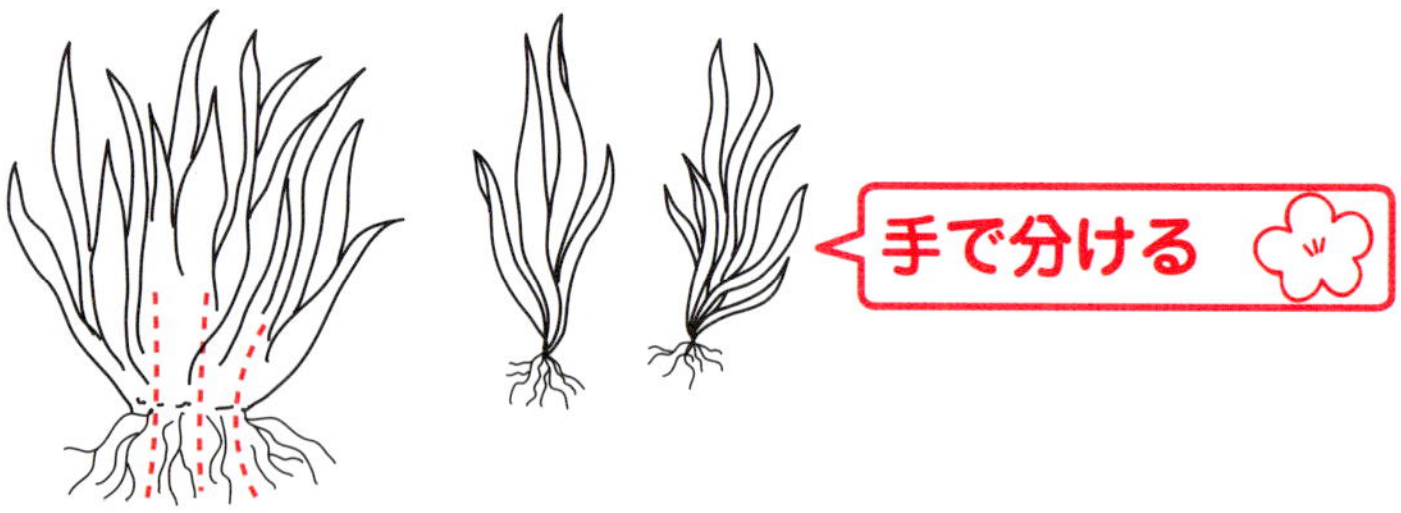
手で分ける

②ごぼう根の草花

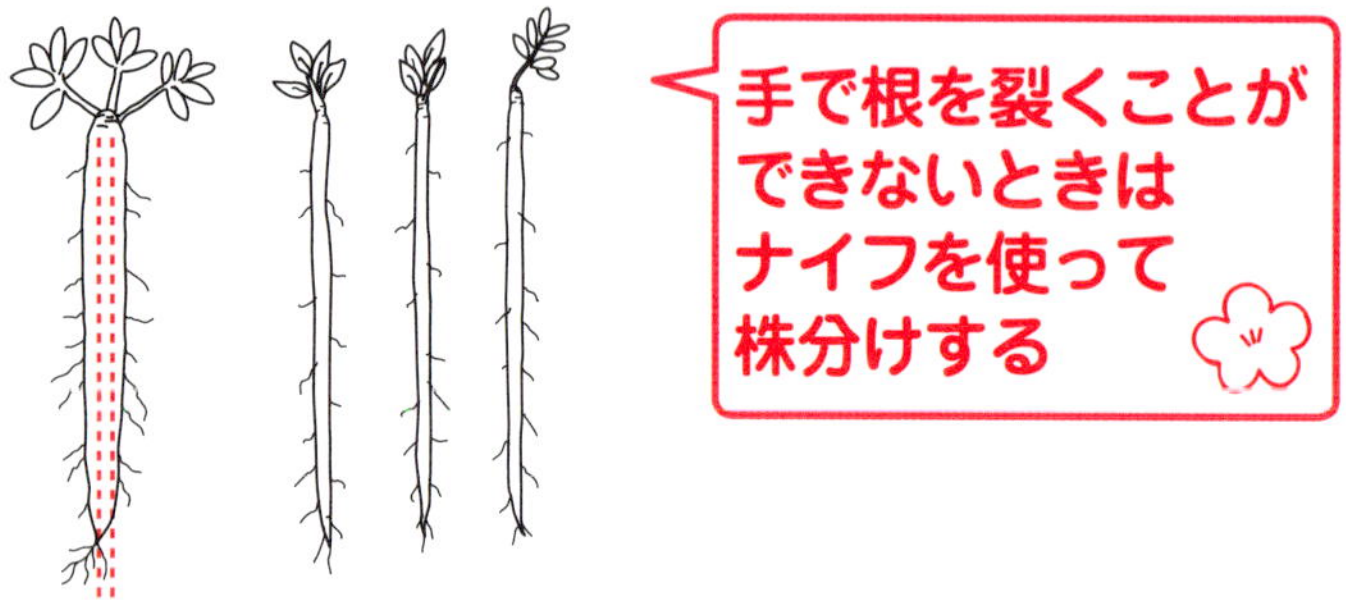
手で根を裂くことができないときはナイフを使って株分けする

③地下茎が伸びる草花

手で株分けするかナイフを使う

④茎が地面をはって根をおろす草花

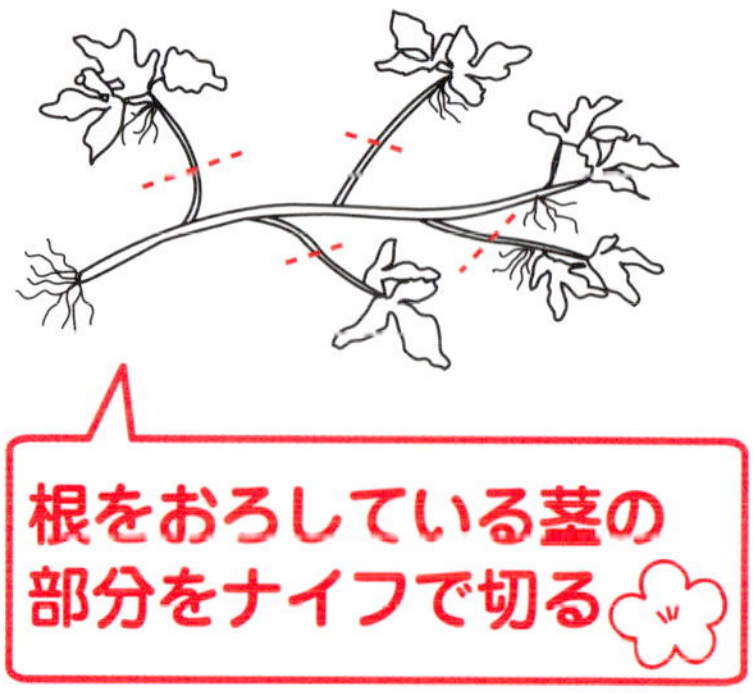
根をおろしている茎の部分をナイフで切る

2月の社日が接ぎ木の真旬

接ぎ木は、接がれる木（台木《だいぎ》）に繁殖させる木（穂木《ほぎ》）を接着させる方法です。生長するのに時間がかかるような木に接ぎ木をすると、早く花が咲いたり、実がなったりします。これは、穂木でつくられた栄養が接ぎ木した部分で妨げられて、根のほうにいかずに、花や実にいくからです。

接ぎ木はどの木でもできるわけではなく、台木と穂木とが似通っている木でなければなりません。台木になるのは、根がよく発達している、移植に強い、病害虫に強い、生育が早いなどの条件を満たしている木です。穂木になるのは、木に勢いがあって強い、病害虫におかされていない、栄養が充実している、樹齢が2年から20年のあいだである、などの条件を満たす木から選びます。

接ぎ木をする時期は、台木は活動を始めたころがよく、穂木はまだ休眠状態にあるころが順調に生育します。そこで、穂木は寒のうちに切り取って乾燥しないように土中に埋めておき、ことわざのように台木が活動を始める3月、春分に近い戊《つちのえ》の日（旧暦の2月の社日《しゃにち》）ころに接ぎ木をします。

●接ぎ木のやり方

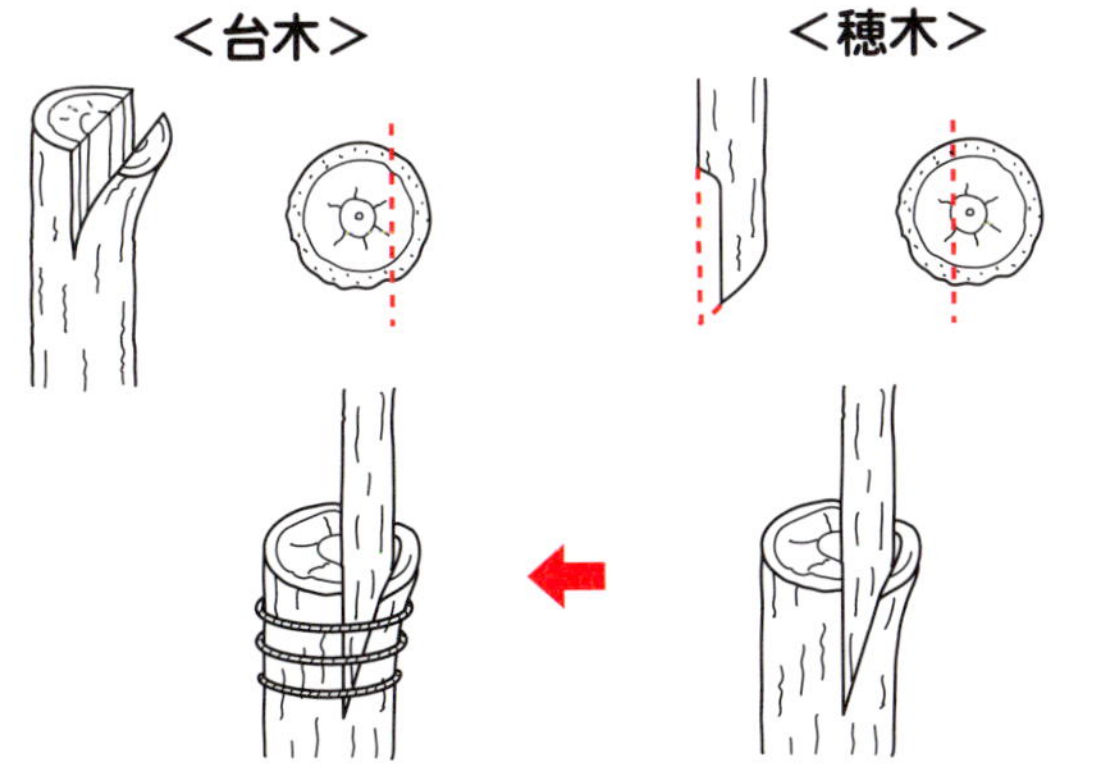
<台木>
<穂木>

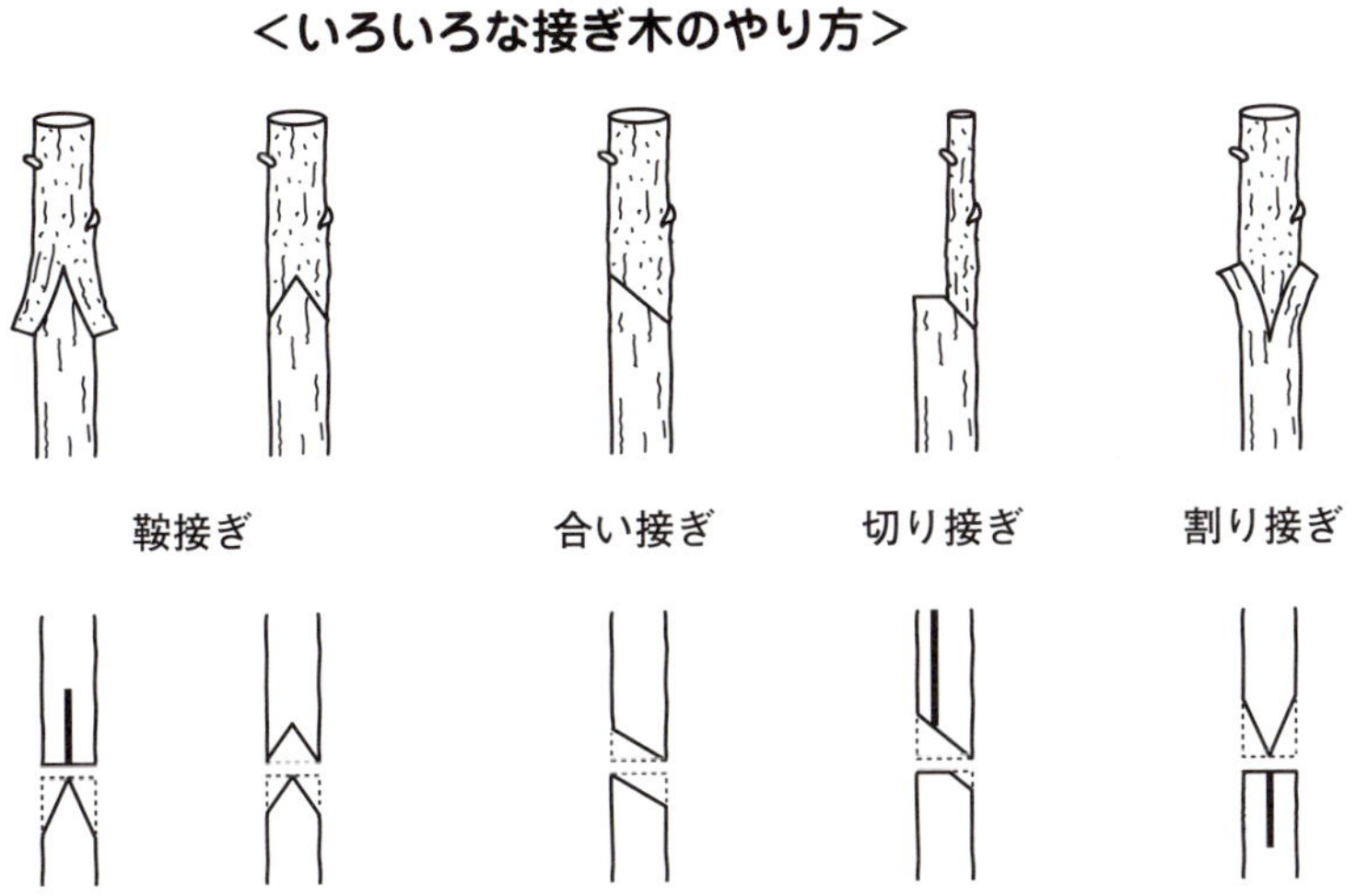
<いろいろな接ぎ木のやり方>
鞍接ぎ
合い接ぎ
切り接ぎ
割り接ぎ

9月〜10月の投げ木

10月〜11月（旧暦の9月〜10月）は新芽がかたまり、木を移植するにはうってつけの時期です。木を投げておいても根づくといわれます。また、新芽がやわらかいうちは植え替えると葉焼けをおこしやすいので、新芽が出る前の3月から4月上旬ごろに移植してもよいでしょう。「10月の投げマツ」「2月の捨てマツ」という言葉もあります。これらの時期は、地温が高く、土は湿り気があり、木は葉が落ちて休眠期にあたるので移植しても影響が少なく、よく根づきます。風がない曇りの日を選びます。晴れていると掘り出した根が乾きます。もし晴れた日なら朝か夕方にやるようにします。

移植に適している木は、生長がよい若い木です。老木や大木、根が太すぎる木、ジンチョウゲのように深く根を伸ばしているごぼう根の木は適当ではありません。アジサイ、イチョウ、ウメ、エノキ、シイノキ、ヤマブキ、ポプラ、プラタナスなどが移植しやすいでしょう。

根は一般に、幹の直径の3〜5倍に張っており、深さは2〜3倍と考えられます。その大きさで木を掘り取り、移し替えます。

●一般的な根巻き

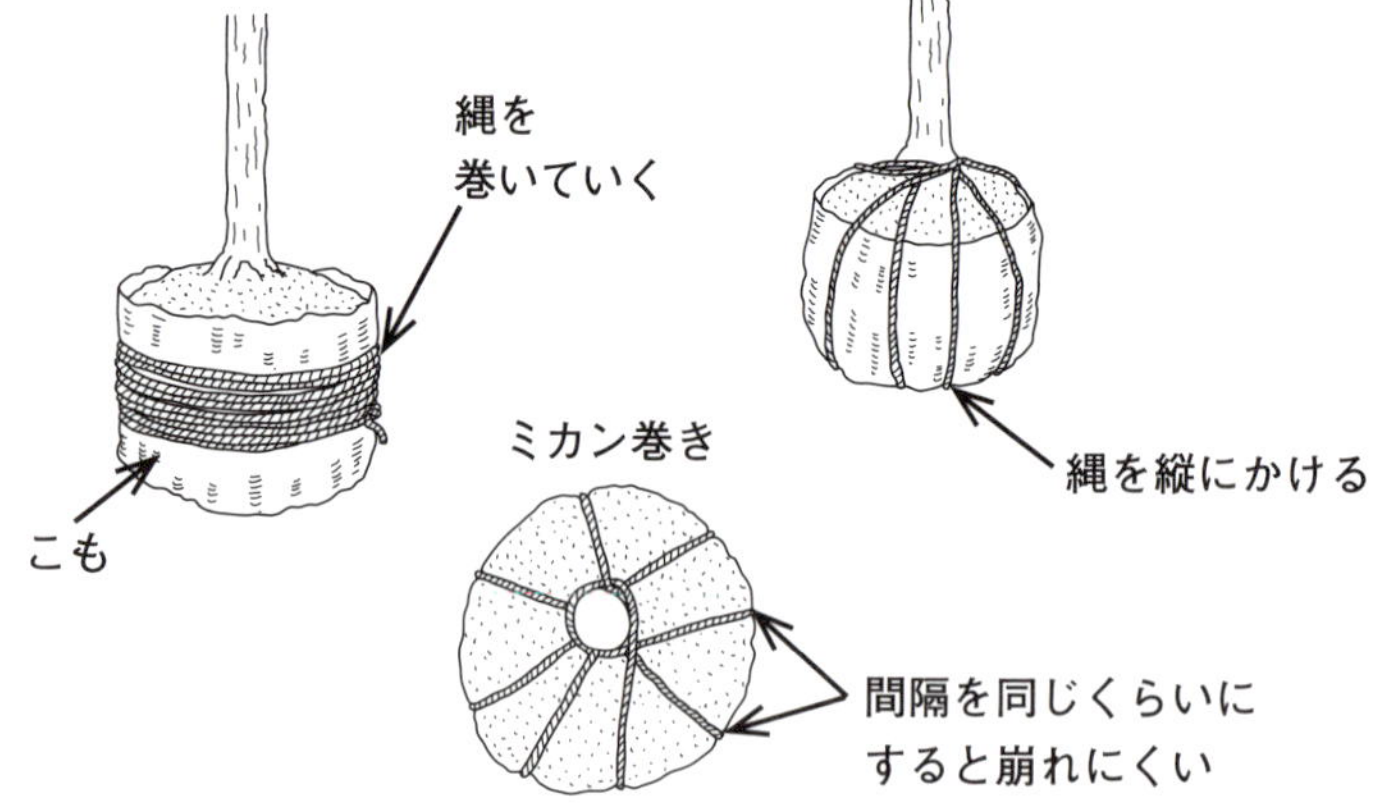

縄を
巻いていく
こも
縄を縦にかける
ミカン巻き
間隔を同じくらいに
すると崩れにくい

葉の裏を乾かすな

樹木の移植をするときは、木の掘り起こしから、植えつけまでを一気に行います。木を掘り起こしたまま、一日横に寝かせておくと、葉の裏がもろに日光にさらされて、乾いて葉焼けをおこすことがあります。葉の色が悪くなり、しおれて、その後もなかなか回復しません。

というのも、葉の裏には表と違って蒸散作用や呼吸作用を調整するときの出入り口にあたる気孔がないため、日光にさらされると、蒸散作用がスムーズにいかなくなるからです。とくにモミジなど葉の薄い木は、てきめんに葉焼けをおこします。

根はもともと地下に埋められていた部分です。早めに地下に戻しましょう。移すのに時間がかかるときは、根が乾かないようにこもを巻き、縄で縛っておきます。これを根巻きといいます。葉や根を乾かさないように、手順よく行いましょう。事前に、掘り起こす木の根元に水をたっぷりやり（灌《かん》

●樹木の移植

①枝葉を切り水をやる

②掘り起こす

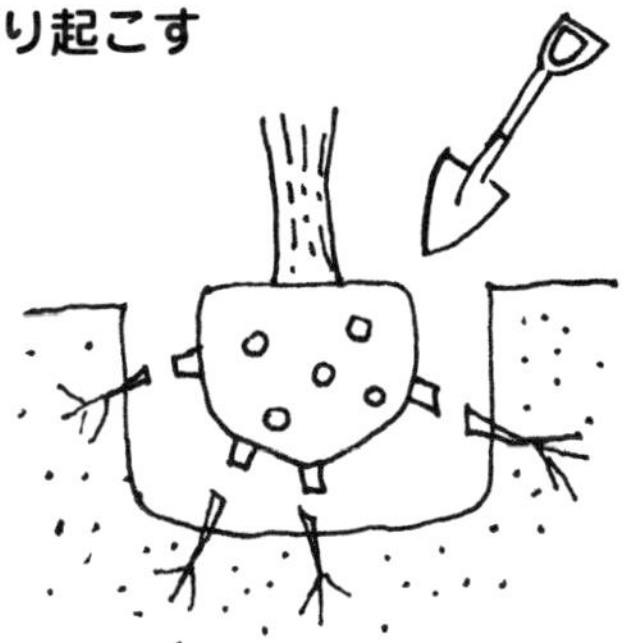

③こもを巻く

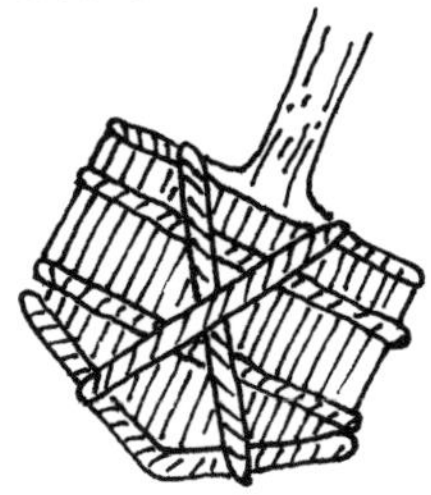

④運ぶ

⑤穴を掘る

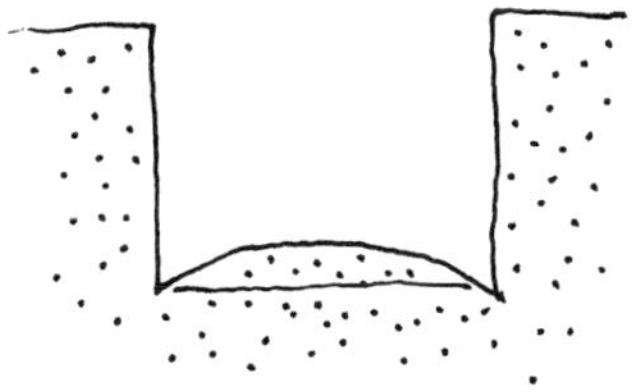

⑥木を植える
土をつく

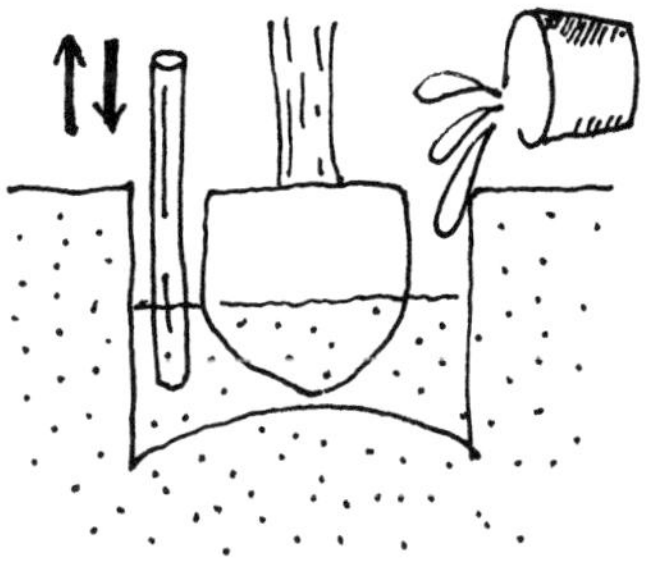

⑦水鉢をつくる

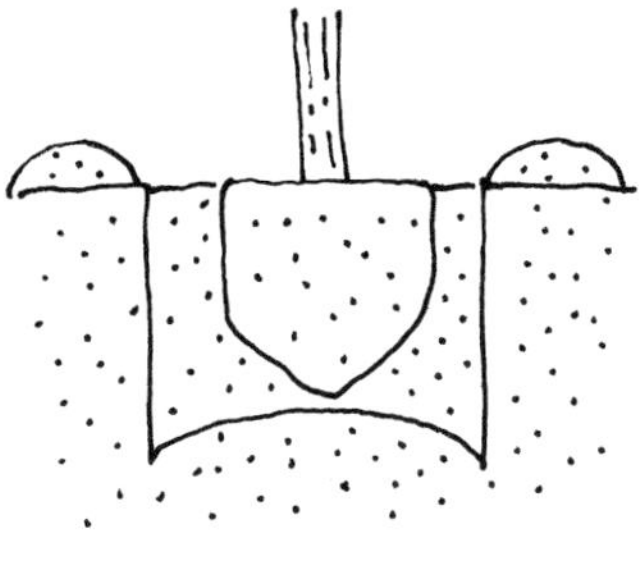

水《すい》)、枝、葉の余分なものは刈ってお
き、運搬経路を考えて周囲の草などは
除き、植え穴を掘って土づくりをして
おきましょう。

枝先をつまんで植える

購入した苗木や移植する木をそのまま植えたのでは、木がしおれて、なかなか回復しなかったり、しっかりした木に育ちません。植えるときは、枝葉の3分の1くらいを切ってから植えます。アオギリ、イチョウ、モミジ、ヤナギなど萌芽力のある木は、半分ぐらいの大きさに切ってもよいでしょう。

丈夫な幹、枝葉をばっさり切ったら、枯れ枝や病害虫におかされた枝、ほかの枝にからむようについているからみ枝、下方に伸びている逆さ枝、外側でなく幹のほうに伸びているふところ枝、まっすぐに伸びている飛び枝、幹の途中からはえてくる枝の胴吹き、根っこにはえてくる枝のヤゴなども切り落とします。

新しい土になじむまでは、できるだけ根に負担をかけないように、また根に十分な栄養と水分が回るように、刈り込んでおくのです。こうすると、蒸散作用を極力おさえて水分が逃げるのを防げます。強く刈り込んでも、その後、勢いのよい新しい芽をつけ、枝をぐんぐん伸ばし、一年もすると、立派な木になります。

好みで決まる木の表裏

植えるときは、木を正面に向けて植えます。木には表と裏があるのです。木を四方八方から眺めると左右対称ではありません。くせがあります。それを見ながら、主力になる枝があるか、枝ぶりがよいのはどの角度か、幹の模様が楽しめるか、幹が曲がっている場合はそのラインがキレイに見える角度は、などということを考えて、最終的には、好みで表を決めていきます。この表が正面になるように植えます。

また、どの木にも必ず、主力になる枝があります。太くしっかりした枝です。これを「利き枝」といいます。

木を植えるときは、まっすぐに植えるのではなく、やや前かがみに植える、つまり「利き枝に傾ける」のがコツです。傾けることによって、木に安定感が出てきますので、味わい深くなります。

利き枝が太くて重い場合は、支柱を立ててやるとよいでしょう。支柱は丸太やタケを使い、支柱があたる幹にはスギ皮を巻き、シュロの縄でしっかり結びます。

根張りを見せよ

木を植えつけるときは、移植する前よりも浅めに植えて、根張りを見せるほうが、その後、根ががっちりと張るようになります。ことに、ウメ、サルスベリなどは根張りから幹にあがる線の美しさを楽しめます。一般の木でも、根張りを見せるほうが見栄えがよいでしょう。

そこで、木を植えるときは、根鉢よりも少し大きめに穴を掘ります。瓦礫《がれき》や石などは取り除きます。木を植え穴に入れたら、土は細かく砕いて半分くらい入れて、水をたっぷり注ぎます。これを「水ぎめ」といいます。その後、根と土がなじむように棒で数回つつきます。深く植えすぎないように注意して、さらに土をかけ、埋め戻します。マツやモミなどは、「千本づき」ともいわれ、水を入れずにそのまま土を入れて上から棒でよくつき、埋め返します。これで十分に根づきます。これを「土ぎめ」といいます。

その後、風などで木が倒れないように、タケや丸太で支えをします。木が小さい場合は一本のタケをわきにさして支柱にすればよく、枝が広がっている木や大きい木の場合は3本の支柱を立てます。

少し浅めに植えるこった
見えてるほうが美しくもありますね

水吸いを守る幹巻き

移植した木の幹にこもを巻くことがあります。これを「幹巻き」といいます。なぜ幹に巻くのかといえば、水を吸い上げる導管のある形成層を保護するためです。この形成層を「水吸い」といいます。

移植した当初は根は弱っており、十分に土から水分を吸収して、水分を行き渡らせることができません。そのために、導管をはじめ幹全体が乾いてしまいます。そんな状態のところに、風に吹きさらされたり、日にさらされたりすると、幹はますます乾燥して弱ってしまいます。それをカバーするために幹巻きをするのです。

こもの巻き方は根元から順に上へと重ねていきます。大きな枝にもこもを巻きます。こもを順に上へと重ねるのは、雨などが、はいである部分にたまらないで、スムーズに下に流れるようにするためです。また、このほうが取りはずすときも楽です。

だいたい半年くらいで、根がしっかり張ってくるので、そうしたらこもを外します。

古木を移して、枯れを導く

移植する木は若い木や成熟した木に限ります。古木は植え替えると、新しい環境になじむのに時間がかかり、そのまま樹勢が衰えて枯れてしまうことがあります。古木の植え替えはなるべく避けましょう。余談ですが、お年寄りも家を建て直したり引っ越したりして新しい環境に暮らすよりも、なれ親しんだ家、環境の中で過ごすほうが長生きするそうですが、それと同じです。

また、木によっては若い木でも移植しないほうがよいものがあります。たとえば、コブシなどがその例です。

どうしても移す必要があるときには、「根回しをして移す」のがコツです。根回しというのは、太い根の一部を残して、その他の細い根は切って整えることです。さらに太い根の皮をはいで水分や養分の吸収をよくしてやります。こうしてひげ根がたくさんはえるように細工をしてから所定の場所に埋めます。

「根を掘って葉を枯らす」（元も子もなくす）ことがないように、注意しましょう。

家の西側に石垣

庭をつくるときは西側に石垣を設けるとよいといわれます。石垣が午後の強い西日をさえぎるからです。「西日は葉焼け、土焼けをおこす」と言い伝えにもあるように、草花の葉を傷めたり、土を乾燥させたりします。西側に花壇があるときは、とくに夏、西日が当たらないように日よけをしたり、日ざしに負けないアサガオ、ヒマワリなどの植物を植えましょう。

北風の朝寝で四つ時から

北向きの庭やベランダは日当たりが悪いので、一般に園芸には不向きと考えられています。しかし、北向きは明るさが一定で、晴れているときは室内の蛍光灯と同じくらいの明るさ、1万5000ルクスくらいはあります。

観葉植物などをベランダで育てるには適しています。そのほかの草花でも、ベゴニアやゼラニウムなど日なた

●日なたを好む植物・日陰を好む植物

日なたを好む植物	●日なたを好む庭木を陽樹という アオギリ、アカマツ、イチョウ、ウメ、ウメモドキ、エニシダ、カイドウ、カエデ、カラマツ、キョウチクトウ、クロマツ、クマザサ、ケヤキ、コデマリ、サルスベリ、シラカンバ、シャリンバイ、ネムノキ、ノボタン、ハギ、バラ、ヒマラヤスギ、フヨウ、ボケ、ポプラ、ミニバラ、モモ、メタセコイヤ、ヤナギ、レンギョウ ●日なたを好む草花 アサガオ、アマリリス、アネモネ、アメリカンブルー、オダマキ、カーネーション、ガーベラ、ガザニア、カラー、カランコエ、カルミア、カンパニュラ、キク、クリサンセマム、クロッカス、グロリオサ、コスモス、サルビア、サンタンカ、スカシユリ、ゼラニウム、チューリップ、テッポウユリ、ディモルホセカ、デルフィニウム、トルコギキョウ、ニチニチソウ、ハイビスカス、バーベナ、パンダイチゴ、ブーゲンビリア、ブバルディア、ブルーデージー、ブルー・ファンフラワー、ペチュニア、ペラルゴニウム、ポインセチア、ポーチュラカ、ポットマム、マリーゴールド、ラナンキュラス、ラベンダー、ランタナ、リンドウ、ロードヒポキシス
日陰を好む植物	●日陰を好む、日陰にも耐えられる庭木を陰樹という アオキ、アジサイ、アセビ、アスナロ、イヌツゲ、オカメザサ、カクレミノ、カヤ、キャラボク、クチナシ、ゲッケイジュ、コウヤマキ、サザンカ、サツキ、サンゴジュ、シュロ、シラカシ、ジンチョウゲ、ツバキ、トウヒ、ネズミモチ、ヒイラギ、ヒサカキ、マキ、マサキ、マンリョウ、モッコク、ヤツデ、ヤマモモ ●日陰を好む、日陰にも耐えられる草花 インパチェンス、クルクマ、クンシラン、スパティフィラム
半日陰を好む植物	●半日陰を好む庭木を中陽樹という アラカシ、イボタノキ、ウバメガシ、エンジュ、オオムラサキツツジ、カナメモチ、カツラ、クスノキ、コブシ、サクラ、サワラ、シイノキ、スギ、ソテツ、タイサンボク、ドウダンツツジ、トチノキ、ヒノキ、マダケ、モクセイ、モウソウチク、モクレン、ヤマブシ、ヤマモミジ、ユキヤナギ、ユズリハ ●半日陰を好む草花 アザレア、アナナス、カノコユリ、クレマチス、ササユリ、シュウメイギク、セントポーリア、ダイアンサス、トレニア、ナスタチウム、フクシア、ブライダルベール、ホトトギス、ヤマユリ、ユウゼンギク

が好きな植物やアラマンダ、ハイビスカスなどの熱帯性の植物でなければ、花つきは悪いけれど、ほぼなんでも育てることができます。

ただし、栽培期間は、3月半ばから10月半ばくらいまででしょう。冬は室内に取り込みます。ただし、ことわざにもあるように、四つ時、つまり午前10時くらいまでは北風も朝寝をしていて、それほど強くないので、ベランダに草花を出して、外気に当ててやりましょう。

また、北向きの庭に植えてもよい植木としては、サザンカ、ツバキ、サツキ、クチナシ、ジンチョウゲ、マンリョウなどがあげられます。北向きは、あんがい虫がつきにくく管理がしやすい場所かもしれません。

「育てる」コツ

足跡が肥やし

足しげく畑に入り、こまめに手入れをすれば、肥やしと同じくらい植物の生育を促すということです。「肥《こえ》よりも鍬《くわ》」という言葉もあります。

園芸の場合も、草花を植え、肥料を与えるだけでなく、毎日水やりをしたり、土の管理をしたり、風や日ざしなどの気候や季節に合わせた管理を工夫したり、病害虫の予防をしたり……とことこまかに手をかけることが大事です。

このように、園芸の楽しさは、きれいに咲き誇っている草花を見たり、実った果実を味わったりすることもさることながら、毎日の手入れや管理にあります。きちんと手入れをしたら、それだけのよい結果を手にすることができる、まるで子どもを育てるようなものです。

手入れは、植える植物の種類や環境によって違ってきます。気まぐれに行うのではなく、最初は園芸の入門書などを参考にして年間のスケジュールを組んでいくとよいでしょう。定期的に手入れをすると同時に、植物の様子を見ながらそのときどきにトラブルを解決しながら手をかけましょう。経験を重ねるうちに、なにが必要で、なにが必要でないかもわかり、栽培方法も変わってきます。

水やり三年

数ある手入れの中でも水やりは、細かな気配りが要求されます。初心者がＴＰＯを考えて水やりを調整できるようになるまでには3年かかるといわれます。

水やりの原則は、土の表面が乾いたら、地下にも水が通うくらいたっぷり水をやるということです。

花壇の場合はいくらたっぷり水をやっても、やりすぎて問題になることはありませんが、鉢植えの場合は、土の表面が湿っているのに必要以上に水をやってしまうと根腐れをおこすことがあります。また、逆に、根腐れをおそれて、水の量が少ないと、土の表面は湿っていても中まで水がしみ込まないで水切れ状態になり、根を傷めることがあるのです。このへんの按配《あんばい》が難しいのです。

鉢植えの場合は、土の表面が白っぽく乾いていたら、鉢の底の鉢穴から水が出るくらいたっぷり水を与えます。ことに若い生長盛りの草花の場合は根が鉢の底近くに集まるので、水が根にまで届くようにしっかりと水を与えなければなりません。

数分して、鉢の受け皿に水がたまったら、受け皿の水は捨てるようにしましょう。ためたままにしておくと、根が水につかったままになり根腐れをおこします。

水やりは土の乾きと相談

「水は一日一食」といわれたこともあります。植物にとって水は食物のようなものです。水の作用によって、植物の90パーセントを占める炭水化物をつくりだし、栄養を循環させ、呼吸を促しているのです。でも、私たちが食物をとりすぎると栄養過多で生活習慣病になりやすいように、植物も水をやりすぎると根腐れをおこします。

問題になるのは、一日に何回水やりをすればいいかということです。

これは、植物の種類、植物の生育状態、季節、天候、土の種類、花壇や鉢が置かれている環境によって違ってきます。

植物が活発に生長するのは春から夏にかけてです。この時期には水はたっぷりやる必要があるでしょう。逆に植物が休眠状態にある冬はそれほど多くの水を必要としません。また、気温が高く風通しがよすぎて、すぐに土の表面が乾燥してくるような場所にある場合は、そうでない場所のものより水やりの回数は多くなるでしょう。いずれにしても、土の表面の状態を見て、土が白っぽく乾いているときに水をやればよいのです。

雨後の水やり

雨がザーザー降って十分に土が潤っているのに水やりをするのは無駄な行為です。これを「雨後の水やり」といいます。

しかし、雨がザーッと降って、すぐに晴れ間が広がるようなときがあります。通り雨です。こんなときは土も一時湿ったように見えますが、これは表面だけのことで、中まではしみていないことがあります。晴れればすぐに土は乾燥してしまいます。雨が降ったと安心していると水切れをおこすことがあります。雨が降っても、土の様子を確かめ必要なら水やりをしましょう。

またベランダ栽培の場合、雨が降ると湿気があり、なんとなく鉢の中の水分は満たされるような勘違いをおこしやすいようです。でも、ベランダは庇《ひさし》があるし、横なぐりの雨でも、鉢にまで雨がたっぷりとかかるようなことはありません。雨が降っても水やりはかかせません。

それになによりも、鉢植えや盆栽は雨に当ててはいけません。ベランダでは雨水がコンクリートの床に跳ね返って茎や葉、花にかかることがあります。それを防ぐために、高めの棚にのせて育てましょう。

水やりは夕方よりも朝のうち

植物は、日中、水と光と二酸化炭素によって光合成を行い、でんぷん（炭水化物）をつくり、夜それを根に運んで生長させます。そのために朝方に多く水を必要とします。水やりは夕方よりも朝にやるべきなのです。

実際、夏に咲く花は、朝方にたっぷり水をやり、夕方は少し土を乾かし気味にしたほうが花はよくつきます。夕方に水をやると高温で湿気も多いために、かえって根腐れをおこす場合があります。

ただし、ベランダ栽培でコンクリートの床が焼けるように熱くなっているときは、少し気温を下げるために、コンクリートに水をまくのは構いません。また、夏、日中の水やりは避けるべきだといわれます。でも、かんかん照りで、土の表面が乾ききり、植物がしおれているようなときは、軽く水を与えても構いません。

冬の場合でも、夕方の水やりは、鉢の温度を下げすぎたり、鉢を凍らせる原因になることがあります。日が昇り気温が上昇する朝方の9～10時ごろに水やりします。冬は油断してかえって水切れをおこしやすいので注意しましょう。

水やりより土を乾かすな

水やりは大切ですが、土が乾燥しやすいからといって、水ばかりやっていると肥料が流出してしまったり、根腐れの原因になったりすることがあります。土の表面をなるべく乾かさないような工夫が必要です。

庭の植木や草花には、根の周辺に芝や苔を埋め込み、鉢植えの場合は、水苔、ピートモスなどを土の上に敷くと、水分の蒸発を防ぐことができます。

2～3月、旅行などで留守にするときは水切れが心配です。こんな場合は土を乾かさない工夫をすると同時に、鉢植えの場合は腰水《こしみず》をします。受け皿に鉢を置いてから、鉢が3分の1ほどつかるように受け皿に水を入れます。

水が不足しないように、水をつめたボトルを逆さに吊るして、ボトルの口を水の中につけておくと、水が減っても、ボトルの水が出て補い、水が不足したときの対策になります。ただしあまり長期になると、水につかっている部分は酸素が不足して根腐れをおこすようになります。

また、土がかちかちに乾いてしまったときも、表面の土をほぐして水をかけると同時に、この腰水を行うと回復することがあります。

湯も冷水も根を傷める

冬の冷たい水は草花にかわいそうと思って湯をかけ、植物を枯らしたなどという話も聞きます。湯をやれば根を焼き、植物が枯れるのは当たり前です。

そうでなくても、夏、庭に水をまくときに、ホースの中に水が残っていて、その水が熱くなり、それをまいて根を傷めることもあります。注意しましょう。

では、井戸水のような冷たい水ならよいかといえば、やはり冷たすぎる水も根を傷めます。夏は鉢や土の温度が上がっているので、温度差がありすぎる水は根にはマイナスです。

こんな場合は、しばらく汲みおいた水を与えればよいでしょう。とくに日中の水やりは水温に注意しましょう。

冬の冷たい水も適当ではありません。この場合はしばらく汲みおいた水を与えると同時に、水やりの時間帯を午前中にすることです。

あまり水が冷たいときは、少し湯を水に混ぜて、十数度くらいの、土の温度とあまり差がない程度の温度にして与えてもよいでしょう。

●土を乾かさない工夫

＜腰水＞

＜専用のプランターを利用＞

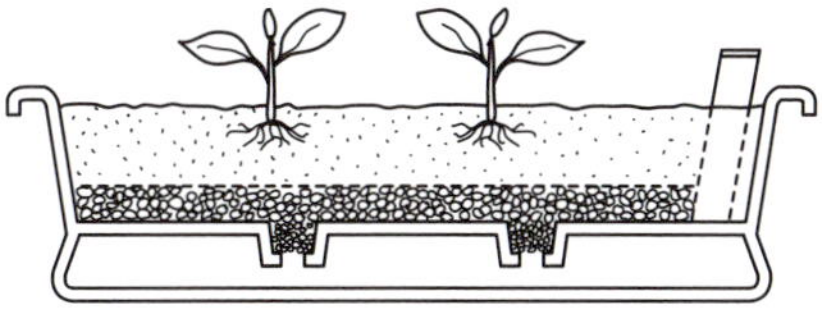

＜乾きすぎた場合＞

水をかけて
土をほぐし
水につける

＜湿り気を保つ方法＞

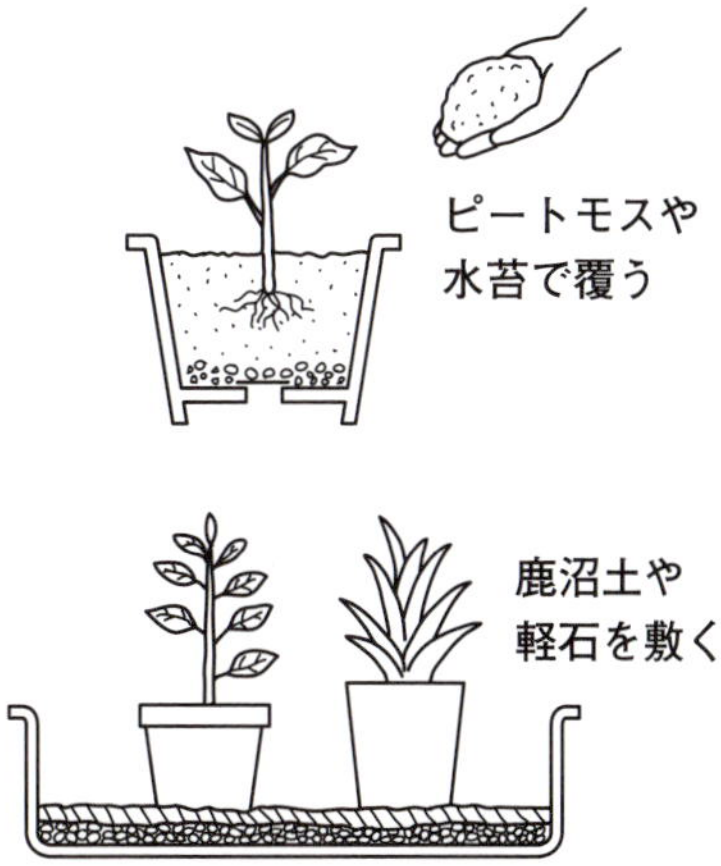
ピートモスや
水苔で覆う
鹿沼土や
軽石を敷く

水は土にやる

水やりをするときに注意したいのは、水を花や葉にかけるのではなく、土にかけるということです。水やりは土の水分を補給するために行うのです。植物は根から土中の水を吸い上げるのです。花や葉に水をやっても、肝心の土に水が回らないことがあります。

花の場合は、水をかけると花の寿命が短くなります。開くはずのつぼみもつぼみのまま腐ってしまうことがあります。灰色かび病という病気が発生することもあります。

ただ、葉に対しては花の場合と違って、葉のほこりやゴミを洗い流し、葉を生き生きとさせる効果があります。ハダニなどの虫が繁殖するのを防ぐ効果もあります。したがって、十分に土に水をやったら、葉にも潤す程度に水やりをします。

ことに葉の緑を楽しむ観葉植物には、積極的に葉に水をやったほうがよいのです。これは「葉《は》水《みず》」といいます。できたら霧吹きでていねいに葉の裏と表に、水を与えるとよいでしょう。30センチくらい離してスプレーをします。

乾いたら水につけよ

鉢植えの土が乾燥してかたまり、先のとがったスコップで突ついても土がほぐれないというようなときは、そのまま鉢ごとバケツに汲んだ水の中に、10分から20分間くらいつけてみます。そして、草花を鉢からていねいに取り出して、新しい土を入れて植え直しましょう。

この方法がとくに効果的なのは、ニューギニア・インパチェンスなどの熱帯植物です。ただし、球根植物には適しません。また、青枯れ病などの病気をもった植物の場合も避けたほうがよいでしょう。

休眠中も水やりは忘れるべからず

一度、種子や苗から育てれば、毎年花を咲かせる宿根草は、冬になると、地上部は枯れてしまうものがあります。しかし、そんな状態でも地下では根が生きており活動しているのです。根が水切れをおこしてしまわないように、必ず水やりをしましょう。水の量は、土の表面が乾かない程度に与えてください。

一日さらして十日冷やす

植物は1日日光に当てて、10日暗い寒いところに置くようでは十分に生長しません。毎日日光に当ててやることが大事です。

植物は二酸化炭素と水を吸収し、葉

●植物の性質とはたらき

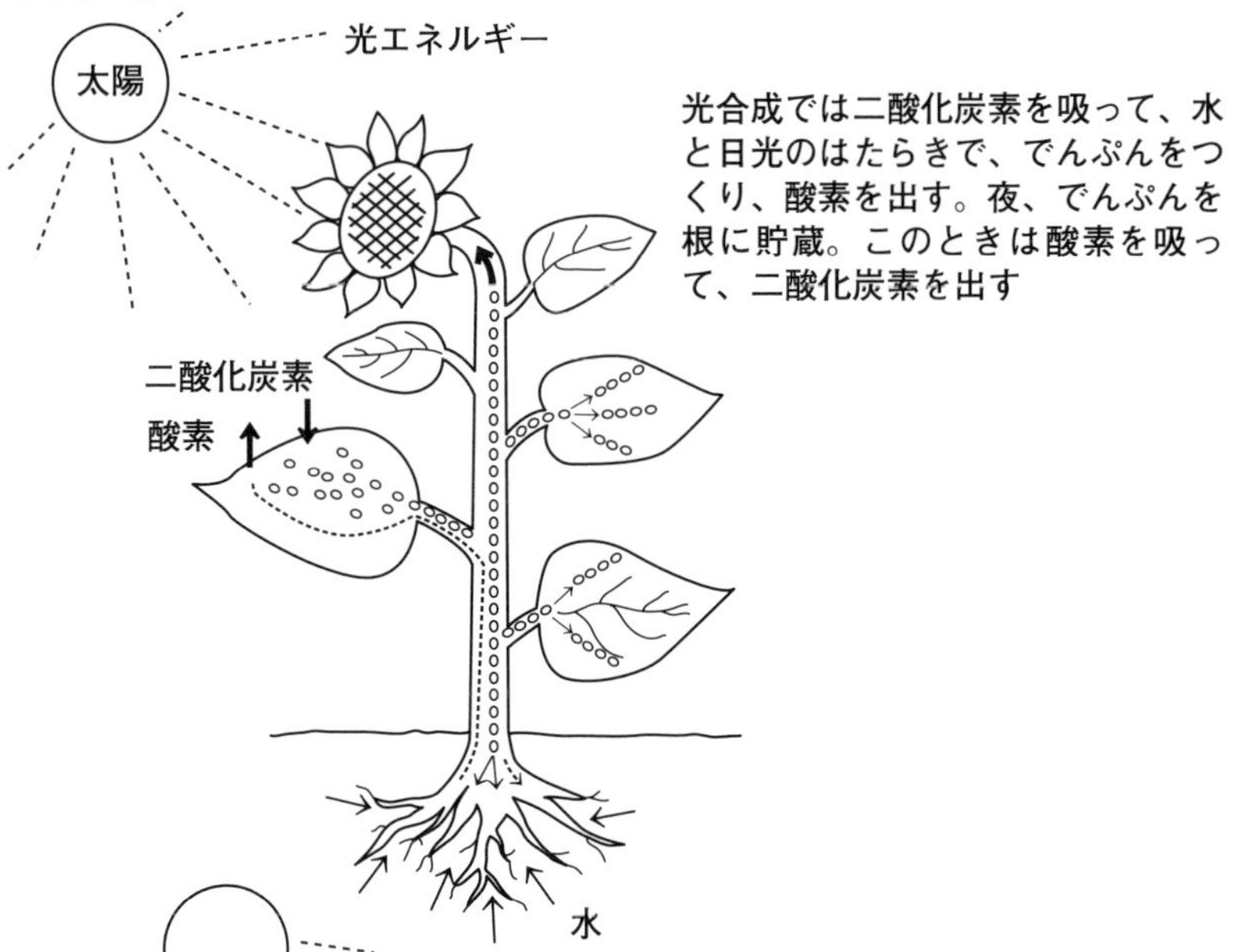
光エネルギー
太陽
光合成では二酸化炭素を吸って、水と日光のはたらきで、でんぷんをつくり、酸素を出す。夜、でんぷんを根に貯蔵。このときは酸素を吸って、二酸化炭素を出す
二酸化炭素
酸素
水

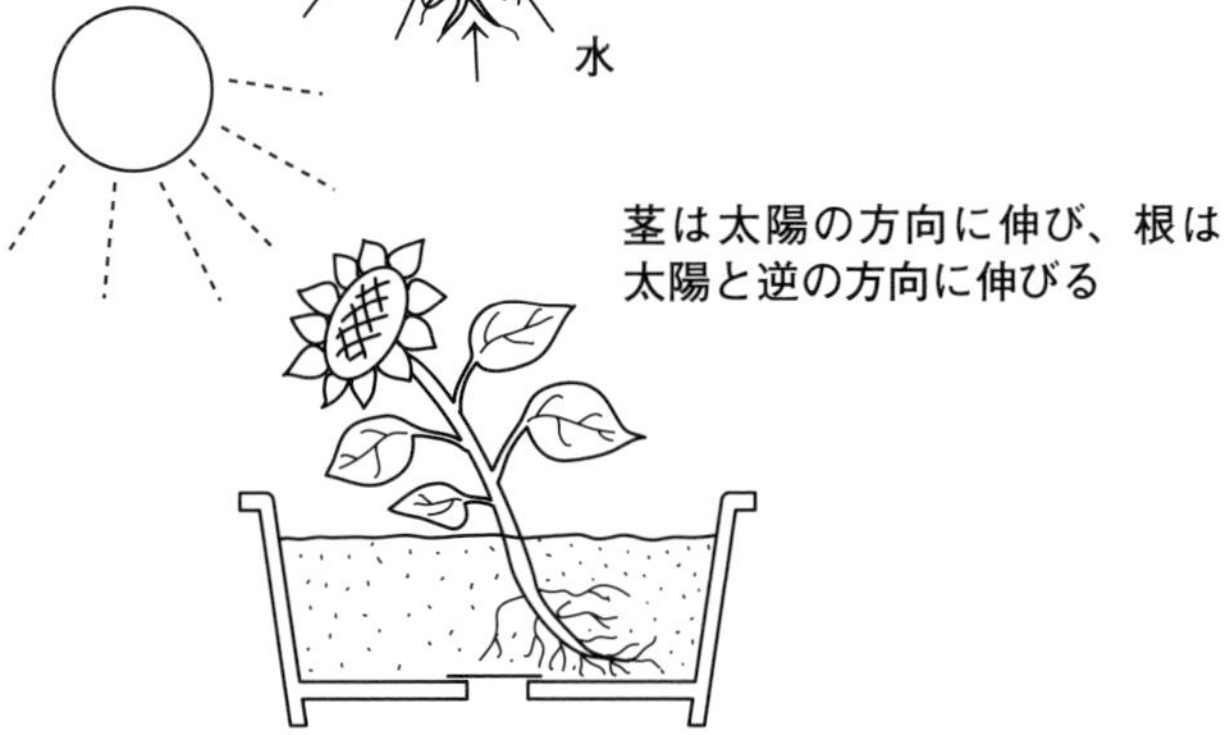
茎は太陽の方向に伸び、根は太陽と逆の方向に伸びる

緑体で光エネルギーを使って光合成という炭酸同化作用を行い、でんぷん（炭水化物）をつくり出しています。これが植物の活動を支える栄養になっています。このように日光は植物が生長するためにはなくてはならないものなのです。

　そのために、日光の当たる方向に葉や茎を伸ばします。光を欲しがっているのです。その反対に地下の根は日光と反対方向に根を伸ばします。光によって水分が奪われるのを防ぐためです。

　でも、草花として見ると、日光の方向に伸びた花は見栄えがよくありません。ベランダで栽培していると花や葉は外にばかり向いて、部屋から見ると葉や花の裏側しか見えないということになります。鉢植えの場合は、まんべんなく光が当たってスムーズに炭酸同化作用を営むためにも、きれいな形を保つためにも、部屋から楽しむためにも、一日に何回か鉢の向きを変えてやりましょう。

元気がない草花の鉢は物干し台に

日当たりの悪いところにある植物や、室内に置いてある植物は、葉の色が悪くなったり、勢いがなくなったりしてくることがあります。ひょろひょろと背ばかり高くなることもあります。

こんなときは、光がよく当たる場所に出してやりましょう。

マンションでも一戸建ての家でも、一番日当たりがよいところには物干し台があったり、物干し竿がかかっているはずです。日当たりばかりでなく、風通しもよい場所です。ここは洗濯物ばかりでなく、植物にとっても、理想の環境です。

元気がない草花の鉢は、物干し台に出してやったり、物干し竿に吊るしたりして日光に当てましょう。このとき、土の表面が乾かないように、事前に水を与えるとよいでしょう。

なお、真夏の日中の日ざしは強すぎます。午前10時前か午後3時過ぎの比較的日ざしが弱い時間帯を選んで光を当てましょう。日ざしが強くなったら取り込みましょう。葉焼けを防ぐためです。

アサガオに日よけするバカ

夏の日ざしがあまり強いときは、すだれやよしずなどで、日よけをしてやります。とくに暑さや光を嫌うセントポーリア、エキザカム、クレマチスなどや観葉植物は強い日ざしに当てないようにしましょう。

でも、アサガオ、ヒマワリ、サルビア、ペチュニア、アメリカン・ブルー、バーベナのような真夏に咲く花の多くは、日ざしに強く日よけを必要としません。真夏の日ざしの下に凛《りん》と咲くからこそ美しいのです。アサガオは竹垣やフェンスにはわせて、他の植物の日よけにすることもあるくらいです。

アサガオに日よけは必要ありません。

ところで、真夏のマンションのベランダは、日が高くなるために、直接日が当たる部分は、ベランダの前面に限られ、後部は庇《ひさし》によって日陰ができます。

こんな場合は、暑さに強い植物を前面に出し、日ざしを嫌う植物を後部に移動させるとよいでしょう。また、鉢の数が多すぎると、風通しが悪くなり、熱がこもって植物が傷みます。鉢を整理するとよいでしょう。

低温より寒風が毒

冬の気温の低さは植物にはこたえます。活動も鈍ります。でも気温の低さよりももっとこたえるのが、乾燥しきった冬の北風です。冷たい風に吹きさらしになると、いっぺんで植物は弱ってしまいます。

北風が強いときは、ビニールを張って風よけをつくってやりましょう。あるいは一鉢ごとにビニール袋などでおおいをしてやってもよいでしょう。

凍った土は日陰でとかす

ベランダに出しっぱなしにして、鉢の土や葉が凍ることがあります。あわてて日に当てたり、暖かい室内に入れると、かえって葉を傷め、黒っぽくなってしまいます。こんなときは、日が当たらない場所、たとえば北向きの庭やベランダに鉢を置いて、徐々にとかします。霜がおりたときも同じです。

なお、こんなことがないように、冬は午後からの水やりは避け、午前中にやるようにしましょう。

ぬかみそと鉢はときどきかき回せ

草花を育てていると、その生長がうれしく、毎朝の水やりにも心がこもります。でも水やりだけで、草花が順調に育つわけではありません。時に土をさわってみると、表面がかたくなっていることがあります。土は草花を育てるうえで、栄養や水分などを補給するための土台になるものです。きちんと管理する必要があるでしょう。

土の管理というと、まず思い浮かぶのが肥料を与えることですが、それだけではありません。酸素をたっぷり含んだ通気性のある土でなくてはなりません。

土の表面がかたくなっているときは、土をほぐしてやりましょう。先のとがったスコップなどで掘り起こします。そういうトラブルがなくても、年に2回くらいは土を掘り起こし、堆肥や土壌改良剤を混ぜてやる必要があります。ときにはぬかみそをかき回すように鉢の土もかき回して、かたまりをほぐしたり、土をふるいにかけたりして、空気の通りをよくしてやりましょう。酸素不足は植物の炭酸同化作用や呼吸作用を鈍らせます。

生ゴミは根腐れのもと

家庭では、しばしば野菜くずや油かす、落ち葉、たまごの殻などの生ゴミを肥料として利用します。

でも、この生ゴミをそのまま庭木や草花の根の近くに埋めると、生ゴミが腐る過程で発酵して、このときに出るガスが根に悪影響を与え、根を腐らせてしまいます。生ゴミを肥料として利用するときは、庭のすみにいらなくなったポリバケツに穴をあけ生ゴミをためて十分に発酵させてから使います。

このような動植物が原料の有機質肥料は、土の中の微生物などで分解されて初めて肥料の効果が出るので、効きめはゆるやかです。少しぐらい多くても植物に負担をかけることがないので、安心して使えます。

肥料はなぜ必要かといえば、自然界の樹木や雑草に比べて、品種改良された庭木や草花は生命力が弱く、短期間に生育させるために窒素、リン酸、カリなどの養分が不足しがちになります。鉢植えや盆栽の場合は腐葉土の量が限られているので、さらに養分は不足しがちになります。これを補うのが肥料なのです。

●堆肥のつくり方と与え方

<堆肥をつくる>

米のとぎ汁
野菜くず
落ち葉など

<肥料の与え方>

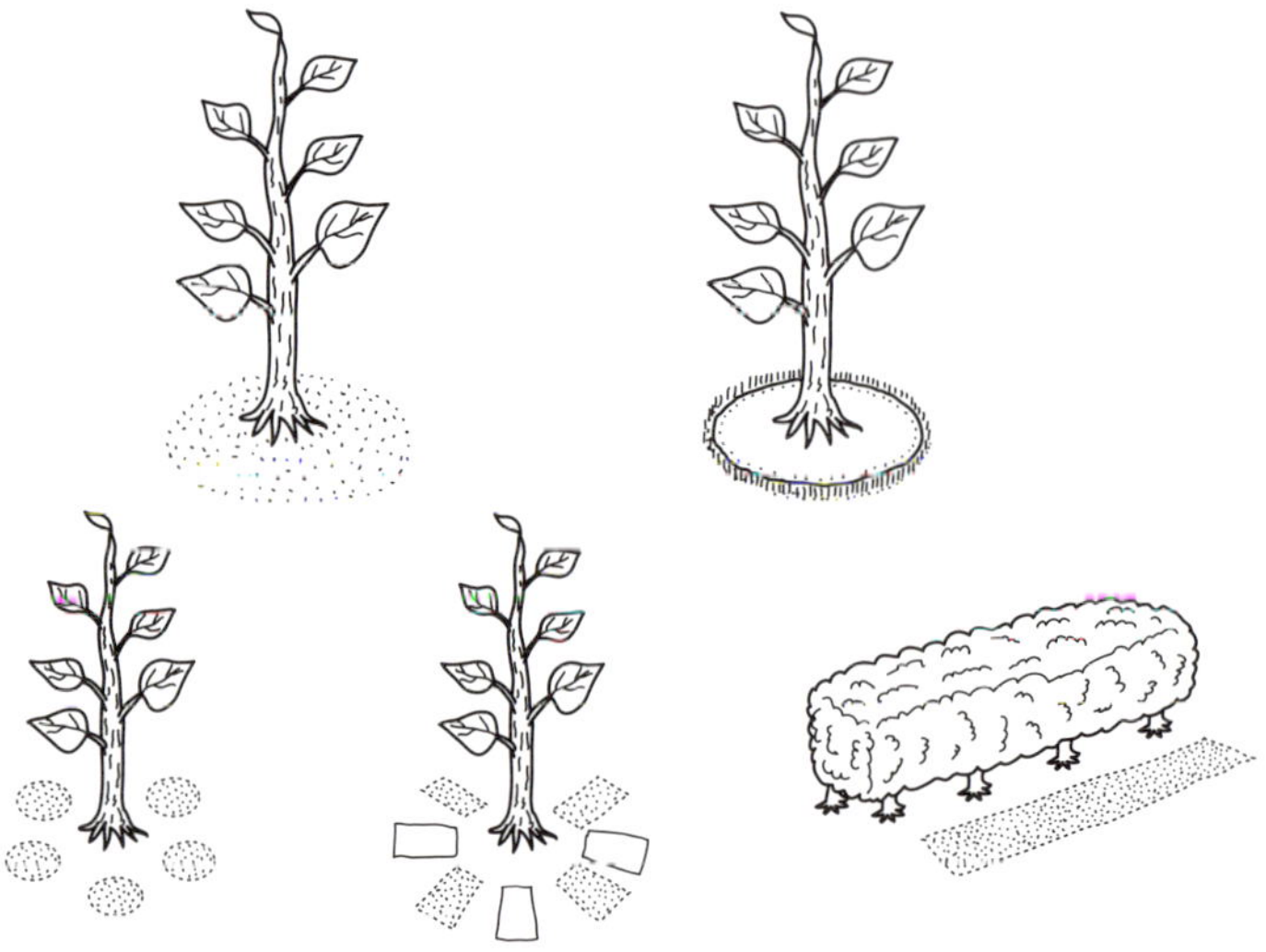

葉肥、実肥、根肥で万全

土中で、とくに不足しがちな養分は、窒素、リン酸、カリであることから、これを肥料の三要素といいます。

これらの養分はそれぞれはたらきが違います。どれかひとつが欠けても、よい木や草花に育ちません。

窒素は、葉肥《はごえ》といって、細胞をふやし、植物を大きく、つやのある枝葉に育てます。不足すると、弱々しく生長し、葉の色も薄くなります。過剰に窒素を与えると、葉の色が濃くなり、大きく育ちますが、花や実がつきにくくなったり、病害虫におかされやすくなります。与えすぎてはいけません。

リン酸は、実肥《みごえ》といわれ、細胞の核を充実させて、花や実をたくさんつけるようになります。不足すると花がつきにくくなります。とくに赤玉土などの火山灰土にはたっぷり与える必要があります。

カリは、根肥《ねごえ》といわれ、根の生育を促し、病害虫や環境に強い植物に生長させます。不足すると根が貧弱で、環境に影響されやすくなります。室内や立地の悪いベランダや花壇で育てるときは、多めに与えましょう。

水やり後に追肥

鉢植えの場合、毎日水やりをしていると、肥料が水と一緒に流れてしまいます。肥料の中でも、リン酸とカリは土に吸着しますが、窒素は土に吸着しないために流れる率が高いのです。窒素は過剰に与えてはいけませんが、不足すると草花は生長しません。

そこで、最初に鉢に植えるときに堆肥などを土に混ぜて土づくりをするとともに、日ごろ水やりをするときに、薄くした液体肥料を補います。これを追肥といいます。

液体肥料というのは、速効性の化学肥料で、そのまま用いるか、水で薄めて用います。濃度は濃いものより薄めたほうが効果があります。というのも肥料は草花の根から吸収されますが、薄いほうが吸収しやすいのです。

したがって、そのままの濃度で1週間に一度やるよりは、2倍に薄めて3日に一度やるほうが効きめがあり、3倍に薄めて毎日やるほうがずっと効果があるのです。

鉢の縁近くに、薄めの液体肥料を注ぎましょう。

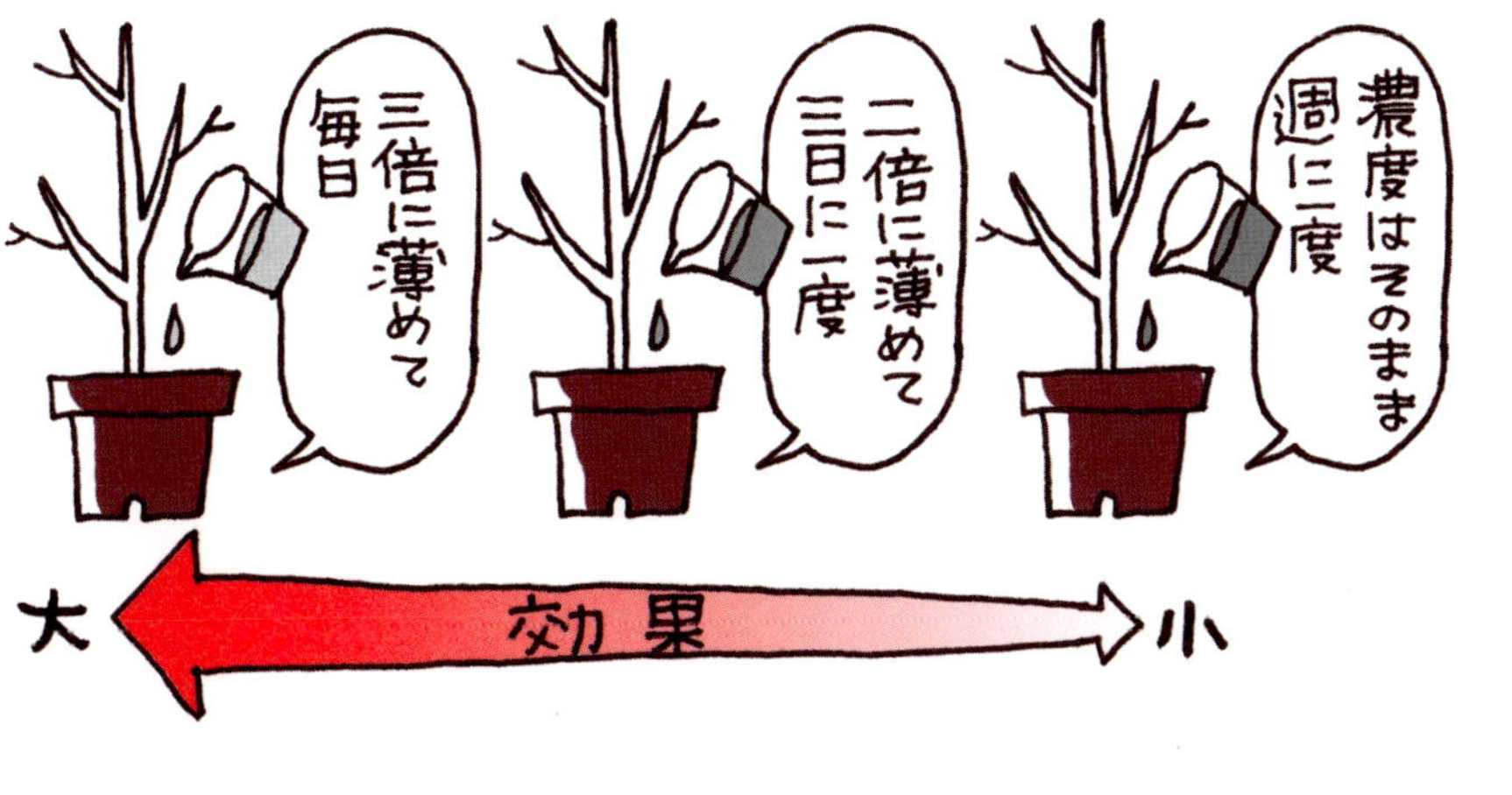
濃度はそのまま
週に一度
二倍に薄めて
三日に一度
三倍に薄めて
毎日
大
効果
小

花持ちをよくする元肥

草花や花木を育てるときは、植えるときに、土中に配合肥料を混ぜます。これを元肥《もとひ》といいます。

配合肥料というのは、油かす、鶏糞、野菜くず、落ち葉などの有機質肥料を基本に、窒素、リン酸、カリを混ぜ合わせたもので、長持ちし、ゆっくりと効果をあらわす肥料です。

粉末や固形のものは、水を与えるたびにとけだして根から吸収されていきます。3ヵ月くらいは持ちます。生長がさかんなときは、肥料が切れるころに途中で足してやればよいでしょう。植物がしっかりし、たくさんのきれいな花をつけます。

配合肥料は、一度与えればしばらく効果が持続するのでラクです。でも、一度にたくさんの量を与えると根を傷めます。そこで、元肥のほかに、植物の様子を見ながら、生育が悪いようなら窒素肥料、花数が少ないようならリン酸肥料、環境への抵抗力をつけたいならカリというように、単肥の粉末の化学肥料や液体肥料を補給していきます。

開花後のお礼肥

一般に花木は新芽が出て植物の生長が著しいときに肥料をたっぷり与えます。花をつけるようになったら、肥料は控えめにします。

そして花が咲き終わったら、よくきれいな花をつけてくれたという感謝の気持ちをこめて、お礼肥《れいごえ》をします。

花木が花芽をつけるのは、花が咲き終わって数ヵ月のあいだです。開花に向けて精力を使い果たしてしまった木がふたたび元気を取り戻して、花芽をたくさんつけるためにも、花が咲き終わった直後のお礼肥は必要です。

肥料は配合肥料でも化学肥料でも構いません。

化学肥料は鉱物などを原料にして化学的につくられた肥料です。効きめが早い速効性のものと、効きめがゆっくりな遅効性（緩行性）のものとがあります。この場合は、速効性のものがよいでしょう。

ひと握りがだいたい50グラムです。一平方メートルの土にふた握りくらいを与えます。

肥料を与えたら、余分な枝葉を切り落として、身軽にしてあげましょう。栄養の分散を避けるためです。

化学肥料ばかり使い続けると、土がしまってかたくなり、土質が酸性にかたよって庭木の生育が悪くなる弊害もあります。2年に一度くらい、土に堆肥などを混ぜたり、化学肥料と有機質肥料を合わせて使うなどして土を守ります。

休眠中も庭木には寒肥

日本の土壌は比較的肥えていて、庭に植えてある木は自然のままでもよく育つので、肥料を与えるのを忘れてしまいます。

でも、肥料を与えた庭木とそうでないものとでは、生育状態も葉の緑も、花や実のつけ方も違います。開花後にお礼肥をすると同時に、冬、寒肥をするとよいでしょう。春からの活動に備えて少し濃いめの肥料を与え、土づくりをするのです。

寒い時期は植物は休眠状態になり、活動は鈍ります。この時期に、少し濃いめの配合肥料を与えても根を傷めることはありません。

肥料は根元から離し、根の周辺に輪状にまくか、あるいは放射状にまきます。市販の埋め込み形式の肥料を点状に置いてもよいでしょう。

なお、室内に置いてある鉢植えには、寒肥は必要ありません。根は冬でもゆるやかに活動しているので、寒肥のような濃い肥料は、かえって根を傷めます。枯れる原因になることもあります。いつもと同じように薄めの液体肥料を与えましょう。

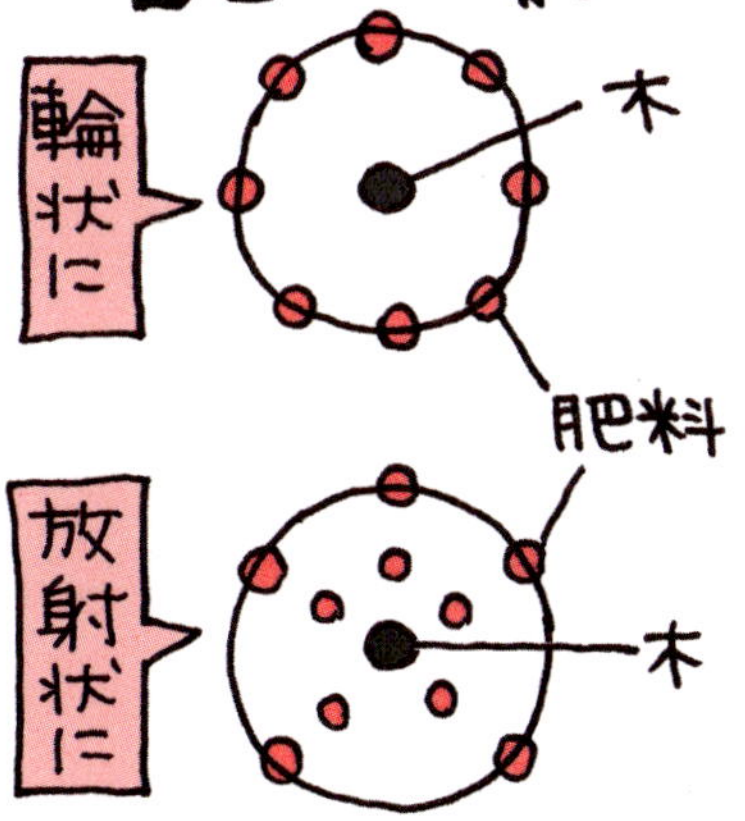

夏は肥料を控えよ

肥料を与える時期は、庭木か、草花か、鉢植えかによって違います。でも、一般的にいえることは、植物の生長に合わせて与えることです。春先、植物が生長して新芽をつけるときは肥料が必要ですが、晩秋から冬にかけては活動が鈍るので、それほど肥料は多くを必要としません。

そして真夏も、肥料は控えめにします。夏は根の吸収が弱まります。そのうえ、夏は高温の影響で肥料の分解が早くなります。この時期に多くの肥料を与えると、濃度の濃い栄養により、かえって根を傷める原因になってしまいます。

植物も人間と同じです。夏の食欲不振な時期に無理をすれば、体調を崩します。夏の暑さが峠を越えてから、植物の様子を見ながら肥料を与えるとよいでしょう。

また、肥料を与えるときは、説明書をよく読んで、適量を与えることが大事です。濃い肥料や多量の肥料を与えれば、早く大きくなり、丈夫に育つと考えがちです。でも、過剰な施肥は害になります。根に負担がかかるだけです。「薄めの肥料を回数多く与える」のがコツです。

油かすはすみに置く

油かすというと、天ぷらをしたあとの揚げ玉を思い浮かべる人もいるでしょう。これは油かすではありません。油かすというのは、ナタネ、ダイズ、ラッカセイなどの油をしぼり取ったあとのかすのことです。あるいは、肉の脂肪を焼いたり煮たりして脂が流れ出たあとのかすのことです。

これを生のまま用いるときは、鉢植えなら鉢のすみにかためて置きます。庭や花壇なら植物から少し離して土の表面にまきます。でも、腐る過程で悪臭がしたり、ハエが群がったりして気持ちのよいものではありません。

自分で乾燥させてつくってもよいのですが、園芸店では固形のものが、鶏糞や骨粉などと一緒に市販されています。それを利用しましょう。

ただし、油かすは窒素を多く含んでいるので、室内で育てるような鉢植えの肥料としては向きません。室内では、日光不足から、ただでさえ背ばかり高くなる（徒長）傾向にあります。これに窒素を多く含む肥料をたくさん与えると、背ばかり高くて、花などをつけない、面白みのない草花に生長するからです。

マツに川芎、タケにタケ

木に勢いがないときに、マツに漢方薬の川芎《せんきゅう》の煮出し汁をかけるとよいとか、タケには枯れたタケの枝葉を肥料として与えればよいといわれます。そのほか「ソテツに釘」といって、ソテツに金けのものを埋めておくとよいともいわれます。

いずれも、根拠ははっきりしていません。でも、昔から伝わっていることは一概に否定できない面もあります。

実際、京都の名園にあるマツは、川芎を煮出した汁を薄めてかけて世話をしているので、生き生きしていると聞きました。また、タケの腐葉土は一番よいといわれています。タケをはじめ落ち葉などは捨てないで、穴を掘って埋め、その中に米のとぎ汁などを注いで腐葉土をつくることをオススメします。あるいは木灰といって、落ち葉や枯れ枝など植物性のものを燃やした灰をリン酸肥料のかわりに与えると、市販の骨粉などよりも効果を発揮することが少なくありません。

このように、生活の中にあるものを上手に利用するとよいでしょう。

植えつけ一年目の肥あたり

植えて最初の年は、丈夫に育つようにと肥料をやりすぎ、かえってそのために枯らすことがあります。元肥をやったら、それ以外に肥料をたくさんやる必要はありません。というのも、植えつけたばかりの植物の根はかなり弱っています。そのときにこれでもかこれでもかと肥料を与えることは、根にとって負担になります。「根負け」してしまいます。

私たちが、病気から回復していくときに、いきなり栄養価の高い食事を与えられると、消化機能が十分に回復していないので、かえって胃に負担がかかり、回復も遅れるでしょう。そこで、様子を見ながら、重湯、おかゆ、やわらかめのごはん、普通のかたさのごはんというように順序を踏んで、もとに戻すでしょう。それと同じことなのです。

この一年は、根が環境に適応していく時期です。肥料は控えめにして、水やりだけは欠かさずに行い、生長を待ちましょう。ただし、バラ、ハイドランジア、キク、セントポーリア、ポインセチア、ペラルゴニウムなどは定期的に肥料を与える必要があります。

液肥は効きめは早いが長持ちしない

市販の配合肥料には、固形肥料と液体肥料とがあります。

固形肥料は、水をやったときに一部がとけて植物の根に作用するので、効きめがゆっくりです。しかも、一度やれば、3ヵ月くらい長持ちします。

これに対して、液体肥料は、そのまま土にしみて根に作用するので、効きめが早いのが特徴です。でも、水やりをすると流れ出すために、1～2週間くらいしか持ちません。

そこで普通、固形肥料は元肥として草花や庭木を植えるときに用い、液体肥料は追肥として草木の様子を見ながら、あるいは定期的に用います。

また、室内の鉢植えの肥料には、においなどの関係から一般に液体肥料を用いますが、シンビジウム、スパティフィラムなどには固形肥料を使います。

どんな肥料を用いたらよいかわからないときは、園芸店にたずねましょう。草花の種類や状態によって適した肥料やその量があります。肥料を上手に使いこなせるようになれば、園芸の腕も上がります。

果実は野鳥に食べさせてやれ

カキ、モモ、ビワ、ブドウ、イチジク、ヒメリンゴなど、庭に果樹を植えると野鳥が飛んでくることがあります。都会でもウグイスの声を聞くことがありますが、たいてい果樹のある庭から聞こえてきます。巣箱やえさ台などを設けて、果樹と野鳥の声を楽しむ家庭もあるでしょう。

野鳥がやってきてついばむ実は、多くは日の当たる部分になっている実で、よく熟しておいしいところです。実がおいしいかどうかを、野鳥はよく知っているのです。渋いものや甘みのないもの、熟していない実には野鳥はやってきません。

この果実を収穫するときは、ひとつ残らず取るのではなく、野鳥のために数個木に残しておいてやりましょう。

これは、野鳥にとっても、木にとってもプラスです。野鳥は木にとまり、実を食べれば、必ず糞をします。その糞が果樹にとってはよい栄養になるのです。自然の肥料というわけです。自然の生態系の中では、こうやって互いに共存しているのです。

草木は霜で傷み、夜露でよみがえる

日中気温が高く湿気が多い時期、夜になって気温が下がり、空気中の水蒸気が飽和状態になると余分なものは露になります。これが夜に見られると夜露、朝に見られれば朝露です。

露は、日中の暑さに弱った植物の温度を下げ、水分を与えて元気を回復させます。また、温度が下がるためにエネルギーの消費をおさえます。庭木や草花にはめぐみの露です。

「露に触れて菜を摘み取らず、日中にはニラを剪《き》らず」という言葉もあります。露が乾くまで菜を摘み取ってはいけないし、日中ニラをとってはいけないということです。なんにでも時機があるものです。十分に潤ってから摘み取るべきなのです。

一方、霜は気温が零度以下に下がったときに、水滴が凍ったものです。これは庭木や草花を傷めます。ことに「八十八夜の毒霜」といって、立春から88日目の5月1～2日ごろに霜がおりることがあります。これは植物には大きな害を及ぼします。霜はていねいにはらい、鉢のように動かせるものなら、しばらく日陰に置いて、徐々に回復させましょう。

こもは害虫の隠れ家

マツなどの樹木によっては、10月～11月ごろ、幹にこもを巻きます。これは、寒さから身を守るという意味もありますが、むしろ害虫退治のために行います。

この時期になると、害虫は冬眠場所を求めます。こもが巻いてあれば、その中に潜り込んで冬を過ごそうとするでしょう。それをねらっているわけです。この中に入り込んで眠っているところを、2月下旬ごろ、こもを外して、こもごと焼いてしまいます。害虫を一気に退治することができます。

したがって、こもを巻く時期は、10月か遅くとも11月までで、それより遅くなっては、害虫は違う場所に冬眠場所を求めるので意味がありません。ま

●冬の樹木の管理

<幹巻きのやり方>

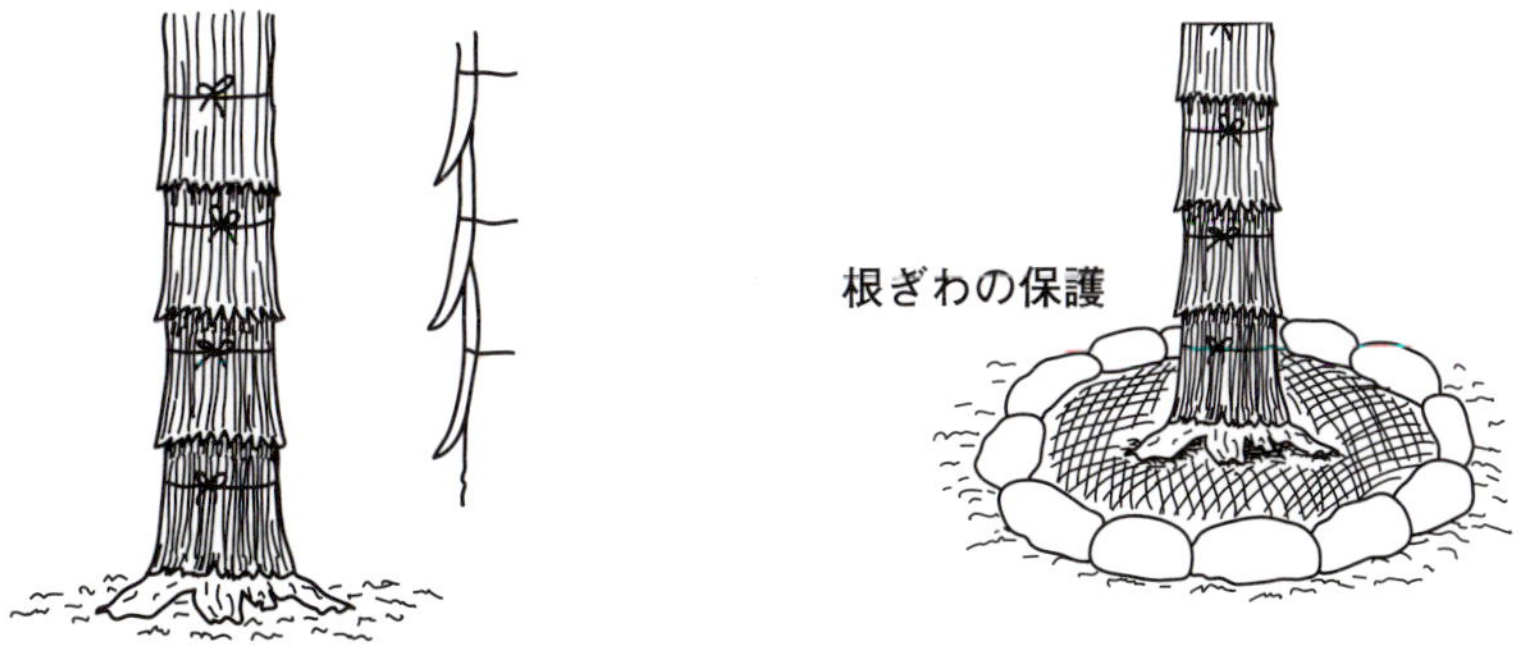
根ぎわの保護

<防風・防雪のやり方>

ワラ囲い

鳥居支柱

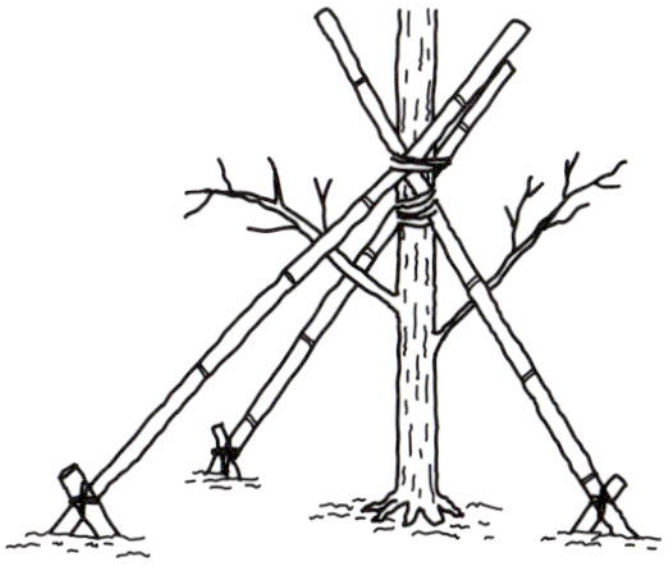
三本支柱(やつ)

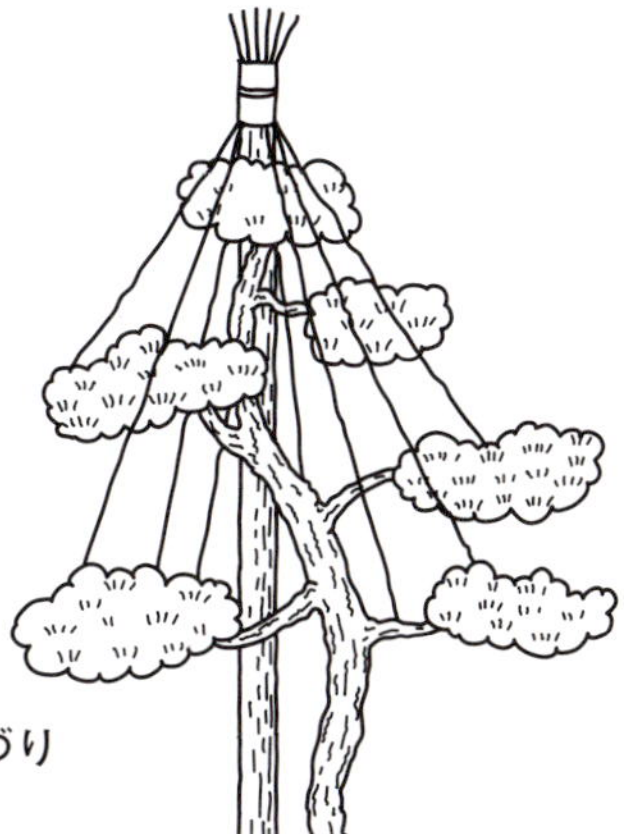
雪づり

た、こもを巻きっぱなしにしてはずさないのも、わざわざ冬眠場所を害虫に提供しただけのことになります。こもは、害虫が動き出す前の2月中にははずさなければなりません。

なお、こもを巻くときは、幹に巻いたら、それに一部が重なるようにして、上に巻いていきます。こもをはずすときは上からはずします。

「手入れ」のコツ

剪定は習うより慣れろ

「せっかく育った枝を切り落としたら、先行き、芽が出てこなくなってしまうのでは？」

と、枝切りをするとき、初心者はたいていの人が躊躇《ちゅうちょ》するものです。しかし、剪定は庭木の手入れではしなくてはならない作業です。時期さえ間違えなければはさんだ（庭師は切るという言葉を忌み嫌って、はさむ、おろす、はずすといいます）あとからは、必ずよい芽が伸びてきて、枝ぶりもきっとよくなります。かえって放置しておき、枝が伸び放題になっては内部の枝に日が当たらず、風通しも悪くなり、へたをすると枯らしてしまうこともあります。

臆病になって、枝先だけをちょこんとはさむようでは、はさんだあとから勢いのよい枝が伸びすぎて、かえって樹形を見苦しくしてしまう結果になります。

見きわめをつけて、はさむべき枝はしっかり落とすこと。剪定はまさしく「習うより慣れろ」で、実際に自分の手ではさんでみて、その後、枝がどのような出方をするかを観察することが大切です。はさむことになれるのが、剪定上手になる、まず第一歩だと心得ましょう。

まず枯れ枝からはさむ

剪定はまず、まっさきに枯れ枝からはさみましょう。庭木の整姿で、枯れ枝は必ずはさまなくてはなりません。小枝が込み合って風通しが悪くなり、枯れていることが多いからです。枯れ枝なら、初心者でも惜しがらずにはさめるはずです。

庭木は枯れ枝をはさむだけで、ほとんど形がすっきりと整ってしまいます。あとは全体を見きわめて、忌み枝——①下に向かって生える逆さ枝、②立ち上がっている立ち枝、③重なり合ってからみあっている交差枝、④2カ所から何本も車輪のように出ている車枝……などをはさんでいきます。①から③は枝元からはさみ、④は必要な枝を残して枝元からはさむとよいでしょう。地ぎわから発生しているヒコバエも、木を衰弱させる原因になるので、見つけたら枝元からはずしておきます。

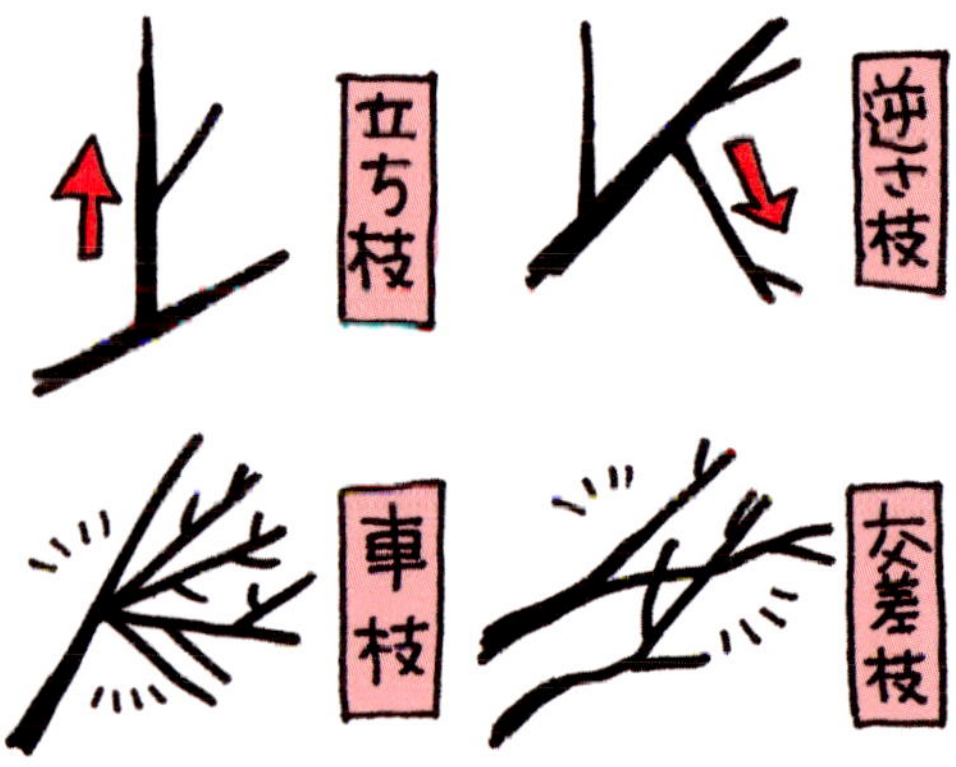

剪定の方法

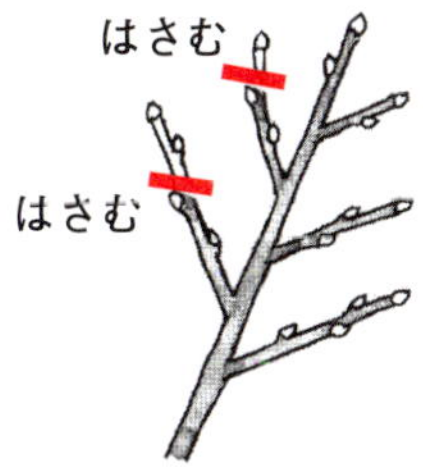

切り戻し剪定

切り詰めたい位置にはさみを入れ、枝先を落とす

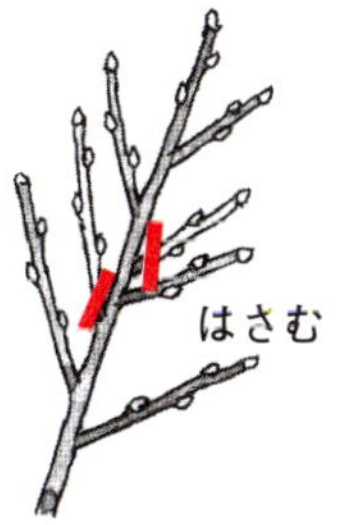

間引き剪定

枝が何本かあるときに、枝元からはさみ、枝数を減らす

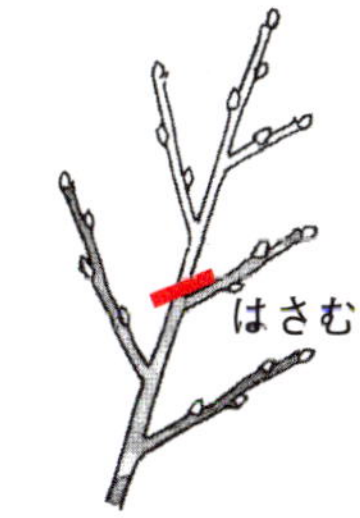

切り替え剪定

枝分かれ部分で長い枝をはさみ、伸びる方向を変える

切り戻しは細心の注意で

剪定は、枝をはさんで樹形を整えることをいいますが、はさむにはいくつかの種類があります。枝の途中ではさむことを、切り戻し剪定といいます。切り戻し剪定だと、枝を希望の位置、長さに縮めることができますが、枝先の若い枝の部分、つまり芽のたくさんつく部分を落としてしまうことになります。

そのため、切り戻したあとは、たいてい葉や花が減ります。それと、はさんだあと切り口を目立たせないように上手に切り戻さないと、切り口が目立って、いかにも「はさみました」という感じになってしまい、不自然で仕上がりがすっきりしません。

他の方法として間引き剪定があります。こちらは枝が同じような状態で並んでいるとき、その中の枝を、枝元からはさんで枝数を減らすのが目的です。枝元からはさむので、切り口が目立たず、仕上がりがきれいに見えます。

また、長い枝先を枝分かれしている部分ではさんで、伸びる方向と異なった短い枝を残すことを、切り替え剪定といいます。切ったあとが自然で目立たないように、切り口が飛び出して見えないように取り除くことが大切です。

切り戻し剪定の位置

切り戻し剪定は前述したように、枝を随意の位置ではさみます。伸びすぎている枝をはずすときや、老化した枝の一部を途中からはさんで若い枝を発生させるときなどには、切り戻し剪定は欠かせない作業です。

切り戻すときには、必ず芽のすぐ上で枝をはさむこと。樹液は芽より先には届かないので、芽と芽の中間ではさんでしまうと、芽より上の枝先が枯れ込むことになります。まれに、不細工に枝先が枯れ込んでしまっている木を見かけますが、たいていは、はさむ位置を間違えたためです。はさむ位置は、あまり芽に近すぎると芽を傷つけるおそれがあり、芽まで枯らしてしま

●切り戻すときの位置

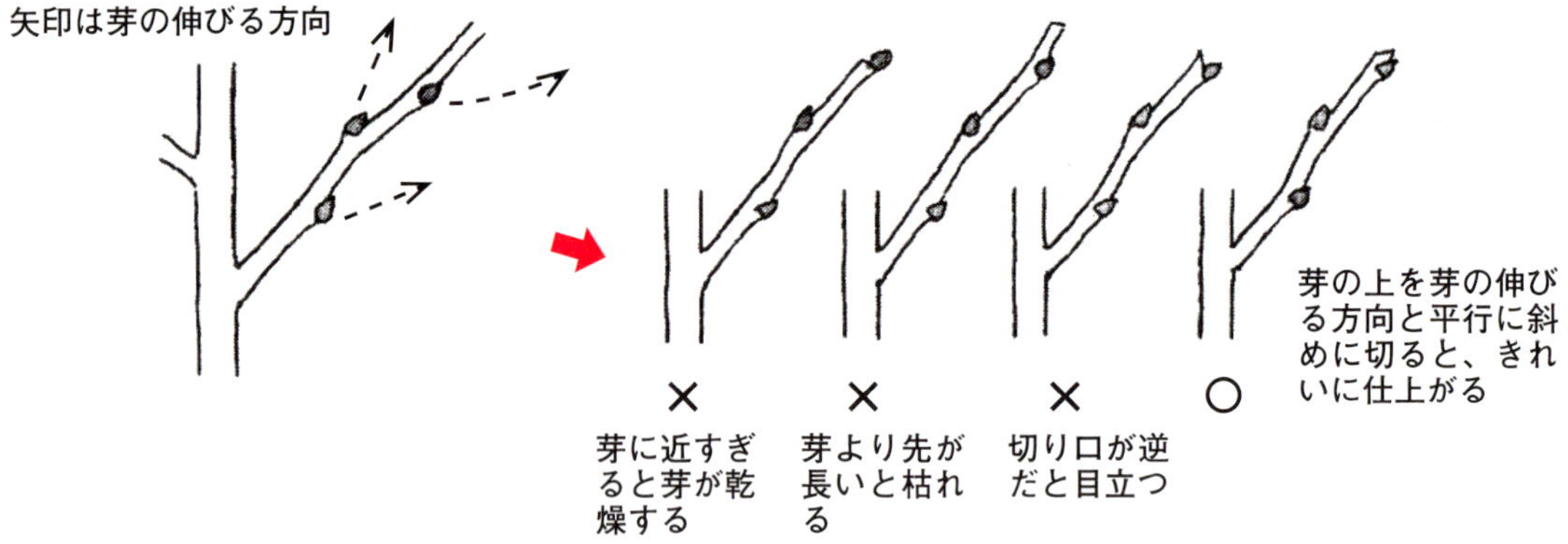
矢印は芽の伸びる方向
×
芽に近すぎると芽が乾燥する
×
芽より先が長いと枯れる
×
切り口が逆だと目立つ
○
芽の上を芽の伸びる方向と平行に斜めに切ると、きれいに仕上がる

●切り戻し剪定の強弱

①
②
①の位置で切り戻すと発生する枝は弱い
②の位置で切り戻すと強い枝が発生する
枝を切り戻す位置によって、新しく伸びてくる枝の勢いが異なる

うことになります。

庭木のプロは経験上、パチンパチンと気にせずなにげなくはさんでいますが、初心者は芽より4〜5ミリ上を念頭においてはさむとよいでしょう。そして、はさむときは芽の上を伸びる方向と平行にします。芽の伸びと逆だと切り口が目立ってしまい、美しくありません。

樹形づくりに必要な切り戻し

樹冠が大きくなりすぎたり、徒長枝が出るので、樹形を整えるには、どうしても切り戻し剪定が欠かせません。小枝の途中ではさむので、枝分かれをふやす効果もあります。

切り戻すときの位置ですが、短く切り詰める強剪定（新枝が強く伸びる）、軽く枝先だけを切り戻す弱剪定があります。弱剪定は新枝の勢いが弱くなるので、とくに自然な樹形に仕立てる庭木には、欠くことのできないテクニックです。短く切り詰めると、ときに剪定前よりも枝が長くなることがあります。

残す芽の位置によって、新枝の伸び

が違ってくるので、注意しなくてはいけません。一般には外芽の上で切ります。内芽の上で切ると、枝が幹側に向かって伸び、不自然な格好になってしまいます。庭木のプロは枝ぶりを読んで、あえて内芽の上ではさむこともありますが、初心者は外芽の上ではさんでおけば、まず間違いありません。

はさむときはスパッと潔く

はさんだあとの樹木の傷みを最小限におさえるには、枝ができるだけ若いうちにはずすのが原則です。はさめば、どんな木でも傷つくわけですから、回復力の早い若いうちのほうが、傷口のなおりも早いのです。

木の切り口は、あくまでも傷であることを忘れずに。よく切れる刃の鋭いはさみでスパッとはずしましょう。なまくらな刃物で切断して、切り口の組織をつぶすようでは、そののちの発芽に影響します。

そのうえ、でこぼこした切り口に雨水がたまると腐れの原因になり、木を枯らしてしまいます。刃物の手入れを怠ると、勢いではさむケースがふえ、仕事が乱暴になってしまいます。

また、剪定ばさみはよく切れるので、なんでもかんでも、剪定ばさみ一本で無理やりはさんでしまいがちですが、庭木のプロはそうはしません。細い枝は植木ばさみで、指くらいの太さは剪定ばさみ、それ以上の太い枝はのこぎりと、きちんと使い分けをしましょう。

切り口の手当てを忘れずに

前述したように、切り口はできるだけシャープにしたいもの。とくにサクラなどの枯れ込みやすい木の枝を切り戻すときは要注意。植木ばさみで切れる程度の太さの枝なら、さして問題になりませんが、切り口が大きいと、病原菌が入り込んで腐ってきます。

腐れを防ぐには、切り口をできるだけなめらかに、切り出しナイフなどで削り直しておくこと。傷口にはトップジンMペーストなどの殺菌剤や、赤土を粘土状にかためて塗ったり、盆栽で使う「接ぎロウ」を塗っておきます。太い枝をはさんだときには、手間を惜しまず、しっかり手当てをしましょう。

枝や葉の量を等分にする

樹木は生育するにつれて、当然ながら枝が伸び、葉が茂って、内部の通風が悪くなるばかりでなく、日もさし込まなくなります。とくに萌芽力も樹勢も強いのが、樹冠の先端部分。生育期には上枝の枝葉が茂り、下枝にはほとんど、日が差さない状態になります。そうなると、病害虫が発生しやすく、樹勢も衰えてくるので、内部はいつもすっきりとさせておかなくてはなりません。

枯れ枝や忌み枝（16ページ参照）、込みすぎた枝を根元からはさんで、枝葉を減らし、樹形を整えることを、「枝透かし」といいます。枝透かしは、先端の枝先や葉の分量の配置がかたよらないようにすることがポイント。片側だけがスカスカで、一方が茂りすぎているようでは、さまになりません。

2〜3年に一度ぐらいは、込み合う枝を取り除く枝透かしを行って、樹木の健全な生育を助けてあげましょう。

●枝透かしの種類

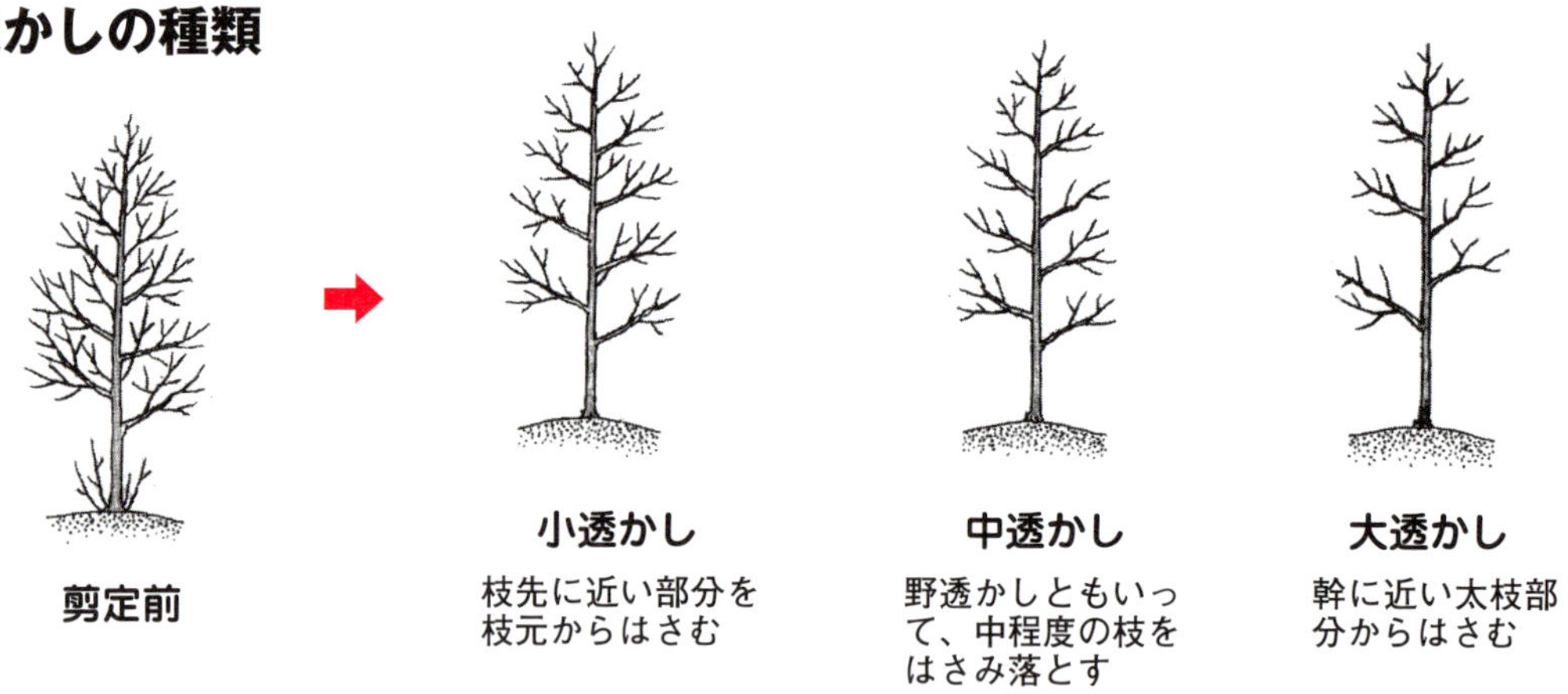
剪定前
小透かし
枝先に近い部分を枝元からはさむ
中透かし
野透かしともいって、中程度の枝をはさみ落とす
大透かし
幹に近い太枝部分からはさむ

枝透かしにもいろいろある

枝透かしは、おおまかに3種類に分けられていますが、呼び名や区別は地方によっても異なり、それぞれの庭師でも違います。

一般に、太い枝をのこぎりを使って枝元から取り除き、枝ぶりをさっぱりと整えることを大透かしと呼んでいます。太い枝を大元からはずすので、樹冠が内部から整います。

ただし、大透かしは初心者にはちょっと難しいかもしれません。残す枝、はずす枝の見きわめがしっかりできないと、元からはずしてしまったあとからは枝が発生してこないので、不用意に大透かしをしてしまうと、のちのちみっともない樹形のままで残ることになるのです。

庭木が大木になりすぎて、大透かしの必要があるときには、やはりプロの庭師の手を借りるほうが安全で、失敗も少ないでしょう。

木によって、だいたいの樹形が決まっているので、経験のある庭師なら、特性を生かしながらさっぱりとさせてくれるでしょう。

比較的、大きな枝をのこぎりと剪定ばさみを利用してはさみ、大まかに樹形を整えることが中透かし。荒透かし、野透かしともいいます。徒長枝や込み合う枝を元からはさんで、元の樹形を基本的に生かしながら、内部に日が当たりやすくなるようにする透かし方ですから、初心者にも挑戦しやすいでしょう。中透かしでは、樹形をつくっている太い枝をはずさないことが大切です。

ほぼ樹形ができあがっている樹木の、伸びすぎた小枝を植木ばさみではさんで、まんべんなく幹枝に日光が当たりやすく、下枝を保護するために行うのが小透かしです。日曜庭師には、一番扱いやすく、必要な仕事で、小透かしをまめにやっていれば樹木は健全に育ってくれます。

小透かしを怠り、いきなり大透かしをしなくてはならないはめになると、大ごと。こまめな枝透かしを心がけましょう。

下向きの枝ばかりを残さない

枝にも、元気のよい枝とそうでない枝があります。勢いがよい枝をそのままにしておくと徒長枝になりますし、弱い枝は短枝になります。

同じような長さの枝でも、枝先が上向きなら伸びがよくてグングン生育しますが、下がっているものはあまり伸びません。

苗木から木を大きくしたいときには、上向き枝は残すようにします。逆に、木の生育を抑制したいときには、勢いのある上向き枝を枝元から間引いて、枝先が下がっている枝を残します。ただし、下向きの枝ばかりになると、木が次第に弱ってきますので、上向きの枝も、枝ぶりを見ながら適宜、残すようにしないといけません。下向きの枝の枝先をひもなどで上向きに誘引したり、上に伸び上がっている枝を下向きに誘引しても、生育を調整できます。

はさむときは内芽を残すな

枝の途中ではさむ切り戻し剪定をすると、当然のことながら頂芽がなくなります。かわりに、はさんだ付近の側芽が伸びてきて、頂芽となって伸長します。

庭木のプロは意識せずとも内向きの内芽を残さずに、手が自然と外芽の上ではさんでいるものですが、初心者はなれないうちは、

「内芽を残さないように」

と、意識しながらはさんでいくとよいでしょう。

内芽を残すと、芽から伸びる枝が立ち枝やふところ枝になって、樹形を損ないます。

樹高を高くせずに、樹形を整える基本のはさみ方は、外側に向かって伸びている外芽の上で必ずはさむことです。忘れないようにしましょう。

●外芽の上ではさむ

矢印は芽の伸びる方向

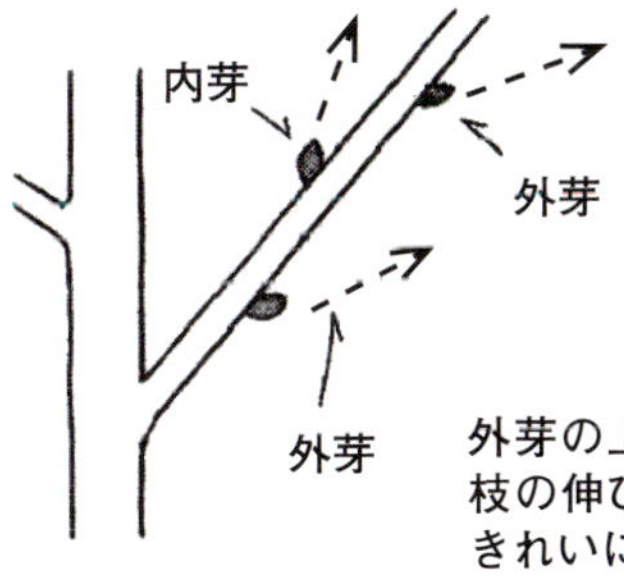

外芽の上ではさむと枝の伸び方も自然できれいに仕上がる

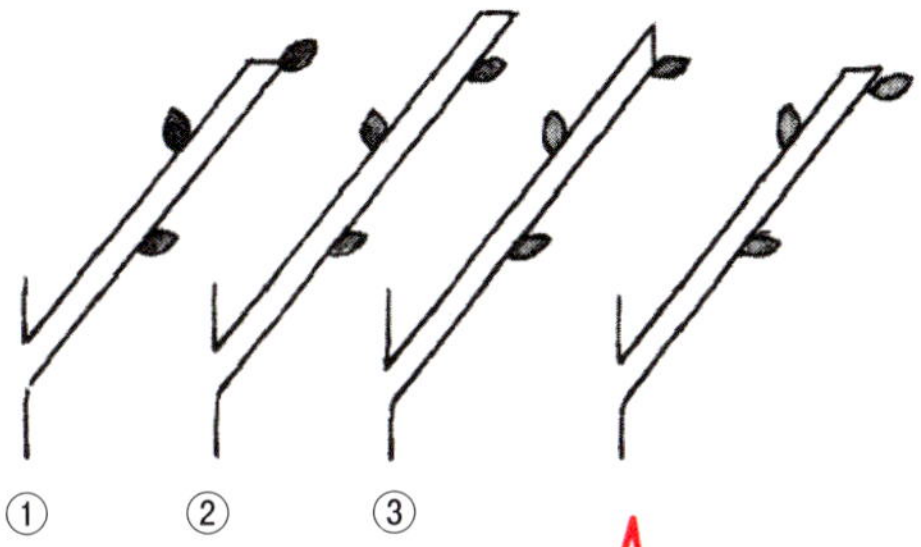

①は芽に近すぎ、②は芽から遠すぎます。③は、はさみ口が芽と逆方向

外芽の上、4～5ミリではさむ

太枝の枝おろしは二度切りする

幹から伸びる太枝を、枝元から落とすことを枝おろしといいます。庭木の剪定の中でも、もっとも大がかりな作業になりますが、中枝、小枝に養分を回して樹形を整えるとか、庭木を移植する際、根の吸収作用と蒸散作用のバランスを保ち、活着をよくするために、欠かせない仕事です。花木や果樹の場合では、花つきや実なりを早める効果もあります。

枝おろしするときには、一度に無理に落とさないで、二度に分けて行うとよいでしょう。枝を一度に落とすと、枝の重みで幹まで裂けてしまうおそれがあるからです。

まず、枝元から10センチぐらいのところを、のこぎりで下から切り込みを入れます。切り込む長さは、枝の太さの3分の1ぐらい。次に、下から入れた切り込みより5センチほど枝先（上）を、今度は上からのこぎりを入れます。太枝をそのまま上から一度におろすと、枝が途中で折れて切り口が割れたり、樹皮がむけて傷んだり、切り口がでこぼこして木が傷つく原因になりますので、面倒がらずに二度切りしましょう。

●枝おろしの方法

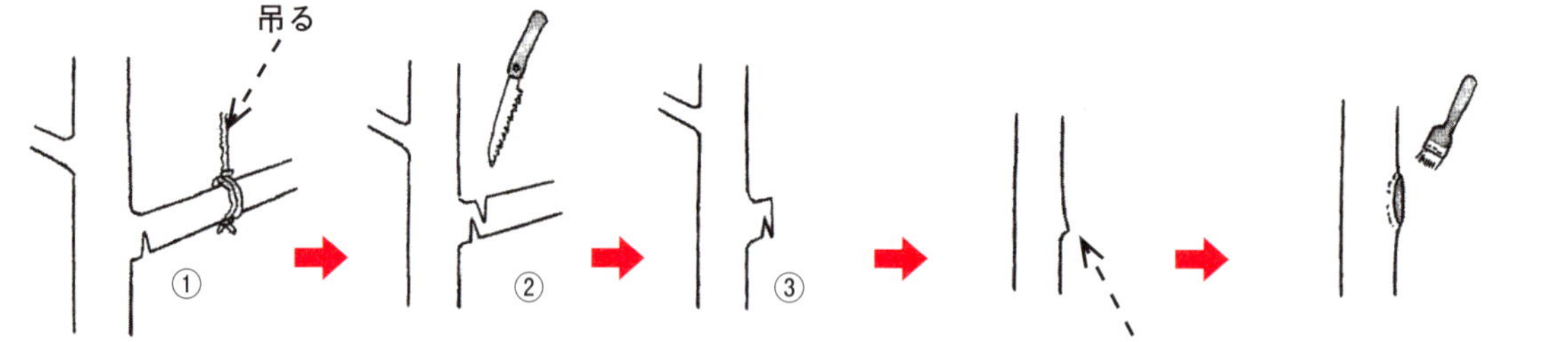

枝が太くて重い場合は、枝を吊っておく

①まず下から切り込みを入れ、②切り込みの少し上で切り、③そのまま切り落とす

切り口は下面に向かって少し斜めに削り、水切り勾配をつけておくと腐りにくい

接ぎロウなどを塗っておく

枝おろしは芽出し前に行う

枝おろしを行った枝の切断面は大きいので、樹液の流れが活発なうちは避けなくてはなりません。切り口の癒着が早い時期、樹液の流れが始まる直前が適期。針葉樹、常緑広葉樹、落葉樹とも、早春の新芽が発生する前。芽出しがはじまったあとや、生育期の春から夏にかけてでは、木の負担が大きすぎて、へたをすると、根腐れをおこして枯らしてしまうこともあります。

庭木のプロも、枝おろしは新芽が発生する前に行います。都合で、どうしても芽出し前にできないときは、幹巻きや、樹冠に寒冷紗《かんれいしゃ》をかけるなどして、木からの蒸散作用をできるかぎり少なくします。

ただし、どんな場合でも真夏の枝おろしは避けます。落葉樹は夏に葉を茂らせるので、

「うっとうしいから枝を整理してください」

などと、無茶をいわれるお客さんもまれにいるのですが、説得して、落葉期まで枝おろしは待ってもらうことにしています。

落葉樹は、冬は葉を落とし、夏は木陰を提供する木。無闇に枝おろしをしてはいけません。

●古枝の切り戻し方

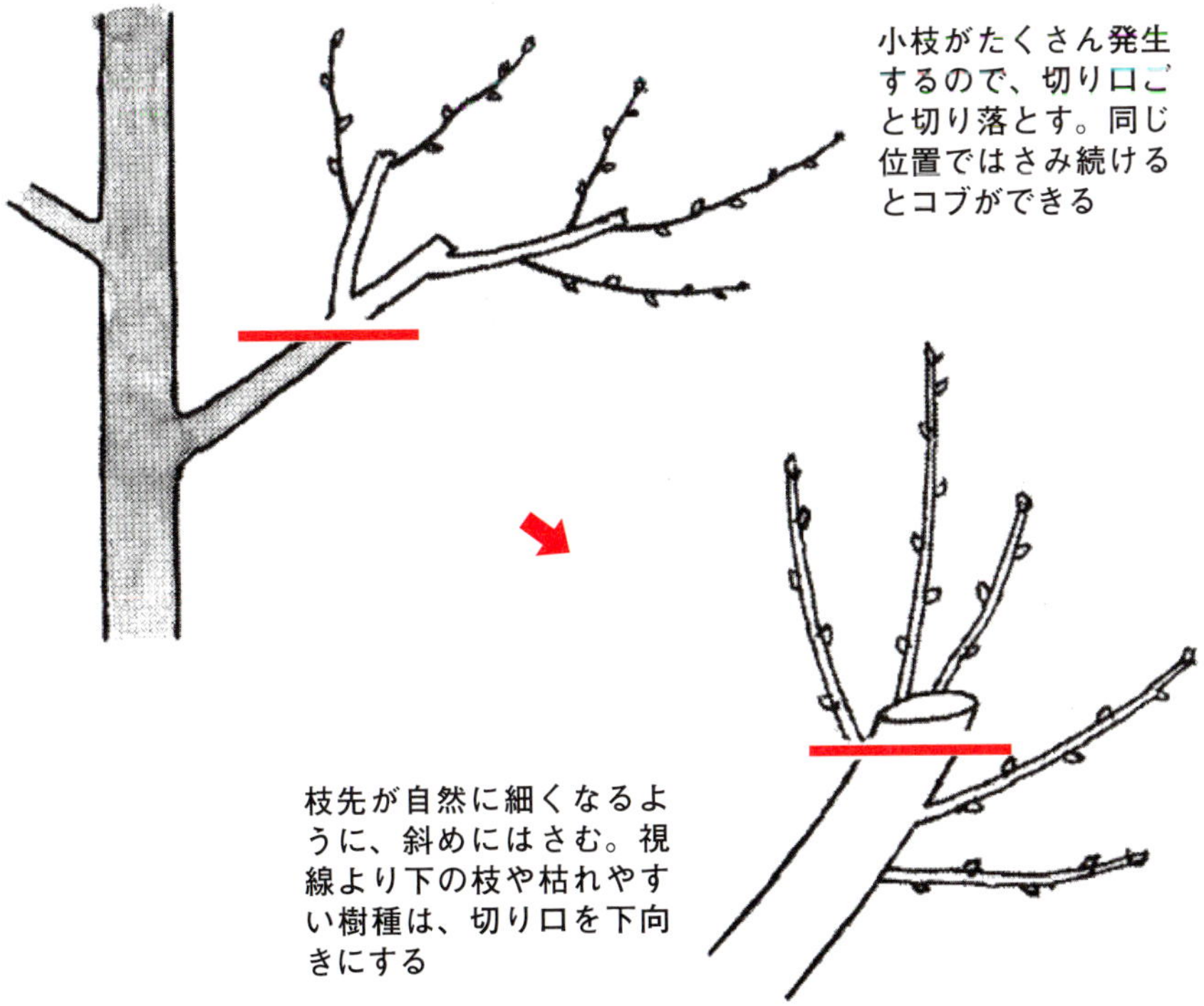
小枝がたくさん発生するので、切り口ごと切り落とす。同じ位置ではさみ続けるとコブができる
枝先が自然に細くなるように、斜めにはさむ。視線より下の枝や枯れやすい樹種は、切り口を下向きにする

古枝は切り口が目立たないように

古枝を切り戻すさいには、切り口が目立たないように、斜めに切って先端を細く仕上げるのがプロの技術。プツンとはさんでしまっては、とても見苦しくなってしまいます。

はさんだ回りから小枝がたくさん発生するので、元気のある方向のよい枝を見きわめて2～3本残し、それ以外の枝は、切り口の先端を斜めにはさんで取り除きます。不要な枝だけを枝元から繰り返しはさんでいると、芽が残って、毎年、同じ位置から発芽し、コブができてしまうので、枝を切る位置をずらすのがコツです。

難しいようですが、いったんコツを覚えてしまえば簡単。万が一コブができてしまったときには、すぐ下をはさんで、コブを取り除きます。枝の途中や先端がコブでゴツゴツふくらんでいるのは、やはり不自然で、見栄えもよくありません。

古枝の切り替え

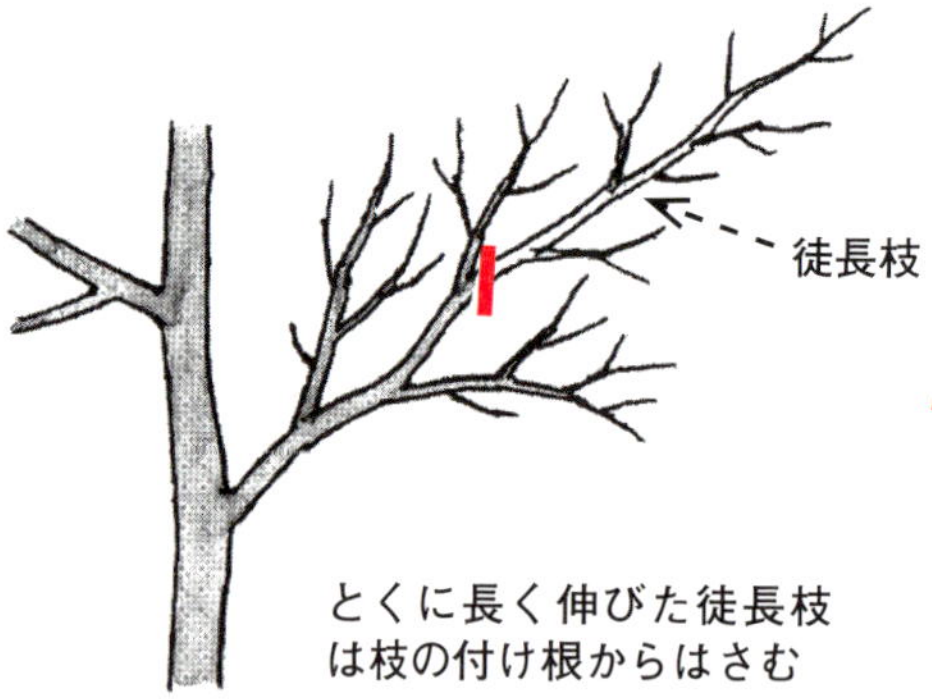
徒長枝
とくに長く伸びた徒長枝
は枝の付け根からはさむ

枝分かれした部分で、枝元を残さずに斜めに切り落とす。枝を切り残すと、あとが不自然なばかりでなく、切り口から小枝が発生して姿がよくない

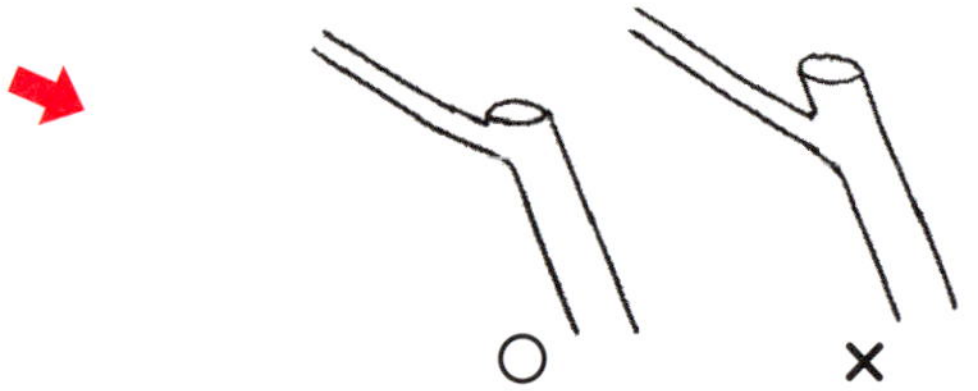
○
×

樹形を小さくするには切り替えを

切り替え剪定のテクニックは、切り戻し剪定とよく似ていますが、枝の途中ではさむのではなく、枝分かれ部分ではさむ点が異なります。

樹形を小さくするには、長い枝の先端をはさんで切り戻すより、短い枝を残して、長い枝は切り替えをするほうが、枝先がやわらかく仕上がるので自然に見えます。切り替えは、枝数がふえすぎた木などでも行います。

古枝を切り替え剪定するときには、枝元を残さずに、斜めにしっかりとはさむこと。枝をはさみ残すと、見た目が不格好なばかりでなく、はさんだあとから小枝が多数発生してしまいます。

芽吹きの悪い木は刈り込むな

ここからは少し、刈り込みのテクニックの話をすすめます。

剪定と刈り込みは、樹形を整えるために枝をはさむことは共通しています。剪定は枝ぶりや葉の様子を見ながら、1本ずつその枝にふさわしい位置を見はからってはさんでいきますが、刈り込みは個々の枝にこだわらず、樹冠の形を整えることだけに主眼を置きます。

おもに円筒形や玉仕立てなど、自然形では見られない特殊な樹形に仕立てる整姿法です。枝葉を一様に刈りそろえるために、葉や芽が切断されるので、枯れ込みやすい木や芽吹きの悪い木では刈り込みはできません。

イチイ、イヌツゲ、カイヅカイブキ、キャラボク、サツキ、サワラ、ジンチョウゲ、ドンダンツツジ、ヒイラギ、ピラカンサ、ベニカナメモチ、モクセイなど、芽吹きのよい樹種に限る整姿法ですが、好みの樹形にすることができる楽しみがあります。

腕の見せどころよ！

枝垂れる樹種は刈り込まない

木の特性を生かすには、いくら芽吹きがよくても刈り込まないほうがよい木もあります。アベリアやハギ、ヤマブキ、シナレンギョウ以外のレンギョウなどです。

これらは枝がやわらかく、枝垂れる木。刈り込んでしまってはその姿を楽しめません。

また、春から伸びた枝の先端に花が咲く樹種、たとえばキンシバイ、サルスベリ、ザクロ、バラなども枝先の趣や花芽がなくなってしまうので、刈り込みはオススメできません。

整姿は刈り込みから始めるとよい

枝抜きや切り戻しなどの剪定は、木の個性に合わせて自分で見きわめをつけ、枝をはさんでいかなくてはなりません。形よく仕上げるには、ある程度の経験が必要となります。

対して、刈り込みは一定の形に沿わせて刈り込めばよいので、一応、形は整います。初心者はまず刈り込みから取り組むとラクかもしれません。

刈り込みは、前回に刈り込んだ形を基準にして、それより少しだけ外側を、以前の刈り込み線に沿って刈るのが基本。樹冠を大きくするなら弱めに、大きさを一定にするときは強めに刈り込みます。

ただし、注意がひとつ。樹冠を一定にするにしろ、小さくするにしろ、葉のないところまで強く刈り込んではいけません。葉のない位置で刈ってしまうと、翌年芽が吹かなくなります。ただし、ジンチョウゲは別。古枝からも芽を吹くので、強く刈り込んでも平気です。ジンチョウゲのある人は、手始めにこの木で刈り込みの練習をしてみましょう。

刈り込みの準備は怠りなく

「さて、刈り込みを始めるか！」と、いきなり刈り込みばさみで、チョキチョキ始めるのはいただけません。はやる気持ちをおさえて、刈り込み前にはしっかり準備をしないと失敗のもとです。

準備作業を怠ると、きれいに仕上がりません。①まず、竹ぼうきなどで枯れ枝やクモの巣を払い、②長く伸びた枝は刈り込みの仕上げ面よりも内側ではさむか、枝抜きをして、元の形を確認し、③枯れ枝ができて穴があいている部分は、枯れ枝を取り除き、回りの枝から誘引し、小枝を出させるようにします。これらの準備ができて初めて、刈り込みとなります。

刈り込み樹形のいろいろ

玉仕立て。ふところの枝の様子

玉仕立て

角仕立ての生け垣

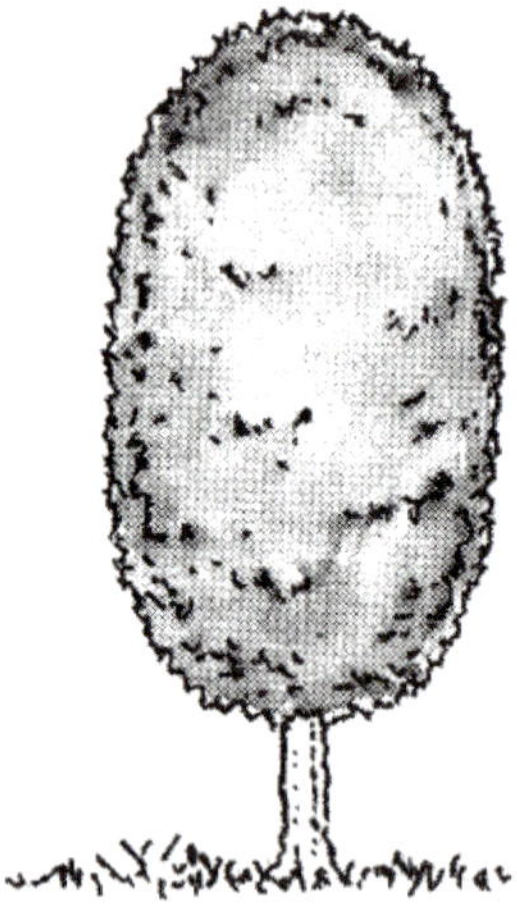

楕円形の刈り込み仕立てもの

小さいうちから放任しないこと

刈り込み仕立てにする木は、苗木や幼樹のうちから、円錐形や玉仕立てなど、仕立てたい形につくっていきます。

木が小さなうちは強く刈り込まず、木に勢いをつけさせて伸ばします。生長の著しい頂部は、横に広げたいときには少し強めにはさんでおきます。年数が経ち、希望の樹高に到達したところで樹芯をとめ、強く刈り込んで形を一定に保つようにします。

刈り込みは表面のなめらかさがポイントになります。木を放任しておいてから、急に刈り込んで形をつくろうとしてもうまくいきません。枝の長さと樹冠の形があわなくて、葉や芽のない古枝をはさむことがあったり、逆に短くて刈り込みラインに届かない枝があったりするケースが出てきます。

こうなると、太い切り口が見えたり、枝がなくて樹冠に穴ができたりして、刈り込み面の美観が損なわれてしまいます。

真夏、真冬の刈り込みは避ける

キャラボクやイヌツゲなど、葉を楽しむ樹種の刈り込みは、年2回くらい行うのがふつうです。

まず1回目は新芽の生長がとまって新芽がかたまったころ。2回目は夏に枝葉が茂ったあとの9月末から10月の上旬ぐらい。途中で徒長枝が伸びて表面が乱れたときには、適宜、徒長枝を切り戻したり、刈り込んで樹冠を整えたりします。ただし、真夏と厳冬期は絶対に避けます。真夏は刈り込み後、葉が焼けて木が極端に疲れますし、真冬の寒さも木の体力を消耗させます。

花木の刈り込みは花後すぐに

ツバキやサザンカは花後、すぐに刈り込めば、花芽を落とさないですみます。ジンチョウゲやサツキ、ツツジなど、花芽が枝の先端につくものは、花芽ができあがってしまってから刈り込むと、花芽を落としてしまうことになり、翌年、花が咲かなくなってしまいます。花を楽しむときには、刈り込み時期にとくに注意が必要です。

シナレンギョウのように、側芽に花がつくものは、花芽がつく前に強く刈り込んでしまうと、葉芽ばかりになってしまって、花芽がつきにくくなります。やはり、花後すぐに刈り込むのがオススメです。

2~3年に一度はふところの整理を

刈り込みを繰り返すと、刈り込んだあとから枝葉が密生して、刈り込む面は美しい木になりますが、刈り込みばかりしていてはダメ。表面が密生してそろうほど、木の内部（ふところという）に風が通わなくなり、日も差し込まなくなります。

刈り込んでばかりいると、ふところの小枝や葉が枯れてきて、そのままにすると枯れた部分が広がって穴があいたり、病害虫が発生する原因に。

2~3年に一度は刈り込むほかに、枝をはさみましょう。ふところを除いて、枯れ枝があったらまずそれを枝元からはさみ、込み合っているところの小枝をやはり枝元からはさんで、間引きして枝数を減らします。

こうすると、密になっている刈り込み面は変えずに、ふところの風通しや日当たりをよくすることができ、木を元気にさせます。

刈り込みばさみは片手を動かす

刈り込みをうまくするには、数をこなして経験をつむのが一番の早道。刈り込みばさみも数多く使い込むうちに要領がわかってきますが、見ていると、両手を動かして刈っている人が多いようです。

両手を動かしてしまうと、うまく刈れません。刃の一方は刈り込み面にあてて、もう一方の刃だけを動かして刈るのがポイントです。

右ききの人なら左手は固定し、右手を往復させて刈ります。玉仕立てなどは刃全体を使わずに、刃元の3分の1を定規として刈り込み面にあてて、刃先の3分の1だけで刈り込みます。

●生け垣の刈り込み

上部は強め、下部は弱めに台形になるようにする

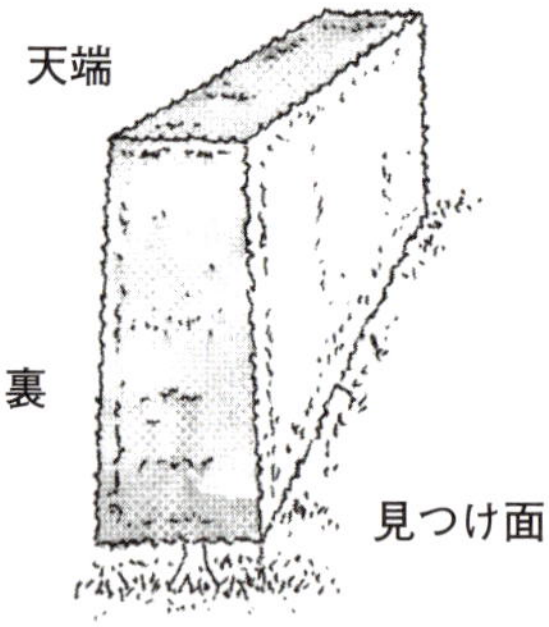

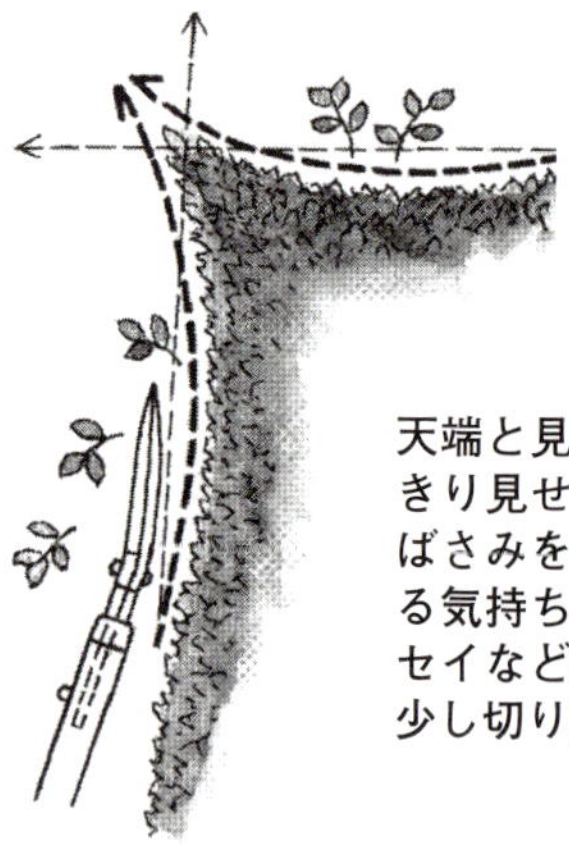

天端と見つけ面との交線をくっきり見せるためには、刈り込みばさみを裏返して少しくぼませる気持ちで刈り込む。キンモクセイなど葉の大きな樹種は角を少し切り落とすようにする

角刈りの生け垣は天端に注意

生け垣は角刈りをするものが多くあります。この場合、面と面の交線をはっきりさせるのが、きれいに仕上げるコツです。

生け垣の上面を「天端《てんぱ》」、道路に面する側を「見つけ面」、庭側を「裏」と呼びますが、とくに天端は水平になるように気をつけます。

周囲に見える建物の水平面を基準にして刈り込んでいきます。一気に仕上げようとせず、横から見通したり、少し離れて全体をながめたり確認しながら作業を進めましょう。あわててやっつけ仕事をすると、ろくなことはありません。

初心者は裏から

生け垣を刈るとき、天端を決めたら、庭師はまず見つけ面から手をつけますが、刈り慣れない初心者は裏で練習をして、仕上がりが目立つ見つけ面に移るほうが無難でしょう。

刈るときは手前下部から上へ向かって刈り始め、つねに下から上へ、下から上へ刈り進み、徐々に先へ移動していきます。

刈り込み面が平らになるように、ときどきは手を休め、全体を見回し、なめらかになっているかどうか確認しましょう。

部分にばかり集中していると、「木を見て森を見ず」で、部分の仕上がりはきれいでも、全体的にはでこぼこができやすくなります。ひと通り刈り込んだら、横からながめてみて、細かい手直しをします。木は上部ほど生長が旺盛なので、角刈りの生け垣は側面の断面が、下は広めになるように弱く、上は強く刈り込んで台形にします。天端と見つけ面の交線をはっきりさせるためには、刈り込みばさみで、少しくぼませる気持ちで刈ると、仕上がりがすっきりします。ただし、キンモクセイなどの葉の大きな樹種は角を少し落とすときれいに見えます。

玉仕立てははさみを裏返して使う

丸く、あるいは円筒形、円錐形に刈り込む木を総称して玉仕立てといいます。

庭師は上から刈っていきますが、慣れないうちは下方の側面を刈って練習してから、上部に移動したほうがよいでしょう。刈り込みは、少しくらいでこぼこに刈ってしまっても、すぐに枝葉が茂って、またすぐに刈り込む機会があるのですから、失敗をおそれず、とにかく何度も繰り返すことです。「習うより慣れろ」で、実践あるのみ。

刈り込むときは前回の刈り込み線を基準にして、それよりもやや外側で刈り込んでいくのが決め手。刈り込みは毎年行っていても、大きくなっていくのがふつうです。刈り込んで仕立てた木が大きくなりすぎたときは、好みの大きさまで、強く刈り込めばよいのですが、この場合、花木ではいっとき、花を我慢しなければなりません。といっても1年のこと。たいがいは2年経てばまた花をつけます。

●玉仕立ての刈り込み

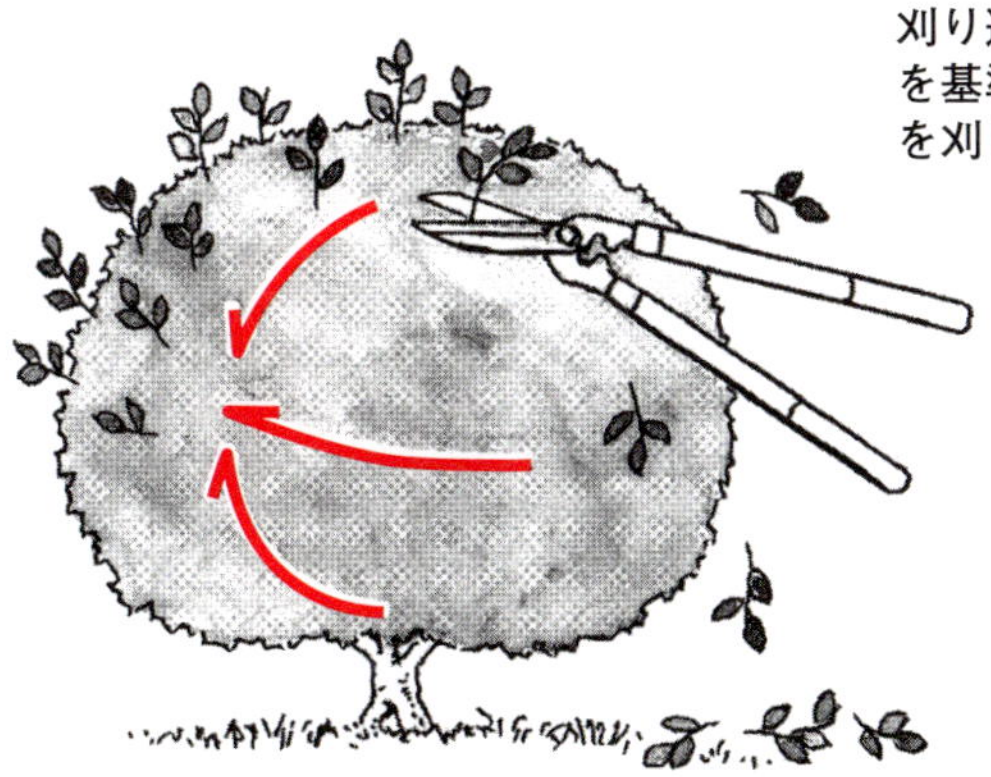
刈り込むときは、前回の刈り込み線を基準にして、それよりもやや外側を刈り込んでいく
下部は下から、上部は頂点から刈り込む。最後に横を刈り込むとうまくいく

曲面を刈るときは刈り込みばさみは裏返して使うのが鉄則です。刃が丸くカーブしているので、丸い面にぴったり合うのです。裏返して使う場合も、一方の刃を刈り込む面にあてて固定し、もう片方の刃だけを動かして刈り込んでいきます。

丸刈りの練習にうってつけなのがジンチョウゲです。株が自然とこんもり丸くなり、背の高さも低いから仕事がしやすいのです。しかも、どこで刈り込んでも（葉のない部分）、たいがい芽を吹いてくれるので、刈り込むほど枝葉が茂ってきれいにそろうのです。玉仕立てはまずジンチョウゲから始めてみましょう。

玉仕立てをあまり難しく考える必要はありません。刈り込めば、刈り込んだあと必ず、元よりいい芽が出てきます。

徒長枝だけをはさんで、中途半端にしておくより、きれいに刈り込んでおけば、見た目がきれいなばかりでなく、気持ちがよいもの。木もさっぱりさせてほしいと望んでいるはずです。

古木に手をかくるな、若木に腰かくるな

　老木になまじ手を加えて手入れしても、かえって枯らすこともあり、役にたたない。一方、若木は樹勢を尊重し、必要以上に枝葉を刈ったり切ったりしていじめてはいけないということです。

　庭木を刈り込んで、その姿を整えることを剪定とか、剪定・整枝といいます。これは、①発芽を促して、樹木を生長させる、②「喬木《きょうぼく》風に折らる」といいますが、風雨によって木が折れたり倒れたりすることがないようにする、③よい花や実をつけるのを促す、④枝葉がひょろひょろ伸びること（徒長）を抑制して、姿や形を美しく保つ、⑤風通しをよくして病害虫を防ぐ、⑥老いた木の若さを取り戻させるという目的で行います。

　⑥の老木の剪定は、ウメなど花つきが悪くなったもの、老齢化したものに行いますが、一般には、老木は生長も悪いので必要以上に切り詰めてはいけません。若い木も最初は自由に茂らせます。ある程度生長してかたまってきたら、切り詰めて「木をいじめてやり」、生長するための刺激を与え、姿を整えます。

花を見て枝を折る

「花をよく見て枝を折るように、事は慎重に進めなさい」ということです。「（花の）色を見て枝を折る」という言葉もあります。

　園芸でも剪定するときは、花や実の様子を見て切るようにしましょう。

　花がついたり、実がなった枝は、十分に栄養を使ったあとなので弱っています。たいていの樹木は、翌年、その枝には花や実をつけません。一年休息すると栄養も回り、回復して、また見事な花や実をつけます。

　したがって、剪定をするときは、花や実をつけた枝から切ります。この枝には花芽はできません。花や実もならない枝を刈り取れば、翌年花や実をつける枝に十分な栄養も回るでしょう。樹木全体からいえば、無駄なものは剪定したほうが、効率がよいといえるでしょう。

　逆にいえば、今年花も実もつけなかった枝は切ってはいけない、ということです。もっとも、花をつけない枝には弱っている枝と、逆にエネルギーがありすぎて花芽よりも葉を茂らせてしまう枝とがあります。でも、翌年花を咲かせるような枝は短くがっしりしています。

剪定は冬の日当たりで決めよ

樹木が生長するには、風通しや日当たりが大切です。風通しや日当たりが悪いと、病害虫におかされやすかったり、葉の色が冴えなかったりします。樹木の枝や葉が互いにじゃまし合うことがないように、剪定して、庭木を整理してやりましょう。日当たりについて考えてみると、夏は太陽の位置が高いので、どの樹木にも日は当たりますが、太陽の位置が低くなる冬になると、どの木に日が当たり、どの木に日が当たらないかということは目で見てわかります。

したがって、冬の日当たりを考えて、樹木に日がよくあたるように、また土にも日が当たるように、庭木を整理し剪定するとよいのです。

あまりに樹木が込んでいるときは、剪定するだけでなく、移植する必要も出てきます。樹木が枝を伸ばしても、樹木同士がぶつからないように、また土にも十分に日が当たるように、移植する位置を決めます。

枝葉を刈り込んでから移植しても構いません。ただし、移植は、長時間かけず、根を乾かさないように気をつけて、素早く行うようにしましょう。

一度の強い剪定より三度の弱い剪定

年に一度の剪定ですまそうとして、強い剪定を毎年繰り返していると、木が弱ってしまいます。花や実のつき具合も悪くなってきます。

年に一度の剪定ではなく、年に2～3回、樹木の形を整える程度に剪定するほうが、樹木の生長にとってはよいのです。回数をふやすことが剪定のポイントです。

ことに形を保つ必要がある樹木や生け垣などは、年に3回くらい、たとえば、新緑がはえそろったころ、梅雨明けごろ、生長停止時期に入る11月ごろに手入れをします。まめにやれば、形は崩れません。いつも鮮やかな緑を楽しませてくれます。

なお、樹木の生長をコントロールするために行うのが剪定です。これに対して、樹木の形を整え、見た目を楽しませるために行うのが整枝です。整枝は樹木の自然な流れを見ながら、樹木の大きさや枝葉の量、生育の状態などを考え合わせて樹形を整えていきます。整姿する人の好みも関係してきます。

気をつけたい病気と害虫

風と光は虫封じ

害虫が発生する原因を考えると、環境が悪い場合と草花や樹木そのものの体質が弱い場合とがあります。

環境が悪い場合というのは、①日当たりが十分でない、②つねにじめじめとして湿気が多い、③風通しが悪い、④周囲に枯れ草や枯れ木、ゴミなどがある、というようなことがあげられます。

狭い場所にたくさんの鉢を並べて育てていると病害虫がふえてくるというのは、風通しが悪くなり、日に当たらない植物が出てくるからです。鉢の数が整理され、日当たりがよく風通しもよい清潔な場所にある植物は病害虫におかされにくいのです。まさに「風と光は虫封じ」になるわけです。

また、日当たりを好むのに日陰で育てられて植物の体質が弱くなったり、窒素肥料を与えられすぎて葉が大きくなり気孔が広がり病原菌が入りやすくなった植物にも、病害虫が発生することがあります。植物の体質が弱まるために病害虫の餌食になるのです。植物に適した環境と肥料を与えて、植物の体質を強くしてやらなければなりません。

長雨は病気のもと

植物の病気を発生させる多くは、かびの仲間です。雨水のはねかえりで、かびの胞子が葉の裏について気孔から入り、じめじめした環境の中で繁殖して病気を引き起こします。さらにそこから発生する胞子が雨水のはねかえりでほかの葉の裏につき、どんどん病気を広げていきます。長雨は病気の原因になるのです。

また、強い雨は、ときに葉についた害虫を振り落として排除してくれることがありますが、虫は葉の裏に隠れていて、雨がひと休みすると、急に活動し始めることもあります。

実際、雨水が直接かからないベランダ栽培では、雨にさらされる庭の花壇の栽培よりも病害虫の発生は少ないのです。もし発生しても、花壇ほど被害は広がりません。

もっとも、高層住宅のベランダはまったく病害虫の心配がいらないかといえば、風に乗って侵入してくる害虫がいますし、階段づたいにはって侵入してくる害虫もいます。高層ビルだからといって安心してはいけません。

庭土は乾かしてから使う

植物の病気は、地上部だけでなく地下の根にも発生します。枝葉の場合はその部分が白っぽかったり黒ずんだりして斑ができ、病気は目で見てわかりますが、根の場合は直接見えません。それだけで気がつきにくいのですが、土の中はいろいろなバクテリアがいます。根にこぶができたり、紫や白い菌

●植物の病気と対策①

	場所	症状	対策
青枯れ病	株	元気だったのに、急にしおれる。一時的に回復することがあるが、青いまま枯れる。夏に多い。	すぐに株を抜く。
赤枯れ病	葉・茎	１～２年の苗がかかりやすい。葉や茎が赤褐色、褐色、黒褐色になって枯れる。夏に多く見られる。	すぐに株を抜く。土の消毒が予防になる。
白絹病	葉・茎 根	地面と接する部分が腐る。白い絹糸のような菌糸が見られる。やがて褐色になり、地上部が枯れる。夏に多い。	すぐに株を抜く。土の消毒が予防になる。
立ち枯れ病	葉・茎	地面に接する部分が被害を受けるため、地上部がしおれ、枯れる。急におこる場合も、徐々におこる場合もある。春から秋にかけて見られる。	すぐに株を抜く。土の消毒が予防になる。
枝枯れ病	枝	花木に多い。枝に灰褐色や黒褐色の斑が見られ、だんだん大きくなる。生長もストップする。やがて枯れる。夏に多い。	枝は見つけ次第刈り取る。枝の切り口から感染するので、剪定するときに、はさみなどを消毒。切り口には保護剤を塗る。
うどん粉病	葉・茎 つぼみ 花びら	白い粉のようなものが見られる。やがて、葉がねじれたり、つぼみが開かなくなったりして枯れてくる。春、秋に多い。	すぐに株を抜く。あるいは症状が軽いならサプロール乳剤（バラ）、サンヨール（サルスベリ、花き類）、トリフミン水和剤（樹木類）などを散布する。
モザイク病	葉	葉に不規則な斑模様ができ、生長がとまり、つぼみが開かなくなり、やがて枯れる。	すぐに株を抜く。伝染しやすい。感染原因になるアブラムシを退治したり、剪定するときに、はさみなどを消毒する。
軟腐病	茎・根 葉	地面と接する部分が、水に浸しっぱなしにしたときのように変色し、腐ってとける。夏に多く見られる。	すぐに株を抜く。ほかの株にはバスアミド微粒剤（ボタン、シャクヤク）やカスミンボルドー（ユリ、ホオズキ）などを散布する。土の消毒が予防に。

糸が根にからみついて根を弱らせていきます。

花壇の土を掘り起こしたり、鉢の用土として用いるときは、消毒してから使うようにしましょう。

花壇の場合は、土を掘り起こして乾かしたら、殺菌剤を散布するとよいでしょう。

鉢の用土の場合は、使用する土をふるいにかけてから、蒸し器に入れて20分から30分蒸してやります。あるいは、土をビニール袋に入れて、ときどきかき回しながら、2週間くらい日に当てます。これでかなり殺菌ができます。また、年に1〜2回は花壇や鉢の土を掘り返して、根に病気がないかチェックしましょう。

乾燥続きにアブラムシ

草木に湿気や長雨はよくありませんが、乾燥のしすぎも問題があります。葉から水分がうばわれて勢いを失ったり、土が乾いて根を傷めたりするだけでなく、害虫をふやすのです。一般に害虫は湿気の多いところを好みますが、アブラムシ、ハダニは乾燥したところを好みます。

風通しのよすぎる高層マンションのベランダや、風が強すぎる場所では、春から秋にかけて、これらの害虫がはびこります。アブラムシは芽、若葉、つぼみ、花、茎などについて汁液を吸います。やわらかい芽や葉は変形してしまいます。ハダニはとくに初夏、葉の裏について汁液を吸い、葉を白っぽく変色させます。草木が枯れることもあります。

また、葉の裏表に白または灰色の斑が生じるうどん粉病も、乾燥しすぎが発生の原因になります。

このように、風通しがよいことは、植物にとってよい環境なのですが、風当たりが強かったり、空気が乾燥しすぎるのも考えものです。葉や土が乾燥しないように注意しましょう。

天敵は殺すな

自然界では、生物の生存の均衡を保ち、特定の異常発生をおさえるように、生物同士がいろいろな関係を保っています。

たとえば、樹木にアリがつけば、アリとの共生関係にあるアブラムシが集まってきて、樹木がアブラムシにやられてしまうことがあります。アリとアブラムシ、互いが利益を享受するか、害を及ぼさないような関係を保って、その生存を保障しているのです。また、ここにあげる天敵も、繁殖する生物をほかの生物が食べたり寄生したりして、必要以上に繁殖しないように、自然界の均衡のための関係なのです。

たとえば、野鳥は樹木につく害虫を食べて、害虫が繁殖するのを防いでいます。害虫にとって野鳥は天敵です。ほかにアオムシとカナヘビ、カイガラムシとレビーアカヤドカリコバチなどがあります。

したがって、野鳥などを乱獲すると害虫が異常発生することがあります。むやみに殺虫剤を使うと天敵関係にある生物も殺すことがあります。こうして自然の生態系を乱すのです。

殺虫剤は便利ですが、殺虫剤だけに頼るのではなく、害虫が繁殖しないような環境づくりをして、本当に必要なときだけに使うようにしましょう。

●植物の病気と対策②

	場所	症状	対策
灰色かび病	葉・花	葉、ことに若葉に多く、水がしみたような斑ができ、灰白色になり、腐っていく。春から梅雨どき、秋に見られる。	すぐに枝は切り取り、株は抜く。風通しが悪い湿った場所に発生しやすいので、茂っている枝葉を整理し、水はけをよくしたりして環境を整えることが大事である。
菌核病	茎	地面に接している茎に発症する。水に長時間浸したようにやわらかくなり、褐色に変色して枯れる。春、秋に多い。	すぐに株や苗を抜く。トップジンM水和剤（花き類、観葉植物）を散布する。
落葉病	葉	小さな黒粒点ができ、葉全体が、褐色に変色する。その後、次々に葉が落ちる。夏の終わりに見られる。	落ちた葉はすぐに焼却する。
すす病	葉・茎枝	黒くすすがついたようになる。炭酸同化作用が行われなくなるので、やがてしおれる。	被害を受けた部分を除く。茂っている枝葉を整理して日当たりや風の通りをよくする。アブラムシ、カイガラムシが病気を持ち込むことがあるので、見つけたら退治する。窒素肥料は控えめにする。
斑点病	葉・茎花びら	斑ができ、黒や褐色の粒点が見られる。病原菌によって形や色は異なる。それによって、葉や茎、花びらが変色するようなことはない。	被害を受けた部分は除く。ポリオキシンAL乳剤（カーネーション）を散布する。
がんしゅ病	枝・幹	一部が褐色になり少しへこむ。下から樹皮を押し破るように小さな突起ができ、やがて樹皮を破る。	できれば病気の枝は切り取るとよい。枝の切り口から菌が侵入するので、剪定したら保護剤を塗る。
縮葉病	葉	葉の一部が黄色っぽく火ぶくれたようになる。葉の裏には白い粉が生じ、枝が黒く縮む。	病気の葉は除く。

薬剤は最新の情報を確認する

草木の病原菌は、かび、バクテリア、ウイルスです。これらは目に見えません。葉や花、茎、根などの生長の異常や緑の異常に気がついたときには、すでにあちこちに病気が広がっていて、手がつけられないことがあります。

病気を見つけたら、すぐに適切な処置をして他に広がらないように病気を食いとめる必要があります。

薬剤の散布ですが、住宅地・学校・病院などでは予防散布は行わず、散布が必要な場合は飛散防止および周辺住民に配慮し必要な措置を講じる、という方針が農林水産省により出されています。また、平成18年には、より厳格に残留農薬を規制するポジティブリスト制度が施行されるなど、薬剤の適正な使用が強く求められています。

登録農薬の使用、容器ラベルの記載事項の遵守はもちろん、作業する際には、飛散防止など、細心の注意を払うようにしましょう。

地方自治体によっては、条例等によりさらに厳しい規制をしている場合もありますので、常に最新の情報を確認するようにしましょう。

薬剤の二度がけ

最近は薬剤の害などが問題にされ、薬剤の毒性がひところより弱くなってきています。そのために、なかなか効果が見られない場合も少なくありません。こういうときは、濃度を規定以上に濃くするのではなく、2度がけするとよいでしょう。

昔から、2度がけは代表的な散布方法といわれます。それでもうまくいかないときは、3度がけしてみましょう。完全に害虫を始末しないでおく中途半端が一番いけません。

ただし、害虫はだんだん抵抗力がついてきて、その薬では効果がなくなることもあります。それを防ぐには、やたらに薬剤を使わないこと。病害虫が発生しないようなよい環境をつくること、草木の体質を丈夫にすることを日ごろから心がける必要があります。

斑が入ったら焼き捨てよ

花や葉に黄緑のモザイク模様が入ったり、灰色や黒っぽい斑点ができたり、かすり模様のような斑が見られるときは、ウイルスや菌による病気です。やがて生長がとまって、しおれたり枯れたりする場合もあります。

いずれにしても、病原菌に感染したらなおることはありません。そればかりか、放っておけば、まもなく病気がほかの草木にも広がるおそれがあります。その草木にはない奇妙な斑や模様が見られるときは、すぐに抜いて焼き捨てましょう。

草花にモザイク模様ができるモザイク病や、葉に黒っぽい斑ができる枝枯れ病は、剪定するはさみや人間の手を媒介にして、病気が蔓延《まんえん》することがあります。剪定中に病気が見つかったようなときは、あとで手やはさみを消毒しましょう。消毒剤は第三リン酸ソーダを用います。

●植物の害虫と対策

	症状	使用できる薬剤または対策
アブラムシ	新芽や茎、小枝、葉の裏などについて、植物の汁を吸う。そのために、生長をストップさせるようなことはないが、病原菌を運んで感染させることがある。	アクテリック乳剤（サクラ、ツバキ、バラ）、オルチオン乳剤（バラ）、スミチオン乳剤（樹木類）、ディプテレックス乳剤（サンゴジュ）、マツグリーン液剤２（樹木類）、モスピラン水和剤（マツ）など。
カイガラムシ	花木に多く見られる。梢、茎、枝などについて、植物の汁を吸い、生長を妨げる。虫が多いと枯れることがある。また、この虫が、すす病の原因を運ぶことがある。春から秋にかけて発生しやすい。	スミチオン乳剤（コデマリ）、アクテリック乳剤（サクラ、ツバキ、バラ）、オルチオン乳剤（ツツジ）、スプラサイド乳剤（樹木類）など。
ハダニ	葉の裏に群がって、植物の汁を吸う。葉が落ちたり枯れたりする。すす病を媒介する。	カスケード水和剤（バラ）、バロックフロアブル（樹木類、花き類、観葉植物）など。
ケムシ	葉を食べるが、中には茎の中に潜り込んだり、つぼみや花を食べるものもいる。	数が少ないときは、つかまえて退治する。アクテリック乳剤（サクラ、ツバキ、バラ）、スミチオン乳剤（ニシキギ）
ナメクジ	新芽、若葉、つぼみ、花などのやわらかい部分を食べる。じめじめしたところに発生する。	見つけたら、つかまえて退治すること。
チャドクガ	チャ、ツバキ、サザンカなどの葉について、幼虫が食い荒らす。一晩で葉がすっかり食われてしまうことがある。春から梅雨どき、初秋に発生する。さわるとかぶれる。	エンセダン乳剤（ツバキ）、オルチオン乳剤（ツバキ）、オルトラン液剤（ツバキ類）、カスケード水和剤（ツバキ、サザンカ）、ディプテレックス乳剤（樹木類）、トレボン乳剤（樹木類、ポインセチア）、マブリック水和剤（ツバキ類）など。
グンバイムシ	葉の裏について植物の汁を吸う。被害にあった葉は白く透けて、かすりのようになる。若葉が茂るころから、何回か発生する。葉の裏で成虫のまま冬を越す。軍配の形をしているのでこの名がある。	スミチオン乳剤（樹木類、ツツジ）、ガゼット粒剤（ツツジ類）。葉の裏側にいるので、葉の裏に薬剤が届くようにていねいに散布する。
センチュウ	目で見ることはできない。虫がいないのに、生長がスムーズでないとか、花が咲かない、枯れるというときは、これが原因のことも。	次のときに悪影響を与えないように、土を消毒し、被害にあったものは抜く。バスアミド粒剤（ツツジ）

庭師の用語事典

あ

忌《い》み枝《えだ》 伸びすぎたり、樹形を乱しているなど、どんな種類の木であっても必ず切らなくてはならない枝の総称。枝の様子によっていくつかに分類される。

腋《えき》芽《が》 枝の側面にある芽のこと（側芽）。

枝《えだ》透《す》かし 枯れ枝や弱い枝、込みすぎたところの枝を切り除き、樹冠の枝葉を減らすこと。切る位置によって大透かし、中透かし、小透かしなどに分けられる。

枝《えだ》抜《ぬ》き 同じように生えている枝の何本かを切り取り、本数を少なくすること。芽を残さず枝元から取り除くので、切り口から新枝が発生しにくくなり、残した短い枝の頂芽から新枝が伸びる。

枝元《えだもと》 枝分かれしている部分の付け根のこと。一番先端の枝の付け根も枝元と呼ばれる。またその枝が発生している枝の元の部分や、さらにその元の太い枝の付け根など大元までたどって呼ぶこともある。

お礼《れい》肥《ごえ》 樹木に花や果実をつけたあと、樹勢を回復させるために与える肥料のこと。効きめの速い化成肥料が適している。

か

開《かい》花《か》枝《し》 花をつける枝のこと。春に花芽から伸びる。

株《かぶ》立《だ》ち 幹の数によって樹形を分類したときのひとつの形状で、主になる太い幹がとくにないものの総称。アジサイ、コデマリ、ハギ、ヤマブキなど地ぎわから数本の枝が同じように伸びる樹形のことを指す。株立ち状になった樹木のことを「株」という。

からみ枝《えだ》 伸びている枝が他の枝と接触し、からんでいる枝のこと。枝同士がすれて傷つくため切り取ることが多い。

寒《かん》肥《ごえ》 冬、樹木の休眠期に土に埋め込んで与える肥料。春の芽吹きをよくすることが大きな目標なので、効きめの遅い有機質肥料が最適。

基《き》本《ほん》剪《せん》定《てい》 樹形を整えるための剪定。落葉樹は原則として冬に、常緑樹は4月ごろに行う。伸びすぎた枝、込み合った部分の枝を切り落として整枝する。

強《きょう》剪《せん》定《てい》 枝元に近い位置で切る剪定のこと。大量に枝を切るので、原則的に落葉樹は養分をたくさん蓄えている冬に行う。

切《き》り替《か》え 整枝する方法のひとつで、長い枝先を枝分かれしている部分で切り落とし、伸びる方向と異なった短い枝を残すこと。切った後が自然で目立たないよう、切り口が飛び出して見えないように取り除く。

切《き》り戻《もど》し 枝先を切り落とすこと。枝を希望の長さに縮めることができるが、芽の部分を落とすので花や葉の数が減ることも。

車枝《くるまえだ》 幹の一ヵ所から放射状に枝が多発してしまうこと。

軽剪定《けいせんてい》 徒長枝や込み合った部分の枝があるときに、必要に応じて行う剪定。

結果枝《けつかし》 果樹で実のなる枝のこと。

交差枝《こうさえだ》 主要な枝や幹と交差している枝のこと。不自然に見えるので、発生したら枝元から切り落とす。

更新《こうしん》 株立ち状の樹木で、古くて長く伸びた枝を枝元や地ぎわから切り落とし、新しく発生した新枝を切らずに残すこと。

高木《こうぼく》 庭木を樹高によって分類し、5メートル以上の高さになる樹種のこと。ゲッケイジュ、ケヤキ、シイ類、タイサンボクなどが含まれる。3~5メートルくらいは中木、3メートル以下は低木と呼ぶ。

古枝《こし》 生長した年数によって分類される枝で、3年以上経った古い枝のこと。

互生《ごせい》 一ヵ所から一本の枝が向きを変えて交互に出ること。ウメ、ツバキなどに見られる。

さ

細根《さいこん》 根の先端あたりに密生している、白くて長いひげ根のこと。地中の養分や水分は細根が吸収する。

逆さ枝《さかさえだ》 通常は発生した位置から木の外側や上方に伸びるはずの枝が、中心の幹に向かって伸びたり、また下向きに伸びてしまうこと。この枝があると樹形を乱すので切り除く。

自家受粉《じかじゅふん》 ひとつの花または一本の花木内において、自分の雄しべの花粉が雌しべについて結実すること。

自然樹形《しぜんじゅけい》 手を加えずに自然のまま放置したときの樹木の形のこと。庭木の場合は、自然に見えるように剪定したものを自然樹形と呼んでいる。

下枝《したえだ》 地面に近い部分から横に向かって伸びている枝の下側にある枝。幼木のころに発生する。樹形を乱すため、樹木の生長に伴って早い時期に切り落としてしまうことが多い。

仕《し》立《た》て 人工的につくり出した樹形。自然樹形に対して「仕立て」といわれる。刈り込んで整えたものは「刈り込み仕立て」、樹冠を枝ごとにまとまった形につくる場合は「枝づくり仕立て」、マツなどの幹を曲げてつくる「曲幹仕立て」などさまざまな種類がある。

弱剪定《じゃくせんてい》 長い枝を十分に残し、枝先のみを短く切る剪定のこと。

雌雄異株《しゆういしゅ》 雄しべだけをもち、雄花が咲く雄木と、雌しべだけをもつ雌花が咲く雌木に分かれていること。ウメモドキなどが該当する。雄木には実がならない。

主幹《しゅかん》 樹木の中心となる幹のこと。

樹冠《じゅかん》 樹木の枝葉をひとつのまとまりとしてみたときの量と形。たとえばケヤキやシイなどの高木は枝葉のない「幹」と「樹冠」とに分けられる。低木のジンチョウゲなどは幹にあたる部分が見られず、樹冠のみの樹木といえる。

樹芯《じゅしん》 樹幹の先端の上に伸びる勢いがもっとも強いところ。ここを10～20センチくらい切り取って上への生長をおさえることを「樹芯をとめる」という。

水和剤《すいわざい》 殺菌剤の代表的な形状で、有効成分を細かくくだいて粉状にしたもの。まず少量の水を加えてのり状に練り、それを規定量の水で薄めて使う。

前年生枝《ぜんねんせいし》 本年生枝（188ページ参照）より幹に近い部分。定芽があり、花芽がつく枝。

側芽《そくが》 枝の側面にある芽。腋芽《えきが》ともいう。

外芽《そとめ》 幹から見て外側にある芽のこと。

た

対生《たいせい》 一ヵ所から枝が2本ずつ、対になって出ること。アオキやキンモクセイなどが代表的。

立ち枝《たちえだ》 枝から垂直に上に向かって伸びる枝のこと。

短枝《たんし》 他に比べて極端に短い枝のこと。

直根《ちょっこん》 土の中で真下に垂直に伸びている根。長いものは移植しにくい。

定芽《ていが》 頂芽や側芽のように新しい枝に出る、位置の決まっている芽のこと。

徒長枝《とちょうし》 他の枝に比べて勢いが極端によく、大きく伸びすぎた枝のこと。「飛び枝」といわれることもある。樹形を乱すので切り取る。

土用枝《どようし》 6月以降に発芽して伸びた枝。樹木は4月ごろに新芽が発生して生長し、たいていは6月～7月ごろに枝の伸長がとまる。しかし6月以降に剪定すると、樹勢の強い樹種では切り口あたりから弱い枝が伸びることがある。

な

二《に》年《ねん》生《せい》枝《し》 前年生枝より元の枝。発芽しなかった前年の芽の跡（潜芽）がある。

乳剤《にゅうざい》 水にとけない薬剤に乳化剤を加えて、薬剤中の有効成分が水にとけるように変化させたもの。水を加えると牛乳のように白濁する。

根《ね》切《ぎ》り 花つきをよくするために根に切れ目を入れたり、断ち切ること。

根《ね》腐《ぐさ》れ 根の通気が悪くて根が蒸れたり、水のやりすぎ、また病気などが原因で根が腐り、樹木が衰弱すること。

根《ね》づまり 根の先端がうまく中に伸びず、かたく団子状にからまった状態。根が養分や水分をうまく吸収できずに、木が衰弱してしまう。

根《ね》鉢《はち》 移植の際に土をつけたまま根を大きく掘り取るが、その掘り取った根の部分。

根《ね》回《まわ》し 木を移植する際に、周囲をあらかじめ掘って根を一部切り落とすこと。細い根は切り取り、方向の異なる太い根は3～4本ほど切らずに残す。根づきをよくするために、移植の1年ほど前の3月ごろに行う。

は

花《はな》後《ご》 満開を過ぎたあとに花が散り始めた状態のこと。花はすべてが同時に開くのではなく、通常最初の花が開いてから次々に開花して、開いている花が次第にふえて満開になる。その後開いた花は少しずつ散っていくが、その散り始めを花後という。

花《はな》芽《め》 芽のうちでやがて花になる芽や、花になる芽を含んだ芽のこと。

花《はな》芽《め》分《ぶん》化《か》期《き》 葉芽が花芽に変化する時期のこと。時期は花によって異なる。

葉《は》芽《め》 芽のなかでいずれ葉や枝になるもの。

ヒコバエ 木の根元や地中から勢いよく伸びた小枝。主幹の勢いをそぐので取り除く。

不《ふ》定《てい》芽《が》 定芽以外の部分で発生する芽。強く剪定したり、定芽の生長に障害があった場合などに、本来は芽のつかない古い枝から発芽することがある。

ふところ 枝元のこと。

平《へい》行《こう》枝《し》 ほぼ同じ場所から上下左右に平行に長さや太さなどを同じくして伸びている2本の枝のこと。一方は不要なので、全体のバランスを見ながら切り落とす。

萌《ほう》芽《が》力《りょく》 枝を切り戻したあとで切り口のあたりから間をおかずに発芽する力のこと。刈り込み仕立てなどを行う場合は、萌芽力が強いことが大前提。

本年生枝《ほんねんせいし》　今年の春に芽から伸びた枝。12月までは「本年生枝」、同じ枝が翌年の1月以降は「前年生枝」と呼ばれる。花芽や葉があり、葉の付け根には来年伸びる定芽がある。

ま

間引き《まびき》　枝が同じような状態で並んでいるとき、その中の枝を枝元から切り落として枝数を減らすこと。枝元から切り取るので切り口が目立たない。

幹吹き《みきぶき》　幹から直接発生した小枝。胴吹きと呼ばれることもある。すぐに切り取る。

芽かき《め》　不要な芽をかき取ること。摘芽ともいう。

や

ヤゴ　枝から直接発生した小枝の幹吹きと、木の根元や地中から勢いよく発生したヒコバエの総称。

誘引《ゆういん》　茎や枝、ツルなどがお互いにからみ合わないように、支柱などを使って伸ばしたい方向に誘導すること。

予備枝《よびえだ》　徒長枝やヒコバエなど「忌み枝」として本来なら切るべき枝のうち、形や方向がよいなどの理由から予備として残す枝のこと。

ら

落葉期《らくようき》　落葉樹の葉が落ちている時期。だいたい11月から3月初めぐらいまでで、芽吹き始めるまでのあいだのこと。

輪生《りんせい》　定芽が枝の先端に集まり、枝や茎などが一ヵ所から四方に伸びていること。

付録　主な花木の開花期・花芽分化期・剪定時期一覧

名前	開花期	花芽分化期	剪定時期
アカバナアセビ	４月	７～８月	花後、秋
アジサイ	５～６月	７～８月	12～２月、花後
アベリア	６～11月	５～10月	11～３月、夏
アメリカハナミズキ	３～４月	８月	花後、落葉期
アンズ	４月	８月	花後、12月
ウメ	１～２月	７～８月	11～１月、実後
エニシダ	４～５月	９～10月	花後
オウバイ	３月	８月	落葉期、６月
カイドウ	４月	７～８月	11月
カルミア	５～６月	７～８月	６月、10月
キョウチクトウ	５～10月	５～９月	花後
キンシバイ	６～７月	４～５月	花後
キンモクセイ	９～10月	７～８月	花後
ギンモクセイ	９～10月	７～８月	花後
クチナシ	６～７月	８～９月	花後
コデマリ、ユキヤナギ	５月、３月	７～９月、10～11月	花後
コブシ、モクレン	３月	７～９月	花後、11月以降
サクラ	３～４月	７～８月	落葉期
サザンカ、ツバキ	11～12月、10～５月	７～８月	花後
サツキ、ツツジ	５～６月、４～５月	７～８月	花後
サルスベリ	７～９月	６～８月	落葉期
サンシュユ	３月	７月	花後
シモツケ	５～６月	11月	３月、花後
ジンチョウゲ	３～４月	７月	花後
タイサンボク	６～７月	８月	花後
ドウダンツツジ	４月	７～８月	花後、紅葉後
トサミズキ	３～４月	７～８月	花後、紅葉後
ナツツバキ	６～７月	５月	11月、３月
ノウゼンカズラ	７～８月	５～７月	落葉期
ハギ	８～10月	７～８月	落葉期、５～６月
ハナズオウ	４月	８月	花後
フジ	４～５月	７～８月	12～２月
ブッドレア	７～10月	６月	11～３月
フヨウ	７～10月	６月	落葉期
ボケ	１～２月	８月	11月以降
ボタン	４月	７～８月	６月、落葉期
マンサク	２月	７月	花後
ムクゲ	７～９月	６月	落葉期
モモ（ハナモモ）	３～４月	８月	花後
ライラック	４月	８月	花後
レンギョウ	３～４月	７～８月	花後
ロウバイ	１～２月	７月	花後、11～12月

※各時期は関東地方の場合のだいたいの目安です。

ビジュアル版 庭師の知恵袋

樹種別さくいん

ア

カ

サ

タ

社団法人日本造園組合連合会

1973年、日本庭園の伝統と文化を守り、広く造園技術・技能の向上を目的に設立された造園業界の全国団体。厚生労働省・国土交通省の認可を受けている公益法人で、全国43都道府県に支部がある。プロの証である国家試験「造園技能検定試験」制度発足以来、審査を担当する検定委員を多数輩出。６万人以上の造園技能士を誕生させた。また、技能五輪国際大会に選手を派遣し、2007年には金メダルを受賞するなど若き技能者の育成にもつとめている。組合員の中には、現代の名工や名園の管理者も多く、市民植木教室や職業訓練学校の講師として活躍している人もいる。庭づくりや庭木のことから和・洋のガーデニングまで、庭のことならすべてお任せの腕自慢の庭師で構成されている。

装丁●伊勢弥生（DNPメディア・アートdmsc）

本文デザイン●保坂美季子（AMI）

イラスト●カツヤマケイコ　伊藤静夫

写真●講談社写真部

編集協力●藍原育子

本文組版●朝日メディアインターナショナル株式会社

今日から使えるシリーズ 

ビジュアル版《ばん》 庭師《にわし》の知恵袋《ちえぶくろ》

2008年11月20日　第 1 刷発行
2024年 6 月 4 日　第25刷発行

編　者　日本造園組合連合会《にほんぞうえんくみあいれんごうかい》
発行者　清田則子
発行所　株式会社 講談社
〒112-8001　東京都文京区音羽2-12-21
編　集　☎03-5395-3527
販　売　☎03-5395-3606
業　務　☎03-5395-3615
印刷所　大日本印刷株式会社
製本所　大口製本印刷株式会社

ISBN978-4-06-280773-9